雪を利用して野菜を貯蔵する。三尺余りの雪が降り積もる芸北の山間は、日本屈指の豪雪地帯。雪のため何もとれなくなる冬に備えて、囲ったり、乾燥したり、塩漬などにして、野菜を保存しておく。山県郡芸北町（撮影　千葉寛『聞き書　広島の食事』）

野菜を乾燥して保存

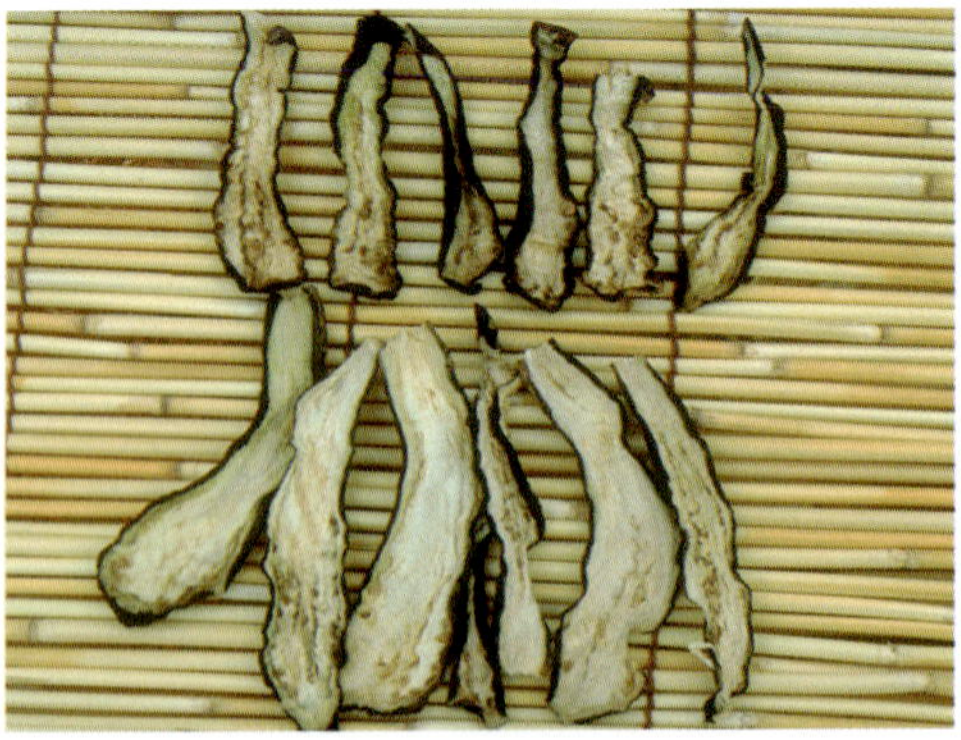

干しなす　へたをとって5㎜ほどの厚さに切る。冷水に約30分さらしてから干すと、白く干し上がる（下）。

干しゴーヤー　縦に割って種とわたをとり、2～3㎜の厚さに切って干す。もどして食すだけでなく、煎じてお茶にしても美味

干しきゅうり　半乾きになったきゅうりを、醤油と砂糖で煮て食す。完全に乾燥させれば、長く保存できる。

干しかぼちゃ　かぼちゃを薄く切って干し上げる。もどすときは、塩水に数時間浸すと、真水よりも歯ごたえが少しよくなる。そのまま油で揚げて、チップスにしても美味。

干しにんじん

干し赤ピーマン

水に漬けて４時間後、ふっくら厚みのあるピーマンにもどった。

きんぴらごぼうの色どりなどに便利。

干す前から、なるべく水を寄せつけないようにするのも早く干し上げるこつ。濡れた包丁、濡れたまな板で切ったり、切ったあとに野菜を洗うことなどを避ける。

きんこ干し　煮切りしたいもを裏返しながら、天日に干す。志摩郡志摩町（撮影　千葉寛『聞き書　三重の食事』）

なす干し　出盛り期になすを薄く切り、むしろに広げて炎天下で乾燥させ、なす干しをつくる。これは冬の野菜不足に備えるものであるが、正月まかないやさつき（田植え）まかないの材料として使うことが多い。米沢市（撮影　千葉寛『聞き書　山形の食事』）

切りかけ大根を干す。忙しい農作業の間に、女は冬ごもりの食べものの準備に追われる。庭先の菜園や畑にできた大根、白菜、ごぼう、にんじん、里芋などの保存や冬中の漬物の漬けこみに余念がない。漬物としてはたくあん漬、白菜漬が主で、四斗樽に二、三本ほど漬け、冬中のおかずとして食べる。また、大根はせん切りや切りかけ大根にして乾燥保存し、春先まで煮しめや味噌汁の実、炒めものなどにして食いつなぐ。大根干しは年寄りの役目で、天気のいい日を見計らって庭にござを敷いて座り、巧みな手ぎわでせん切りや切りかけ大根をつくりあげる。阿蘇郡阿蘇町（撮影　千葉寛『聞き書　熊本の食事』）

凍み大根をつくる。厳寒のころ、土にいけておいた大根を掘り出して皮をむき、縦に二つ割りか四つ割りにして、わらを通して結わえてから大きな釜で煮る。これを前を流れる沢水に三日ほど浸し、十分にあくを抜く。そのあと寒さの当たる軒端につるし、凍らせながら乾燥させて仕あげる。凍み大根は夏まで保存がきくので、できるだけ多くつくるようにしている。おもに煮つけの材料となるが、だし汁をよく吸いこんでおいしい。登米郡東和町（撮影　千葉寛『聞き書　宮城の食事』）

大根干しをつくる。せんぞで突いてすだれに干す。うしろは縦四つ割りにして縄でつるした大根干し。大根干しは甘く、歯切れがいいのでだれにも好まれる。南巨摩郡身延町（撮影　小倉隆人『聞き書　山梨の食事』）

凍み大根は、漬物用の余りや形の悪いものを利用する。十二月中・下旬に生大根を洗って皮を薄くはぎ、二つ割りにしたものを縄でぶらさげて、屋外のはせにかけて凍みさせる。その後に軒下など雨の当たらないところで干し上げて保存する。これは、煮しめの材料にしたり、うさぎ汁に入れたり、味噌汁にしたりして、ほとんど一年中利用できる。和賀郡沢内村（撮影　千葉寛『聞き書　岩手の食事』）

くだものを美味しく保存

内藤信子さん　山梨県北杜市

山梨県の北部に位置する北杜市は、りんご、ブルーベリー、柿、さくらんぼなど、果物の栽培がさかんな土地柄。内藤信子さんは、自宅に植えたプルーンや、知り合いからいただくたくさんの果物を保存食にして、一年中家族で楽しんでいる。（撮影　小倉隆人）

りんごの干し菓子
・りんご1kg
・砂糖500ｇ
①りんごの皮をむき、芯を取って八つ割りにする。
②りんごと砂糖を、中火（鍋底に炎の先が届くくらい）で20分、りんごが黄色くなるまで煮る。

③一晩寝かしたあと、3日間天日で干す。

④干し上がると、写真上のような濃厚な色になる。冷蔵庫に入れておけば、1年くらいは保存できる。手前はりんごのシャーベット。干し菓子より砂糖を控えめにして煮たあと、冷凍庫で凍らせる。

いちじくの甘露煮　いちじくと砂糖を、果肉が透き通るまで煮る。ジッパー付きの袋に入れて冷凍保存する。

柿巻　枯露柿を縦に切り広げ、巻寿司のすだれに置く。ゆずの皮を小さく切って散らして巻き込む。凍らせた柿巻を輪切りにすると、お酒のおつまみにもなる。

柿のシャーベット　干し柿をつくる途中、果肉が透き通ってきたころのものを冷凍する。

もものシロップ煮　つくり方は右の図の要領で。ももは色が変わりやすいので、皮をむいたらまず塩水でさっと洗うときれいに仕上がる。

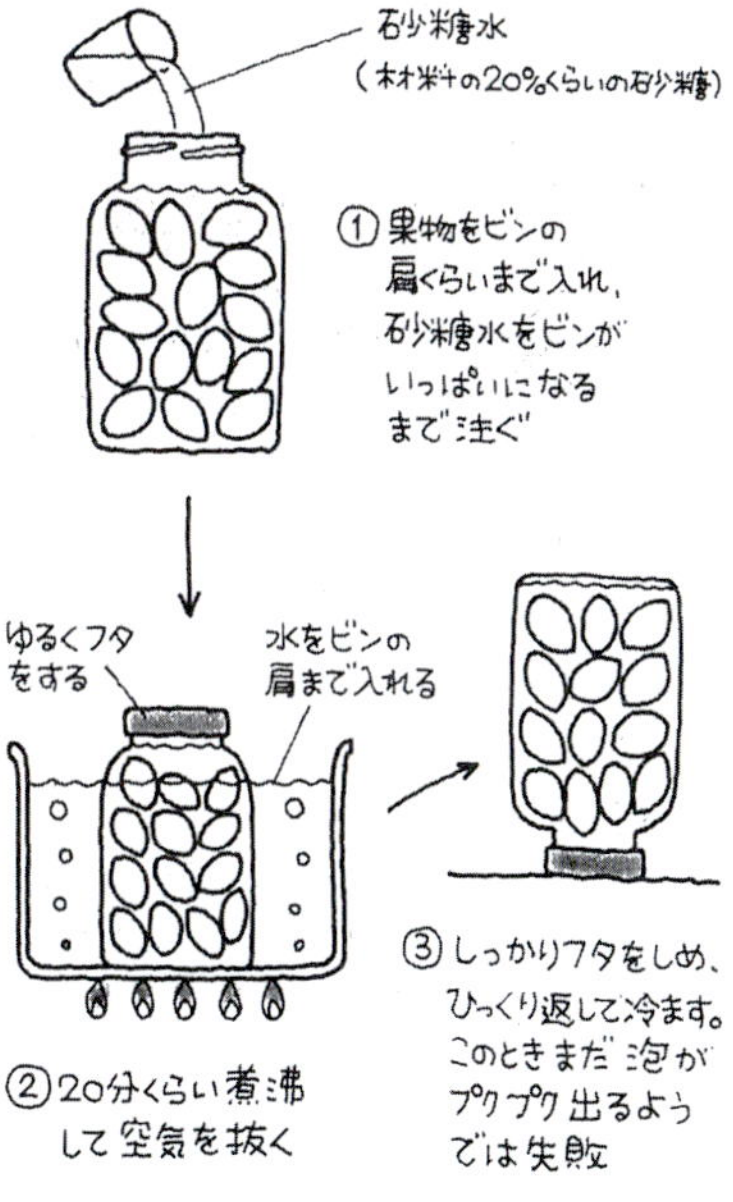
砂糖水
(材料の20%くらいの砂糖)
①果物をビンの肩くらいまで入れ、砂糖水をビンがいっぱいになるまで注ぐ
ゆるくフタをする
水をビンの肩まで入れる
②20分くらい煮沸して空気を抜く
③しっかりフタをしめ、ひっくり返して冷ます。このときまだ泡がプクプク出るようでは失敗

梅の保存食　梅は梅干以外にも、たくさんの保存法がある。写真のほかに、ジャムや甘露煮もつくる。

栗の渋皮煮　生の栗に熱湯をかけると、皮がはがれやすくなる。尻のほうに包丁を入れて、くるくるっと皮をむく。渋の色が抜けるまで3～4回ゆでては水をこぼし、よく洗う。水と砂糖でつやが出てくるまでよく煮込む。

栗の冷凍保存　栗を皮つきのまま、なめるとしょっぱいくらいの塩水に一晩漬けてから冷凍保存する。いつでもゆでて食べられる。

干しりんご

岩手県一関市の市嶋豊さんは、傷物など規格外のりんごを利用して、干しりんごをつくっている。砂糖や香料を一切使わない、自然のやさしい味わいと、しっかりした食感が好評。木材のペレットストーブを熱源にして干し上げる。

（本文50ページからの記事もご覧ください。）

きゅうりのピクルス、いちじくジャム（カリフォルニア・バイタルズマン有機農業）。ピクルスのつくり方…①水(1ℓ)、塩(120g)を煮たて、冷ましておく。②きゅうり(1kg)を塩水に下漬けする。重石をして、4～5時間。③酢(350cc)、砂糖（170g）、唐辛子（3本）、月桂樹の葉、胡椒を鍋で煮て、冷ましておく。④きゅうりの水気をふいて、殺菌したびんに詰める。⑤ピクルス液③を注ぎ、密閉する。（撮影　本田進一郎）

凍みいも

青森県下北郡東通村
撮影　千葉 寛
『聞き書　青森の食事』より

じゃがいもの原産地・アンデス高地では、古代よりじゃがいもを凍結乾燥させた保存食・チューニョをつくってきた。同様に、日本でも、冬の寒さが厳しい地方では、じゃがいもを凍結乾燥させる保存法が伝えられている。

（本文七二ページからの記事もご覧ください。）

かんなかけいも（左）と凍みいも

凍れいも　旭川市（撮影　千葉寛『聞き書　北海道の食事』）

凍みじゃがいも　紫波町（撮影　千葉寛『聞き書　岩手の食事』）

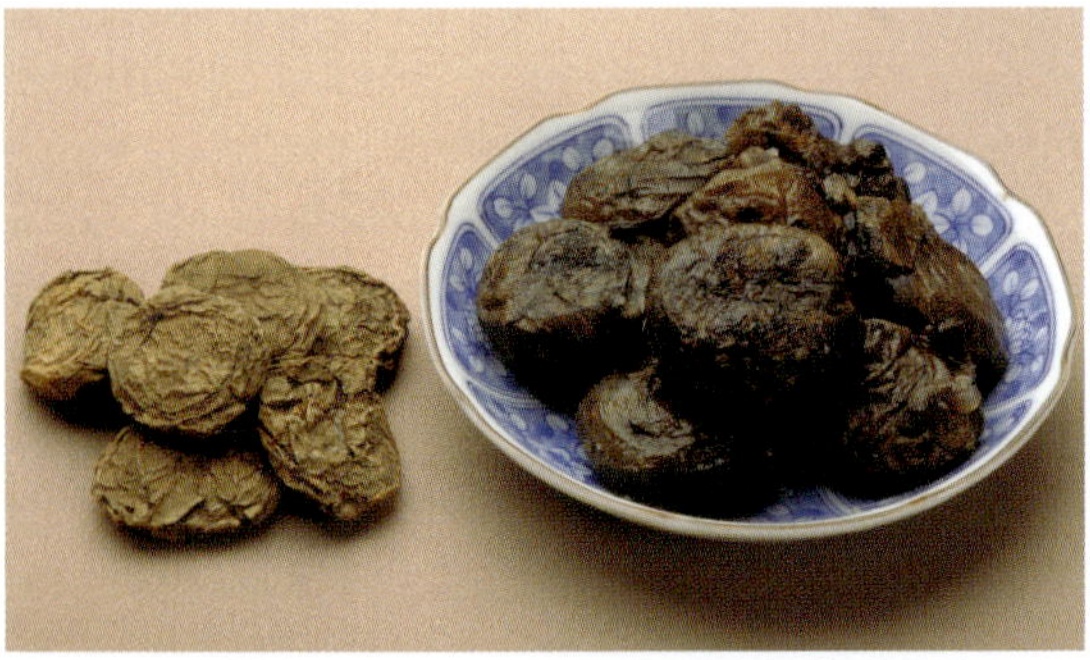
凍みいも（左）、そのゆでたもの　南都留郡足和田村
（撮影　小倉隆人『聞き書　山梨の食事』）

へちょこもち

ねもち

ばおりもち（上）といももち

いももちのじゅね味噌あえ

じゃがいもの澱粉を干す。青森県下北郡東通村

凍み豆腐づくり

群馬県長野原町
撮影　小倉隆人
『聞き書　群馬の食事』より

②豆の汁を釜で四、五十分、煮たつまで煮る。泡が立ってふきこぼれそうになったら水をかける。木綿袋に入れる。

③太い棒を使ってよくしぼる。袋の中に残ったのがおからである。

④こした豆の汁に、にがす（にがり）を二升豆腐で二合半入れる。少し静かにしておいて、固まりかけてきたら味噌のこしざるを入れて上澄み液をくみとり、布を敷いた豆腐箱に流しこむ。ふたをして重石をのせ、しばらくすると豆腐ができあがる。

⑤凍み豆腐は、節分の前あたりの最も寒い時期につくるとうまくできる。豆腐をいつもより少し固めにつくる。店で買ってきたにがすを生豆腐のとき（上記）の半量入れ、よくかき回す。固めにするには重石を強くして水切りの時間を長くすればよい。今夜は冷えこみそうだという晩、豆腐を薄く切って、大きなすだれに一枚一枚ていねいに並べる。これを一夜戸外に出しておくときれいに凍みる。夜なべ仕事にわらを結んでおき、一晩凍ませた豆腐を朝凍っているうちに編んで、軒下など風通しのいいところにつるし、完全に乾燥させる。凍み豆腐は、野菜などと煮しめにして食べるととてもおいしい。お湯に浸すと、二、三十分でもどる。

①大豆は一日前から水につけ、よくほとばして（ふやかして）おく。翌日、豆の汁を受ける半切桶を置いた上に石臼を据え、ほとばした大豆を水ごとすくっては石臼でゆっくりひいていく。

モロヘイヤの粉

夏の野菜を粉で保存

細井千重子さん　長野県南相木村

家庭で食べる野菜はすべて自家菜園でつくっている細井さんだが、寒さが厳しい南相木村では、冬季に野菜が不足しがち。そこで、夏に収穫した野菜を粉にして保存している。粉にするのは、モロヘイヤ、アマランサス、おかのり、赤じそ、青じそなど。

保存した粉を、うどん、あられ、かき餅、まゆ玉、やしょうま、ケーキ、クッキー、パン、薄焼き、長いもようかん、そばようかん、ババロア、アイスクリーム、白玉団子、寒天料理など多くの料理に利用している。

（撮影　岩下守、一部　倉持正実）

（本文一四六ページからの記事もご覧ください。）

干し上がった野菜をビニル袋に入れてもみ、粗い粉にしてから、粉ひき機（ミル）にかける。写真の粉ひき機は「よめっこさん」。

野菜の乾燥方法。畑から摘んできた葉をさっと洗って水気を切り、ネットにふんわり入れて干す。晴れた日に、1日で干し上げると、色よく仕上がる。

ガラスのびんで保存すると、中身がすぐわかるので便利。海苔などに入っている乾燥剤を入れておくとよい。

（撮影　倉持正実）

おかのりうどん。小麦粉500gにおかのり粉大さじ1杯をよく混ぜて、水を加えてこねる。おかのりのぬるぬるが、つなぎにもなる。

なんでも粉に　素材の色がそのまま生きる
ドラムドライヤー

生の素材を一気に乾燥。粉砕機にかければ、あっという間に鮮やかな素材の色の粉が完成。色鮮やかだから、粉にしてからのアイデアも自由自在。奈良県當麻町「當麻の家」の皆さん

（写真　赤松富仁）

上から右回りに、大麦、れんこん、小松菜、ゆかり、生姜、ひまわり、人参、うこん、中央が、かぼちゃ。素材の色がみごとに再現されている。

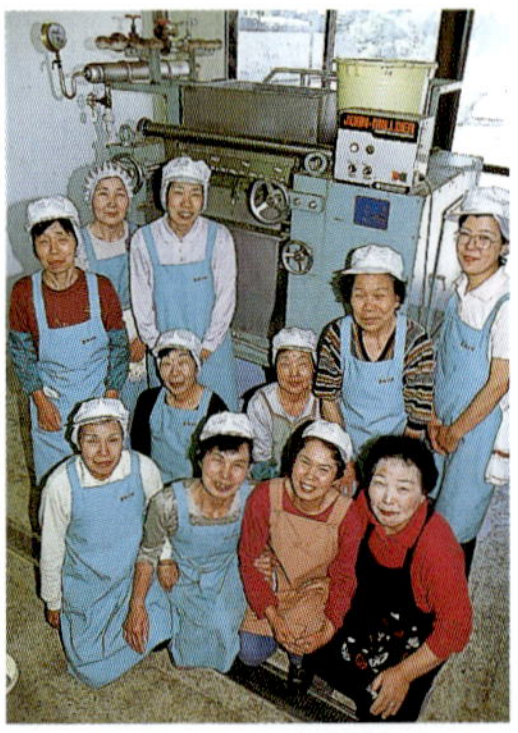

（加工の里「當麻の家」のお母さんたち）

（本文一五六ページの記事もご覧ください。）

左は、大麦若葉の粉末でつっくったアイスクリーム

材料が高温の回転するドラムに挟まれて乾燥していく

微粉末機にかければ上の写真のような粉に

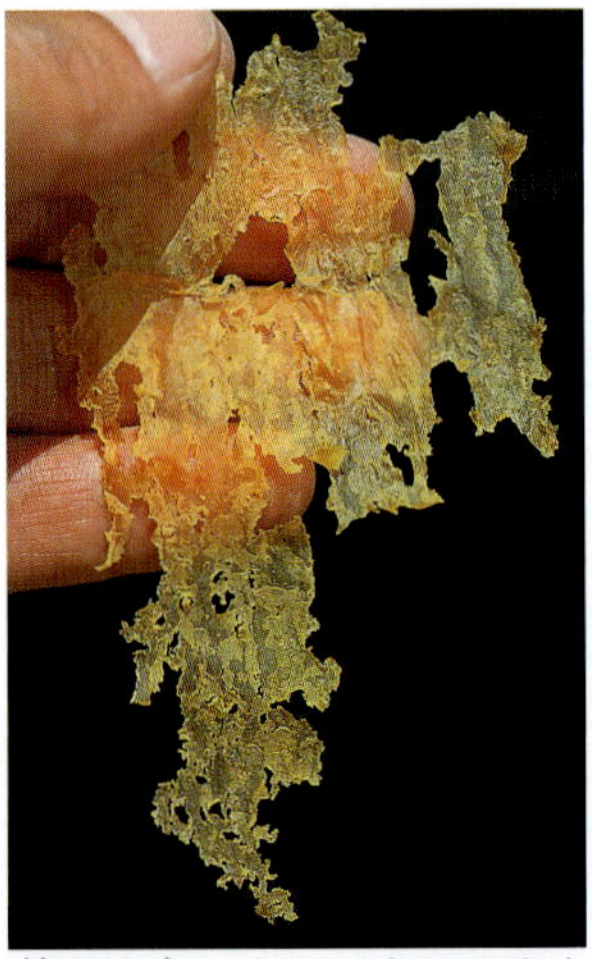

簾のようになってドラムから出てきたカボチャ

これがドラムドライヤー

はじめに

日本では、一九六一年の農業基本法制定以来、野菜や果樹の産地と流通網が急速に整備され、現在では、全国どこでもいつでも新鮮な野菜を買うことができる。トマト、きゅうり、キャベツ、ねぎ、小松菜、ほうれん草、にんじんのような主要野菜は、一年中途切れることがない。近年は、海外からも生野菜や冷凍野菜が輸入され、いっそう端境期がなくなり、旬が消えた。

かつては各家庭で野菜を貯蔵したり、保存食をつくることがあたりまえであったが、今では庭先で大根を干す姿さえ見られない。伝統的な保存・貯蔵の技術や知恵も、忘れられようとしている。

しかし、家庭菜園でとれた野菜や、直売所など地域内で生産・消費される農産物の価値を十分に生かすには、上手な貯蔵や保存が欠かせない。また、食品を乾燥したり寒にさらしたりすると、品質が長持ちするだけでなく、甘味やうま味が増すことが次第にわかってきた。雪などの自然の環境や風土の条件をうまく利用できれば、最新鋭の冷蔵庫や貯蔵庫にも劣らない効果が得られ、しかも資源やお金の無駄が少ない。

本誌では、野菜や果物の保存法・貯蔵法について、古今東西の知恵を集めました。

凍み豆腐つくり　一関・萩荘（撮影　千葉寛 1984 年『聞き書　岩手の食事』）

目次

本書で取り上げた品目
（五十音順）

Part 3 冷凍、冷蔵保存のこつ

Part 4 雪室・土室—風土を活かした貯蔵法

Part 5 加工して保存

Part 6 保存、貯蔵の原理

あっちの話こっちの話

レイアウト・組版　ニシ工芸株式会社

Part 1

野菜、くだものを乾燥して保存

乾燥貯蔵食品　上段中央から右回りに、ぜんまい、干し大根葉、干し大根、とちの実、ずいき、くさぎ、中央はよもぎ。（北桑田郡京北町　撮影　千葉寛）

丹波山間地域は、山あいに開けた狭い田畑しかないが、土地がわりあいよく肥えていて、季節の野菜、山菜、野草、きのこなどに恵まれている。これらのものをうまく食べる方法を先人たちが残してくれた。春、草木が芽を出しはじめると、女たちは山菜とりに精を出し、季節の味を食膳に運びこむ。そして、その素材の持ち味をこわさないように、冬まで蓄える工夫をする。

『聞き書　京都の食事』より

ちょっとステキな簡単手技《てわざ》

吊るしトウガラシ

いいじま　みつる

この地域では、昔からダイコンやズイキ
(サトイモのツル)もこの方法で
吊るして干したそうです。
ザルやゴザの上で干すと途中で
表裏を返さなくては
ならないから、
この方法のほうがラク。

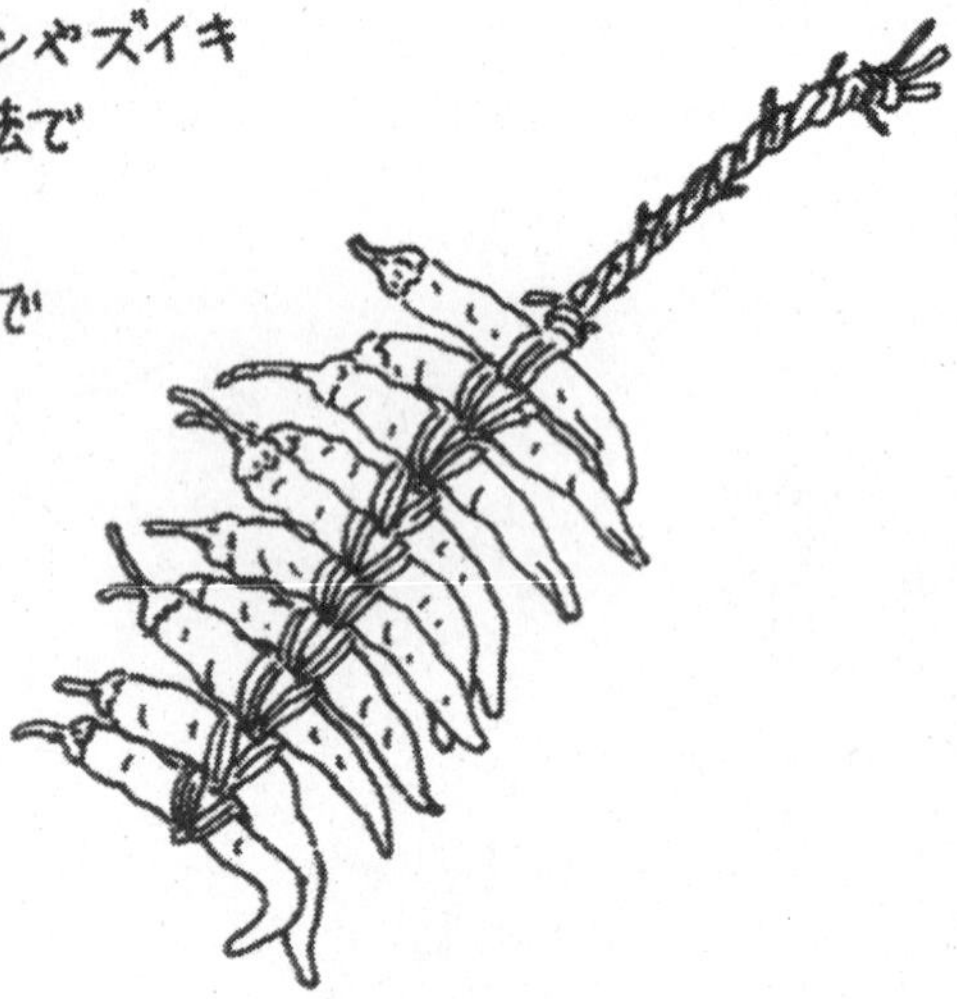

千葉・勝浦の朝市に
行ってみたら、「吊るしトウガラシ」に
出会いました。小高恒子さんは岬町出身の68才。
35年ほど前から毎朝欠かさず朝市に店を広げているそうです。
「最初は、輪ゴムで束ねて売ってたんだけど、
こうしたほうがよく売れるんだよね。」
なるほどー、昔からの農家の手技が、今"ちょっとステキ"なんですね。

※ワラはできるだけ太くて丈夫なものを。
細めのワラは使う前に揉んだり、水に浸けておいたりすると強くなる。太めは1本ずつで、細めは2、3本重ねて使う

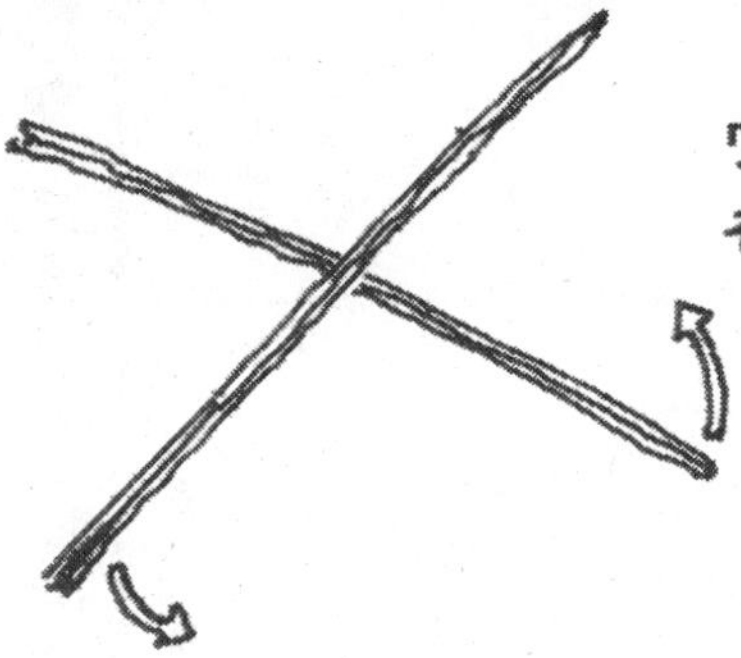

ワラを十字に重ね、引き合うように折り、その中心にトウガラシを置く

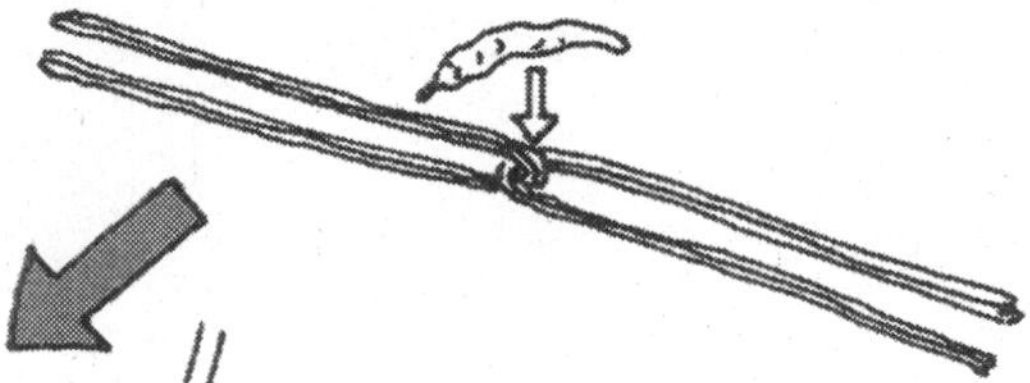

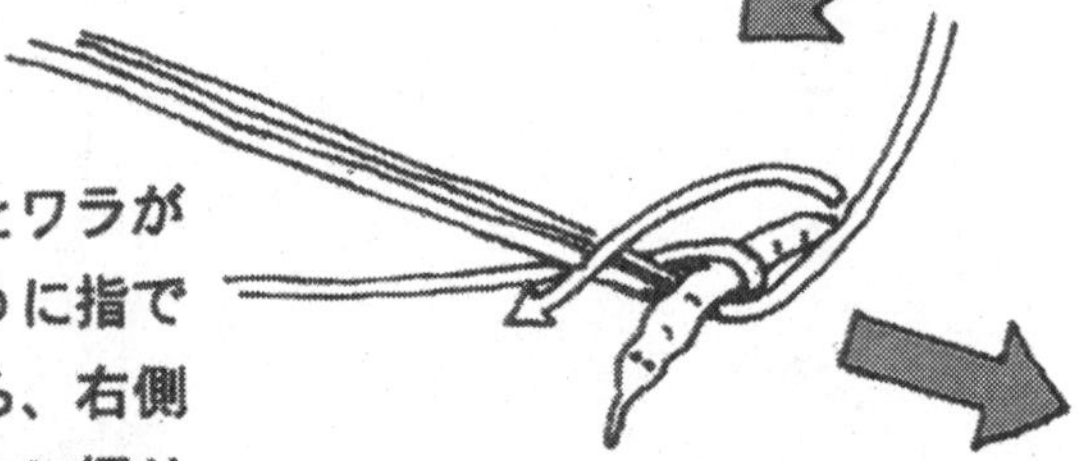

トウガラシとワラがズレないように指でおさえながら、右側のワラを左右に振り分けるように左へもってくる

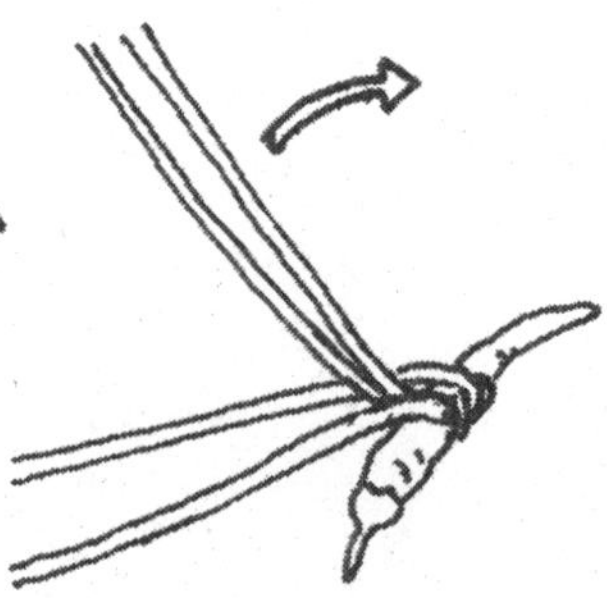

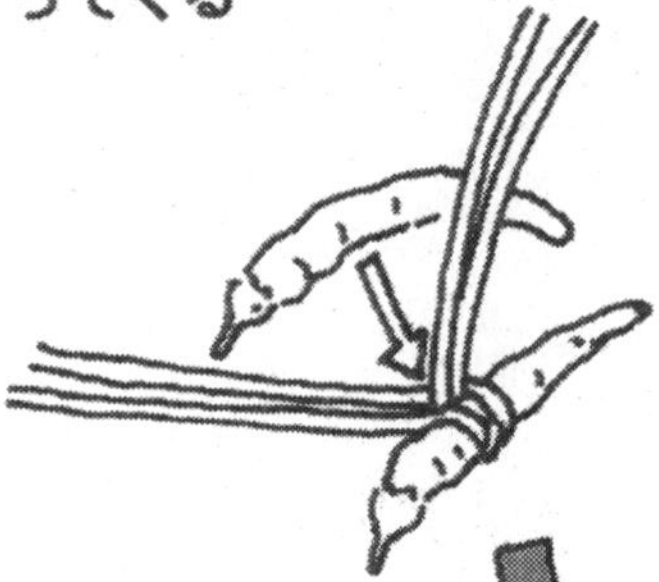

つぎのトウガラシを挟み、さっきと同じように右側のワラを左へ。
10個ほど編んだら、ワラの束がほどけないように1本のワラでぐるっと結ぶ

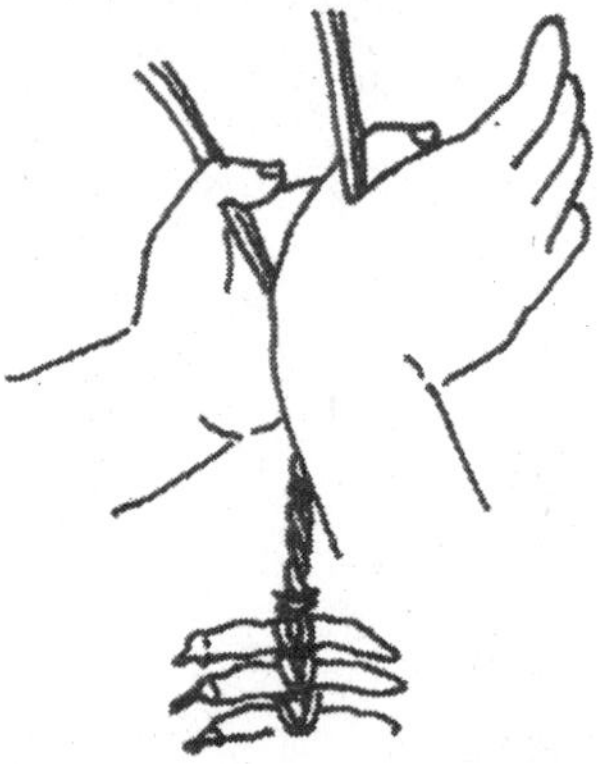

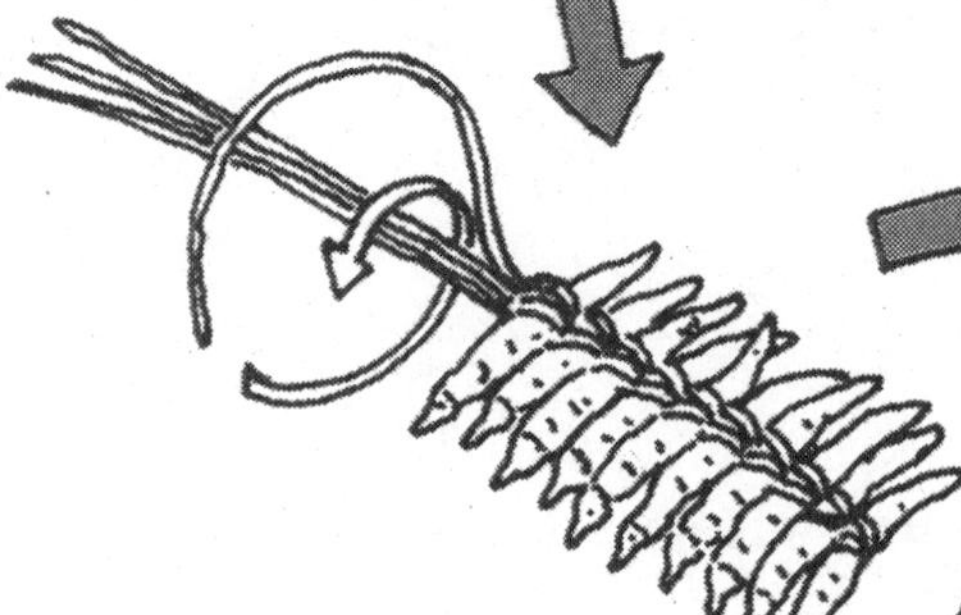

トウガラシを編んでいくところは汗をかきながら何とかできましたが、その先のワラをなうのはコツがいって難しいです。

あまったワラを適当になって終いを結んだら、完成。
トウガラシは、実がピンと張ったものを。
乾燥しすぎてヘナヘナだと編んでいる途中で破れやすい

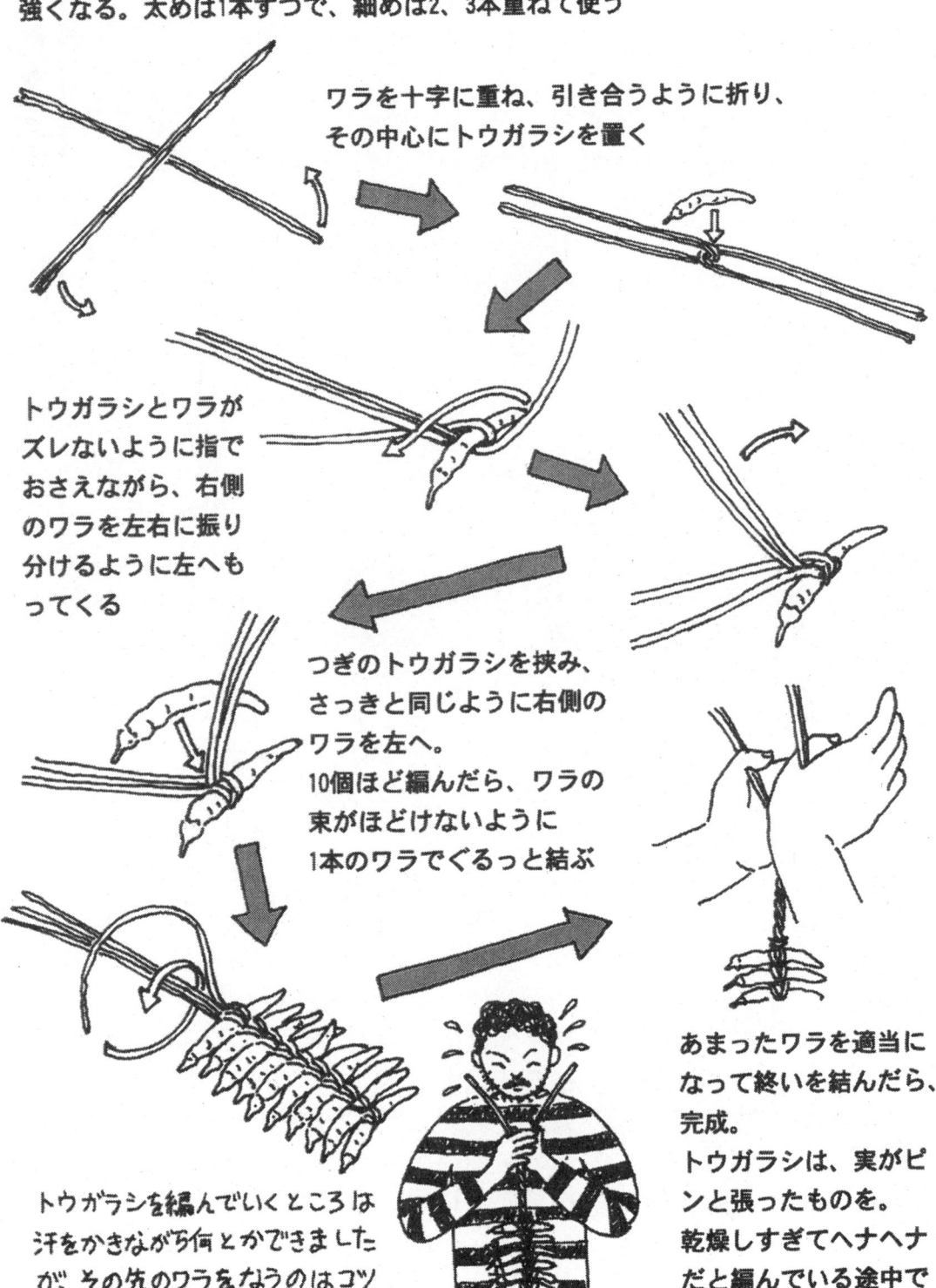

ちょっとステキな簡単手技

ニンニクリース

いいじま　みつる

ヨーロッパの市場やキッチンでよく見かける野菜のリースを自分たちでもチャレンジしようと、ニンニクリースをつくり始めた青森県七戸町の天間夫妻。数年、試行錯誤をくり返し、完成。小ぶりのニンニクも迫力のあるリースになって大型スーパーからの引き合いもきました。とても重量感があってディスプレーに使ってもステキです。

リースには、根から葉まで丸ごと乾燥したものを使いますが、作業するには、葉が折れやすいために、湿度がある雨の日がよいそうです。

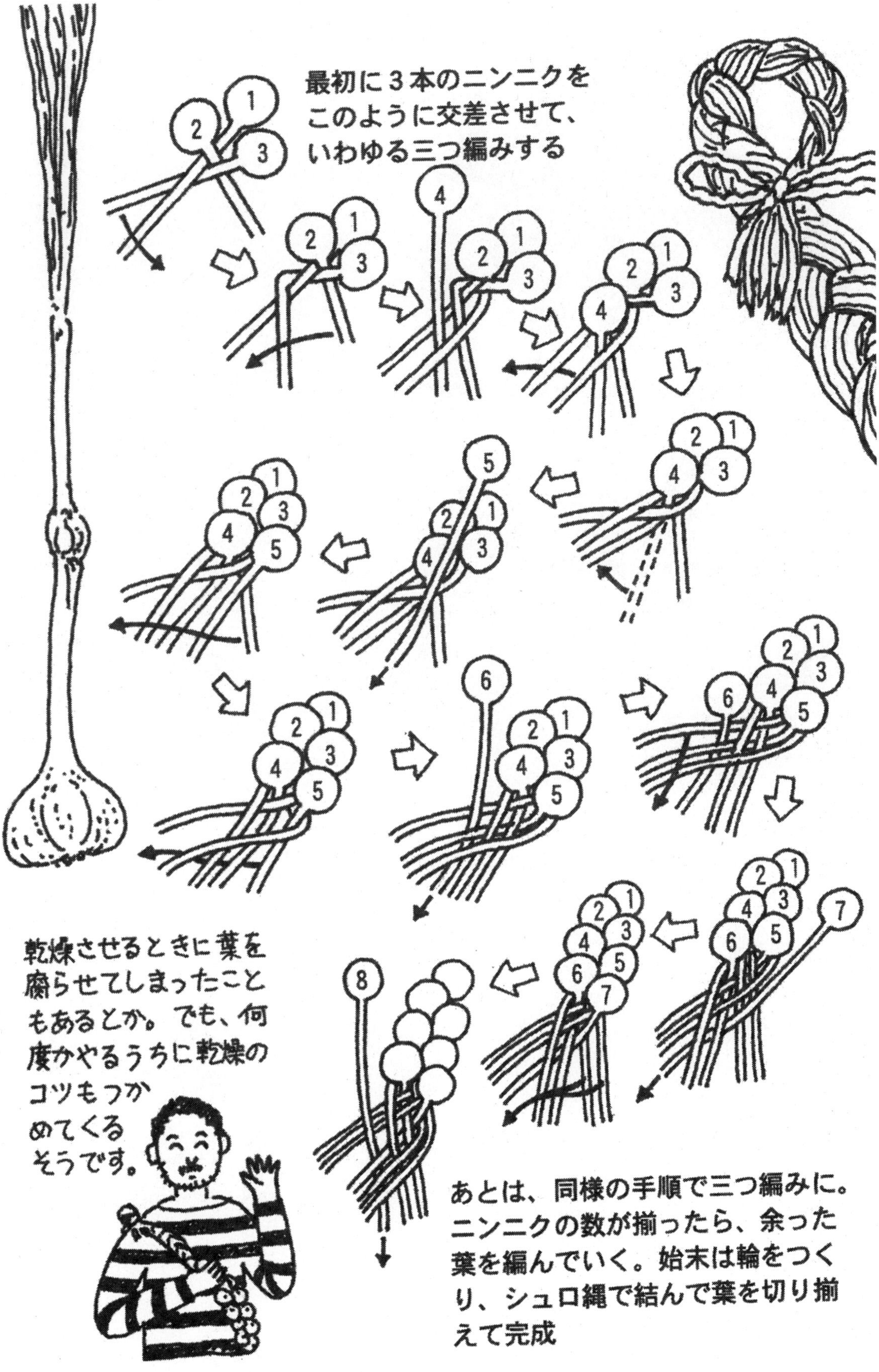

最初に３本のニンニクをこのように交差させて、いわゆる三つ編みする

乾燥させるときに葉を腐らせてしまったこともあるとか。でも、何度かやるうちに乾燥のコツもつかめてくるそうです。

あとは、同様の手順で三つ編みに。ニンニクの数が揃ったら、余った葉を編んでいく。始末は輪をつくり、シュロ縄で結んで葉を切り揃えて完成

干し野菜をつくろう

天日で乾かすと美味しくなる

干し野菜をつくるこつは、よく晴れて湿度の低い日に、一気に干し上げること。そうすれば、色や香りの変質が少なく、乾燥させることができる。うま味や甘味が凝縮されるので、生とは違った風味や美味しさがある。

切るときから、なるべく水分を寄せ付けないようにするのも上手につくるこつ。濡れた包丁、まな板で切ったり、切ったあとに野菜を洗うことなどは避ける。

干しピーマン。真っ赤に完熟させたものを干す

きんぴらごぼうの彩り

干しピーマン

「自家用のピーマンといっても時期になればけっこうな量がとれる」という奥勢津子さん（和歌山県かつらぎ町）。取り残してしまうことも多いが、それじゃもったいないと思い、ピーマンを干してみた。

勢津子さんが使うのは、樹にそのままおいて真っ赤に完熟させたピーマン。これを斜めに千切りしたものを約二日間、外でカリカリに干す。乾いたら、カビなどが生えないように冷蔵庫の野菜室で保存しておく。冬、野菜が少なくて、おかずに色物が少ないとき、きんぴらごぼうやサラダに入れると、ちょっとした彩りになるので、なにかと重宝だ。使うときは、一晩水に漬ければもどる。

干しゴーヤー

ピーマン同様に、干して役に立っているのがゴーヤー。縦に二つに割って種とわたをとり、二〜三㎜の厚さに薄く切る。天気のよい日に干す。カリカリに干したものでも、半日ほど水に漬ければもどる。勢津子さんのところではゴーヤーチャンプルー（炒め物）にして食べたそうだ。

同じ干しゴーヤーでも、佐藤和子さん（群馬県）はお茶にしている。これが、便秘によい。これまでゴーヤーの食べ方というと、チャンプルーぐらいしか知らなかった。「酢の物、おひたし、ぬか漬けでも美味しいよ」と聞いたこともあるが、やはり慣れないので、そんなにたくさんは食べられない。

そこで、なり過ぎて「もう終わりかな」というゴーヤーをとってきて、縦に二つ割りにしてスライスしたものを干す。これを、お湯が茶色くなるまで煎じてお茶にする。つめたく冷やして、麦茶のように飲んでもよい。

思ったほど苦くはなく、また最初は苦いと思った人も、慣れてくるとその苦味が美味しく感じるようになるそうだ。「私の友達なんかくせになって一年中飲んでるみたい」。和子さんの娘さんも、「お通じがよくなった。お小水のほうもよく出るような気がする」といって持って帰って飲んでいるとか。和子さんの場合は、便秘だけでなく疲れもよくとれるという。

干すときのこつは、夏の暑い盛りに一日で乾かすこと。そのほうがきれいなグリーンに仕上がるし、美味しい。途中で曇ったりして二～三日かけて干すと、色が茶色くなってしまうらしい。

干しゴーヤー。お茶にしたら便秘薬に

干しモロヘイヤ

モロヘイヤは、葉を乾燥したあと、粉にして利用している。この粉をおまんじゅうの皮に混ぜて、色付けに使っている友達もいる。和子さんは、ティースプーン一～二杯のモロヘイヤの粉を、カップのお湯で溶いて（少しトロトロになる）、飲んでいる。「これもお通じの薬」になるという。

干しなす

「なす干しは嫁に来る前から食べてた」という安孫子みんさん（山形県寒河江市）。干しなすづくりのこつは、へたをとって五㎜ほどの厚さに切ったら、冷水に約三〇分さらすこと。あとは晴れた日に三～四日かけてカリカリに乾かせばできあがり。水にさらすとあくが抜けるのか、何もしないものよりも白く干しあがる。

秋、寒くなる前に一回蒸して再び干すと虫がつかないという人もいるが、みんさんは玉

干しなすのもどし方

①干しなすを水にひたして、火にかける。
②ひと煮立ちさせたら火をとめる。
③湯の中に手が入れられるぐらいに冷めたら、なすをもむ。
④湯が黒くなるので、湯を捨てる。
⑤新しい水を入れ、砂糖を入れて一昼夜つけておく。砂糖の量は水をなめてみて「砂糖が入ってるのかな」と気づく程度。
⑥調味料（醤油、砂糖、酒など）で味付けしてできあがり。かつお節、薄く切った笹かまぼこを入れても美味しい。

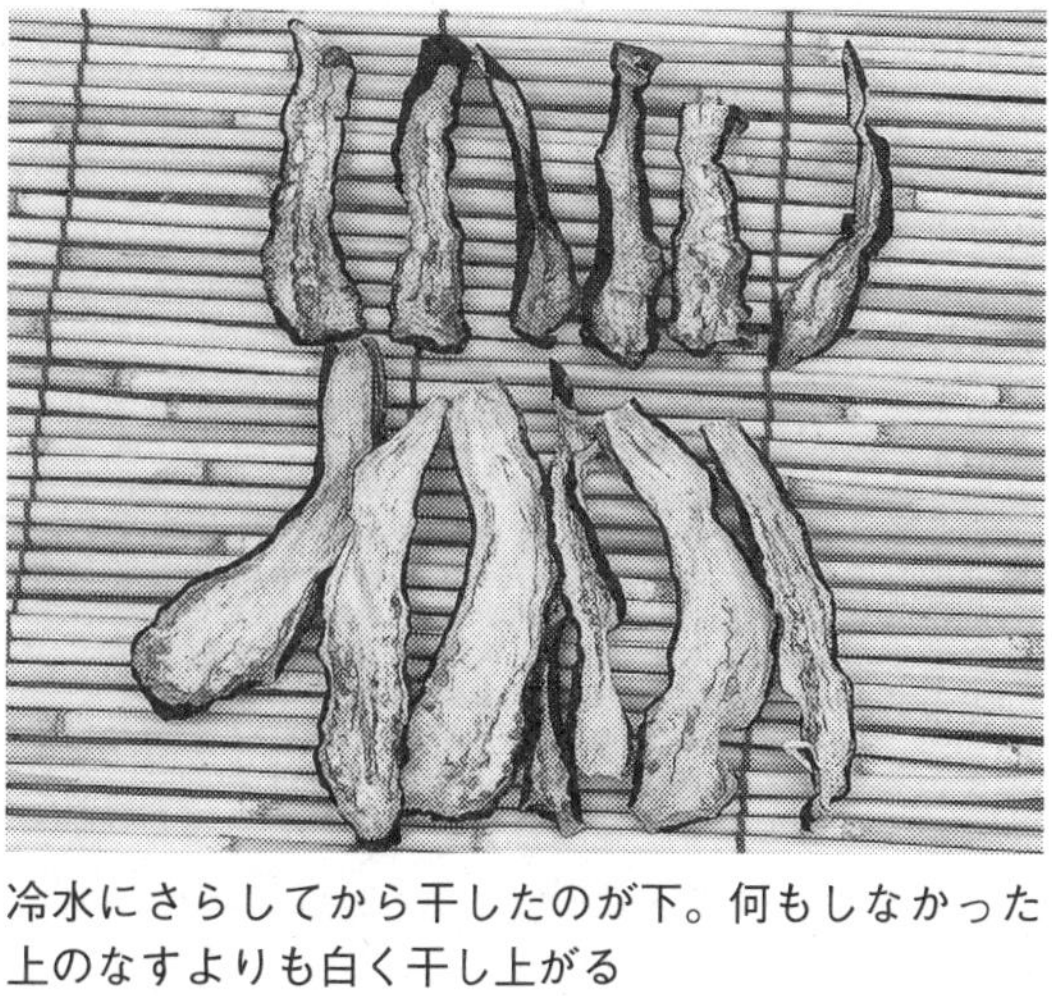
冷水にさらしてから干したのが下。何もしなかった上のなすよりも白く干し上がる

ねぎの網袋などに入れて涼しいところに吊るして保存するせいか、虫干ししなくても大丈夫だという。美味しく食べるこつは、もどし方にもある（前頁）。水でもどす際に、砂糖を入れるとやわらかくもどるそうだ。

　鳥取県のSさんは、「干しなす、直売所に出したら、こっちでは珍しいのか、けっこう売れた」。なすを縦に切るのではなく、輪切りにしたもののほうが、理由はわからないがお客さんには好評だったとか。

干しきゅうり

　一度にたくさん収穫したきゅうりは漬物にといっても、漬物ばかりでは飽きてしまう。そんなときは、二cmほどにぶつ切りにして干してみてください。

　半乾きになったきゅうりを、醤油と砂糖で煮れば、なんともいえない歯ごたえに。飴色になるので誰もきゅうりとは気づきません。ご飯のおかずにもピッタリ。

　カラカラになるまで干せば保存もきくので「食べたいな」と思ったときにもどして、すぐに料理できます。この夏、とれすぎたきゅうりを、わが家の常備野菜にしてみませんか。

（二〇〇三年八月号「あっちの話　こっちの話」）

干しきゅうり。写真のような半乾き状態でも冷蔵庫で保存すればよい。完全に乾かせば保存がきく

干しかぼちゃ

　料理が大好きで、日々「今度はこうしてみようかな」と考えている山田君子さん（北海道足寄町）。最初は「ポテトチップみたいにしようかな」と思って干したかぼちゃも、他の料理にしてみようと思って浅漬けにしたら、ちょっと変わった食感の漬物になった。

　薄く切ったかぼちゃを、二～三日干す。干しかぼちゃをそのまま油で揚げて、チップスにしてもよい。もどすときは数時間塩水にさらす。塩水に浸けると、真水に浸けるよりもできあがりの歯ごたえが少しよくなるという。もどしたものをそのまま千切りにして、酢の物の彩りにしてもよい。

　浅漬けにするには、醤油、塩、昆布茶、砂糖少々を入れた調味液に一晩漬ける。シャリッとした感触の浅漬けになるそうだ。同じように干し大根や干しにんじんでも作ってみたそうで、シャリシャリの歯ごたえの漬物に変身。

干しかぼちゃ

干しにんじん

君子さんが干したかぼちゃは、お菓子にも使われる甘くて色の濃い品種。秋が近づいて糖分が高まって一番美味しい時期のものを収穫するという。

干しスベリヒユ

安孫子みんさんが、他にも夏の間に干すのがスベリヒユ。とってもとっても出てくる難雑草だが、山形では「ヒョウ」とよばれ、「そっちのほうで出てねえか?」ともらいに来る人もいるほど。

黄色い花が咲かないうちにとるのがこつ（遅れると硬くて酸味が出てしまう）。鍋に湯を沸かしたらさっとゆでて、二～三日干す。

スベリヒユを干すところ。さっとゆでてから（撮影　橋本紘二）

もどすときは、水と一緒に鍋に入れて火にかけ、お湯が手を入れられるぐらいに冷めたら手でもむ。醤油、砂糖、酒などで調理する。糸こんにゃくや油揚げを入れても美味しい。

スベリヒユは干さずに、さっとゆがいておひたしにしたり、ごま油や辛子醤油で和えたりするのも美味しい。夏の定番のおかずだ。

干し桃

野菜ではないが、もう一つ、みんさんが夏に干すのが桃。市場に出荷できない傷ものの桃の種をとり、六つか八つに割ったら水に入れてひと煮立ちする。

これを天日で四～五日乾燥させる。干し上がったら、グラニュー糖をまぶしたり、コーヒーに入れる粉のミルクをつけて食べても美味しい。

同様にりんごでもできる。桃もりんごも干してもあまり硬くならず、しっとりしているそうだ。いずれも甘いために小さな虫がつきやすいので、細かい網の中で干すとよい。

干しほうれん草

岩手県花巻市・小原キヨさんはとり遅れて茎が長くなったほうれん草を五cmほどに切り、天日やしいたけ乾燥機で乾燥させる。乾燥させたしいたけ、大根、にんじんと一緒にして直売所に出しているが、大好評だとか。

スライスして酢水にさらして干したヤーコンも便利。そのままチップスで食べたり、きんぴらにする。

（文・編集部）

二〇〇四年八月号　夏、とれすぎた野菜を干してみよう

昔ながらの保存食

美味しい干しなす料理

荒川睦子さん　富山県南砺市

干しなす

昔からの保存食―干しなす

町内の郊外型スーパーマーケット「エレナ」では、レジ近くの一番目立つところに「かあさんの店」がある。太い柱の周りに野菜や加工品が並べられ、のぼりが立つ。もともとはスーパーの外でテントを張った店だったが、あまりの集客力の強さに一昨年、スーパーの店長に頼まれて、そのまま中に移った。

二十四名の農家の女性たちが持ち寄る農産物の中に、意外な売れ筋がある。七年前の開店以来、秋から冬にかけて棚に並べられる「干しなす」もその一つだ。荒川睦子さんは「夏を過ぎると野菜が途切れることがあるでしょう。棚がちょっとさびしいときに置いてみたのが始まり」という。

もともと干しなすは、このあたりで農家の保存食として食べられていた。しかし、最近は作る人が少なくなったし、スーパーに並ぶようなものでもない。だから、年配の女性が「あら、懐かしいねぇ」といいながら買っていく。そうやってお客さんが増え、一袋（五〇g）で一五〇～二〇〇円が残らず売れるようになった。

若者までが懐かしくなる不思議な味

「干しなすは油揚げや煮干しと一緒に炒めたり、煮付けにするのが一番。誰が食べてもご飯やお酒がすすむみたい。うちの五歳と三歳の孫だって喜んで食べるんだから」と睦子さんはいう。

盛りのときに食べきれないなすや、お店で

干しナスの作り方と使い方

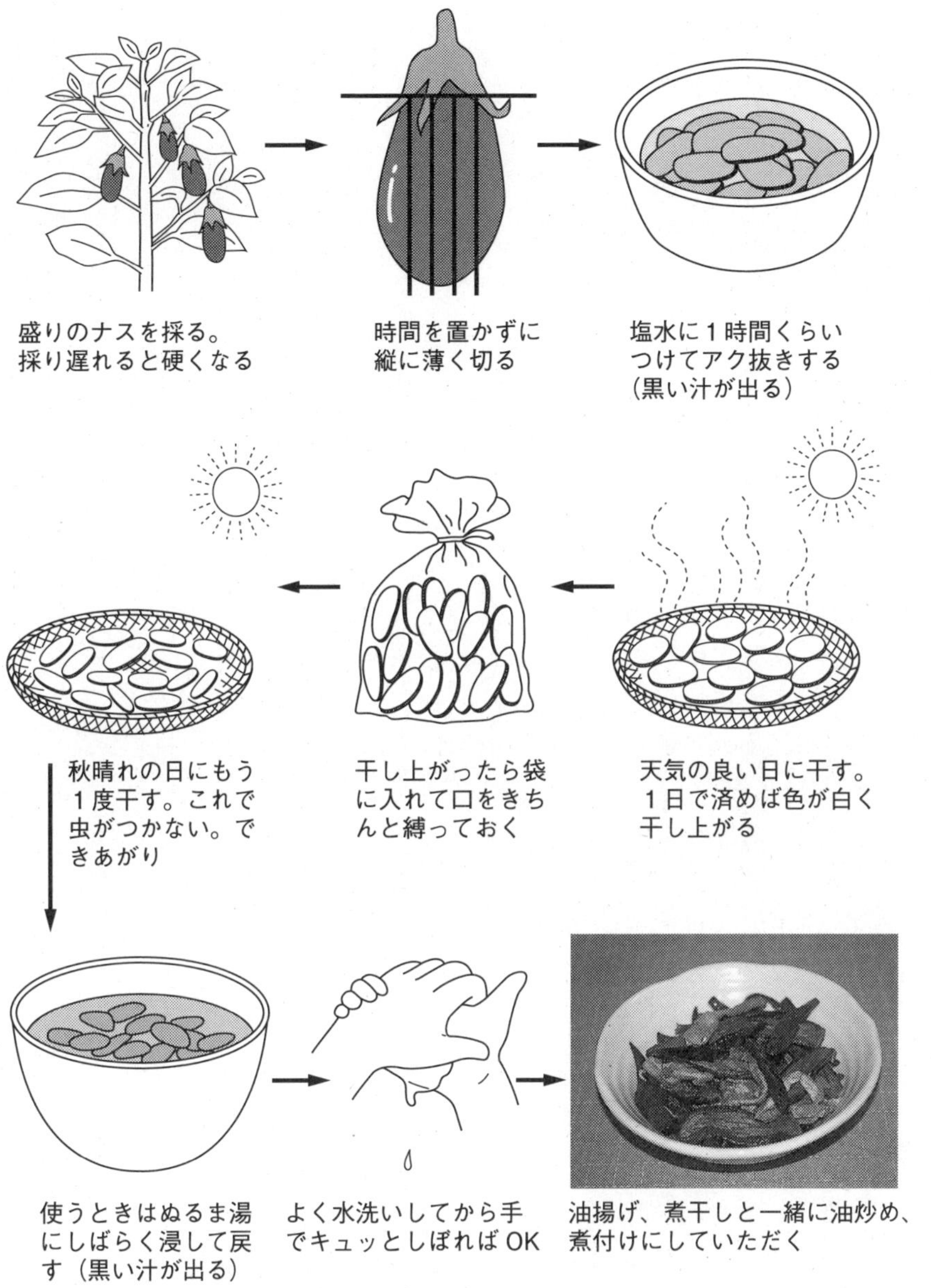
盛りのナスを採る。
採り遅れると硬くなる
時間を置かずに
縦に薄く切る
塩水に1時間くらい
つけてアク抜きする
（黒い汁が出る）
天気の良い日に干す。
1日で済めば色が白く
干し上がる
干し上がったら袋
に入れて口をきち
んと縛っておく
秋晴れの日にもう
1度干す。これで
虫がつかない。で
きあがり
使うときはぬるま湯
にしばらく浸して戻
す（黒い汁が出る）
よく水洗いしてから手
でキュッとしぼればOK
油揚げ、煮干しと一緒に油炒め、
煮付けにしていただく

売れ残ったなすが使えるし、保存も利くからいつでも出せる。中には、夏の盛りに、生のなすがどっさり並んでいる棚の横に干しなすの袋を置く母さんもいる。それでもすぐに売れてしまうというのだから、生の代用や保存食というよりも、別の食材のように思われるようだ。

「おもしろいのはね、絶対に食べたことがあるはずのない若い女の子たちがね、『なんか、懐かしい味がする』って繰り返し買いにくる。不思議でしょう」。年齢を問わず懐かしくなる味なのだ。

また、睦子さんは加工所でおやきを作っているが、その具に干しなすを使う。「生のなすだと水分が多くてやわらかいから、どうしてもべちゃべちゃになりやすい。干しなすならお湯で戻しても硬さが残って歯ごたえがある。味がおやきによくあうんだよ」。生のなすが使いにくい加工品も「なす入り」でアピールできる。

香ばしさ、うま味が強い

「みんなに声かけたら一袋だけ残ってた」。睦子さんからいただいた袋の口を空け、においをかいでみる。野菜をからからに干してあるのだから無臭と思いきや、生のなすの香りはしないものの、お日様にあたってひなびたような独特の香ばしい香りがする。教わったとおり、ぬるま湯で戻し、油炒めと煮付けにしてみる。

油炒めを口に入れ、噛んでみると、生のなすのような軟らかい感じではなく、皮の部分にきゅっきゅっという歯ごたえがある。そして、かすかになすの初々しい香りがしたかと思うと、じわっと香ばしいうま味が染み出し、意外にしっかりした味だとわかる。煮付けのほうは、油炒めのような歯ごたえがない代わりに、煮汁がよく染みてジューシー。干しなすの香ばしいうま味、煮干しのだし汁、油揚げの甘みが渾然一体となって口の中に広がる。

油炒めも煮付けも他にたとえようのない味だが、強いていえば、見た目も歯ざわりも違うものの、ぜんまいやわらびなど山菜のようだ。食べる前に何も聞かされていなければ、おそらくこれがなすだとわからない。どんな味かと聞かれれば、とっさに「懐かしい味」と答えてしまう、そんな味だ。

盛りに一日、秋に一日の二回干し

睦子さんによると、干しなすを色よく仕上げ、長く保存するにはちょっとしたこつがあるという。

まず、盛りのなすを採ること。お盆を過ぎて採ったなすを干すと硬くなるそうだ。収穫が遅れないように注意する（秋なすは干しなすに向かないらしい）。「なすの盛りのときはね、ちょうど他の野菜もたくさんだから、忙しいんだ。いざ干すとなると意外に面倒くさくなる」そうだ。

それから、干すときは、これ以上ないというほどからっと晴れ渡った日を選ぶこと。「一日で干し上がると色が白いまま。でも、曇ったりして二～三日かかると茶色に変色してしまう」。変色しても味は変わらないが、売り物にするのだから見た目も大事。

最後に忘れてはならないのが秋晴れの日にもう一度干すこと。「これをしないと、秋から冬にかけて黒い小さな虫がわく。白い部分が少しずつかじられてぼろぼろになる」。一日干せば、次の年の夏まで十分もつ。

昔から各地で食べられてきた

干しなすは各地で昔から作られ、食べられてきた。そのいくつかを『日本の食生活全集』から紹介しよう。

油炒め　青森県の津軽地方では、なすを干して、冬のおかずに油炒めにしてよく食べる。また、漬物にして保存し、塩を抜いて汁の実にも使う。

大きいなすを、人によって違うが、だいた

干しなすの味噌漬け

生野美千子さん　大分県庄内町

生野さんは毎年六月、自家用畑に三〇本のなすを植える。九月の盛りの頃になると、当然食べきれなくなるし、料理の種類が多いなすといえどもさすがに食べ飽きてくる。そこで、昔からこのあたりに伝わる「干しなすの味噌漬け」で目先を変えるのだ。

なすが硬くならないよう若いうちにちぎり、丸のままピーラーで三分の一くらい皮をむき、塩を振って三～四日間重石する。あく汁は捨て、しなびたなすを天日で一日、乾きが悪ければもう半日干す。水気が飛んだ干しなすを味噌の中につけ、一〇日間くらい待てばできあがり。

食べるときは味噌を除いてお茶請けにする。濃厚な味の中になすの香りがするそうだ。保存も利き、次の年の夏まで食べても、全然味が変わらないという。

美千子さんは干しなすを粕漬けにもする。味噌漬けのようには保存は利かないが独特のおいしさ。また、なすのほかにも大根、かぼちゃ、おくら、にがうりなどの野菜を同じように干し、味噌や酒粕につけてお茶請けに出している。

い細く長く切って干す。折板（流し箱）や箕に入れて広げ、天日で乾かす。早く乾燥しないとかぶける（かびが生える）ので、日照りのときに仕事をする。よく干せたらわらづとをつくり、干しなすを詰め、風通しのよい軒下などに下げて保存する。

干しなすの油炒めをつくるときは、まず、干しなすを水につけておく。そうすると、ぶーっとふくらんでくるので、両手で水をしぼる。なべに油を敷いて炒め、醤油でちょっと味つけて仕上げる。味は生のようではないが、それでもなすはなすの味で、いつでも食べたいときに食べられる。おもに冬の朝によくつくる。（『聞き書　青森の食事』）

干しなすの油炒め　弘前市（撮影　千葉寛『聞き書　青森の食事』）

味噌汁の具　長野県の佐久平では、暑いときには、畑からとりたてのなすをいろりの灰につっこみ、「ほど蒸し」（右の写真）にして食べる。盛りに食べ切れないなすは塩漬にしたり、干しなすにする。なすを縦に薄く切って、夏の強い太陽にあてて干す。冬、野菜のないころ、お湯でもどして、味噌汁の実や煮ものに使う。油炒めのときは薄い味噌味にして食べる。特別おいしいものではないが、冬に食べるなすの味は、珍しさも手つだって、ごちそうの一品に加わる。（『聞き書　長野の食事』）

なすのほど蒸し　佐久市（撮影　小倉隆人『聞き書　長野の食事』）

醤油漬　長なすびをつくる。煮もの、焼きなすび、汁の実、塩もみなどにして食べる。たくさんなって食べきれないときは、干しなすびや塩漬にして保存する。干しなすびは、晴天の早朝、なすびを小口切りにしてむしろに広げて干す。一日で乾いたものは色もきれいでおいしい。醤油漬や金山寺みその具にしたり、水でもどして煮ものにしたりする。（『聞き書　鳥取の食事』）

（文・編集部）

二〇〇二年八月号　これって山菜？　食べたことないのに懐かしい「干しナス」

干しなすび、干しこしょづくり　西伯郡大山町（撮影　小倉隆人『聞き書　鳥取の食事』）

あっちの話こっちの話

干しれんこんもなかなかいける！

須田陽介

れんこん産地・山口県岩国市の志村陽子さんに、干しれんこんの作り方を教わりました。

まず、れんこんの皮をむき、五㎜～一㎝くらいの輪切りにして酢水に五分くらい浸します。次に、沸騰した湯の中に入れて三分ほどゆで、ひもを通して、夜から翌日の夕方まで軒下に干します。ここがポイントで、夜風にしっかり当ててやると、水分がかなり飛んでかびにくくなるんだとか。

その後はざるに並べ、たまにひっくり返しながら二〇日間ほど天日干し。カチカチに乾燥したらできあがり。干す期間を長くすれば、より保存がきくようになります。また、冬の霜雪がかかると、よりおいしくなるそうです。

食べ方は、一晩水に浸けてからざるに上げ、弱～中火で一回沸騰させて水を捨てます。それからごぼう、しいたけと一緒に弱火でことこと煮るとおいしいそうです。天ぷらもなかなかです。

野菜は天日にあたるとビタミンDが多くなり、栄養価も上がるんですよね。

二〇〇四年十二月号

きゅうりも干しちゃうんですか？

村岡鮎香

きれいな水が流れる町・長野県伊那市のY子さんに、とってもおもしろいきゅうりの食べ方を聞いてきました。Y子さんはなんと「干しきゅうり」を作っているそうです。

作り方は簡単。きゅうりを三～五㎝に輪切りし、カラカラになるまで天日干しするだけ。生乾きだと、腐ったり虫がわいてしまったりするので、しっかり干してください。

食べるときは湯でもみ洗いし、砂糖と醤油で好みの味に煮つけます。生のきゅうりとも塩漬けきゅうりとも違う歯ざわりと香りで、なんともおいしいそうです。お茶請けにもピッタリ。みなさんもぜひお試しあれ！

二〇〇三年八月号

干し野菜は車のなかでよくできる

鈴木智己

夏といえば、そう、干し野菜の季節です。ところで、野菜を干しているとき、ハエなどの虫やカビが気になることはありませんか？

長野県東御《とうみ》市の清水恵子さんは、画期的な方法で虫やカビを防ぎながら短時間で野菜を干してしまいます。なんと、野菜を車の中で干してしまうのです。やりかたは簡単。車を日の当たるほうに向けて停めて、ダッシュボードの上に広げた新聞紙やざるの上に、野菜を置いておくだけ。閉め切った車の中には虫も入らないし、温度もかなり上がるため、約一日できれいな干し野菜ができあがります。雨が多いときでもあっという間にカラッと干せるため、カビもつかないそうです。

二〇〇六年九月号

網戸と一輪車でらくらく切り干し大根作り

住吉大助

滋賀県東近江市の川口芳《よし》さんは、漬物など家で食べるものは何でも作ってしまう手まめなお母ちゃん。切り干し大根もその一つですが、干すときに欠かせない道具があります。使わなくなった網戸（九〇cm×一・八m）と一輪車です。

一輪車の上に網戸を載せ、その上に切った大根を並べます。網戸の上は風通しがいいので、大根がよく乾燥し、冬から春にかけて天気のよい日が二日続けば、真っ白のきれいな切り干しができるそうです。また、万が一天気が崩れて雨が降り出したときには、一輪車を押せば、大きな網戸もらくらく移動させられます。ものは使いようですね。

二〇〇五年一月号

こだわりの干しいもづくり

塩田富子　徳島県阿波市

美味しい干しいもの条件

十五年前、知人から白く粉のふいた美味しい干しいもをいただいたのですが、それは私にとってすっかり忘れていた遠い昔の懐かしい味でした。その味を思い出し、自分でもつくってみようと思ったのが、私の干しいもづくりのはじまりです。私の考えている美味しい干しいもの条件は、次のとおりです。

①きれいな黄色、だいだい色で、白い粉がふいている。
②肉厚でねっとりとした歯ごたえ、それでいてふっくらと柔らかい。
③曲げると弓なりにしなる適度な弾力。
④とても甘い、だけど自然な甘さ。

今では干しいもは、直売所の人気商品のひとつです。昔を懐かしむお客さんたちにはたいへん喜んでもらえます。

しかし、はじめの頃は「あの店へ行かなければ買えない干しいも」をつくるのに、毎年、毎回、試行錯誤の繰り返しでした。

干しいもづくりのこつ

私がとくに気をつけていることは、

①いもを煮る前に、必ず一週間分の天気を確認する。カビ発生の原因になるので、節分（二月三日ごろ）過ぎの雨には要注意。また、雪の日は乾きがよく、仕上がりもきれい。明日雪が降るとわかったら、その日どんなに遅くなっても急いでいもを煮る。
②いもの皮をむくときは、熱いうちにざっくりと。冷めたらざっくりむけないし、薄皮だけむいたのでは色がきれいにならない。
③いもを切るときは少し厚めに。ねっとりふっくらと食べごたえがでる。

その他、美しく仕上げるために、はさみでいもの端のでこぼこを切り落としたり、乾いたいもの埃《ほこり》を一枚一枚刷毛ではいたり…。これらの作業は私のこだわりなのです。干しいもへの思い入れは、お客様に対して安全、安心をお届けする意味でとても大切なことだと思います。

干しいも用品種を求めて

もちろん、いもの栽培にもこだわっています。干しいも用の品種を探していたとき、『現代農業』のさつまいも品種の記事が目に留まりました。さっそく、著者である平田一三さんに連絡をいたしましたところ、快くアドバイスしてくださり、資料や種いもまで送っていただきました。

現在、畑にはこれまでの鳴門金時に加え、アヤコマチ、タマオトメ、ベニマサリ、ベニキララなど、九品種のさつまいもが育っています。新品種のことはすでにお客さんにも宣伝済み。楽しみに待ってるよ、との声に少々プレッシャーを感じながらわくわくしています。秋の収穫が楽しみです。

（徳島県阿波市市場上野段二九五）

二〇〇六年十一月号　これぞ!究極の干しイモづくり

⑥3日目くらいに裏返す。このとき、デコボコになった縁をカットして形を整える。このタイミングでカットすれば、切り口もよく乾燥する。

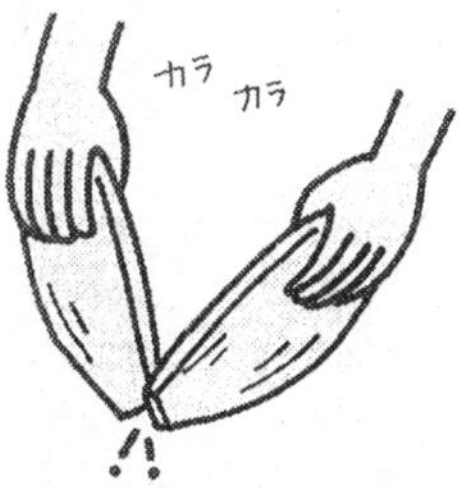

⑦1週間くらいかけてよく干す。後日、予冷庫で寝かすときに、水分がでてベチャッとなるので、1日余分に干す感覚で。薄くて早く乾いたものは先に取り込み、厚いものはそのまま干し続ける。

干しあがりの目安は、いもどうしをぶつけてカラカラとなるぐらい。

⑧干しあがったら、空気が乾燥している午前11時～午後2時の間に取り込む。刷毛で一枚ずつ埃を落とす。

⑨ビニル袋に入れてコンテナに詰め、予冷庫で保存する。4～6℃で4～6か月。保存期間中、必ず1か月に一度カビなどのチェックを。2か月くらいで白い粉がふいてきて完成。

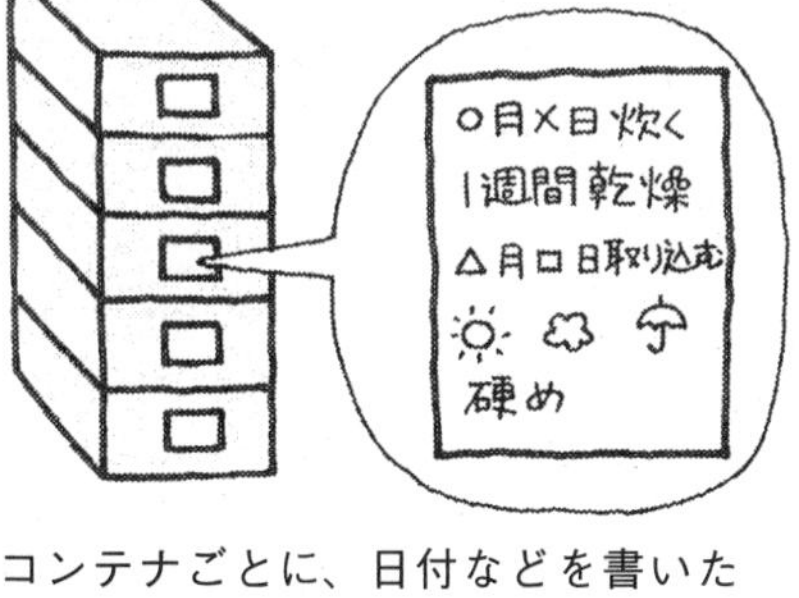

コンテナごとに、日付などを書いたメモを貼っておく。

干しいもづくり伝授

①いもの両端を切り落としながら、黒斑病などの病気をチェックし、選別する。皮と身の間に水がしみこみ、煮たあとに皮がむきやすくなる。

②大鍋にたっぷりの水を入れて煮る。お湯が少なくなってきたら注ぎ足す。お湯が少ないと均等に火が通らず、皮もむきにくくなる。

③金串が通るぐらいまで煮る。煮あがったら、いもが熱いうちに、水の中で皮をむく。薄皮だけでなく、ざっくり開くようにしてむく。

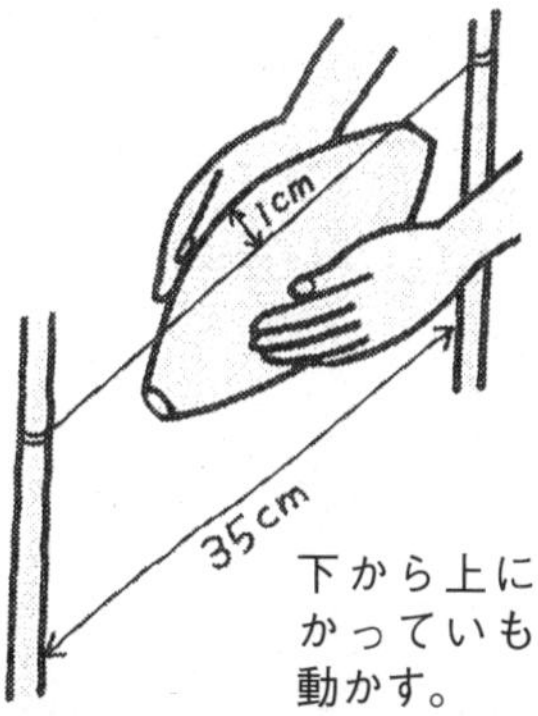

下から上に向かっていもを動かす。

④いもが冷えたら、ピンと張ったテグスで1～1.5㎝の厚さに切る（包丁で切ると、手でいもを押さえたときに、つぶれてしまうことがある）。

⑤きれいに並べて干す。ビニルハウスなど屋根付きの場所で干せば、夜間もそのままでよい。

ころ柿干し（長野県飯田市　撮影　小倉隆人）

干し柿の上手なつくり方

真部孝明　くらしき作陽大学食文化学部

庭先にある柿の木は、毎年よく実をつけ、秋の深まりとともに黄色から赤みがかった柿色に色づいてきます。渋柿は、焼酎やドライアイスで渋抜きして食べるのも美味しいですが、皮をむいて庭先に吊るし、毎日、柿の変化を眺めながら手入れをすると、やがて渋が抜けてほどよい甘さの軟かい干し柿「あんぽ柿」になります。

さらに水気のほとんどなくなるまで干して、白い粉を表面に吹かした「ころ柿」（枯露柿）にすると、格別の風味が生まれ、食べるのが惜しいほどです。

好みによって、いろんな段階の干し柿が楽しめます。干し柿こそ、自然を生かしてつくる代表的な伝統食品といえます。

残念ながら、庭先や畑の岸にある柿の木に稔った渋柿の多くは、子供に限らず大人のおやつからも見はなされて、せっかくの自然の恩恵を捨ててしまっています。

今年はぜひ、わが家の手づくり食品に挑戦してみましょう。

よくある失敗—カビが生える、黒くなる

「干し柿をつくってみたが、すぐにカビが生えて黒くなり、食べられる干し柿にならなかった」。このような経験を持っている人が多いのではないでしょうか。

生の柿は水分が多いので、乾燥が順調に進まないとカビが生えてきます。とくに、雨天の時に戸外に放置しておくと発生しやすく、一度カビが発生した柿は元通りにはなりませ

ん。洗濯物を干すよりもっと注意が必要です。

また、黒くなるのは、果実が酸化するからです。柿を干すと四～五日で表面に薄い膜ができます。この薄い膜は果実の内部を保護しており、この膜がうまくできなかったり、破れたり傷がついたりすると、酸化されて黒くなり、カビも生えやすくなります。

カビを生やさず、黒くならない干し柿のつくり方のこつを紹介しましょう。

干し柿づくりの手順とこつ

①収穫　渋柿であれば、どんな品種でも干し柿にすることができます。ただし、大きい柿は乾きにくいので、小さめのものを選びたい。また、溝のある柿は表面積が大きいので乾きやすく、干し柿むきです。

干し柿の収穫は、さわし柿の収穫時期よりも遅く、果実の表面がよく色づいてからですが、まだ硬いうちにします。収穫するときに、枝の一部をT字型に果実に残しておくと吊るすときに便利です。

②干し場　風通しがよく、陽当たりがよい南側で、雨に濡れない軒の内側を干し場にします。壁や板塀から少し離して、横棒を置きます。

ビニルハウスで干すときは、両側を下から一mほど開けて風がよく通るようにします。多くの生産地では、干し柿用のビニルハウスを設置しています。

③皮むき　むく前に、手で萼《がく》を取り除きます。包丁か皮むき器（ピーラー）を使います。ピーラーは、渋で手が黒くなることが少なく、安全で一定の厚みに皮をむくことができるので、初心者でも安心です。むく方向は縦でも横でもかまいません。

④連づくり　皮をむいた果実はT字型の枝の部分を、縄に差し込みます。T字型の枝がついていない場合には、ビニタイを果実の肩の部分に通し、縄に取りつけます。

縄は、やや太めのもの（シュロ縄がよい）を一・五m程度の長さに切り、両端をほぐれないように結んでおきます。固定した横棒に掛けやすいように、Ｓ字型の金具（フック）を用意し、縄につけると、取り外しや取り付けが簡単です。

約一mの縄に柿を一〇個差し込むことができます。柿はお互いに触れ合わないように、必ず間隔をあけます。

⑤カビ、黒変防止　乾燥期間中にたえず注意して、手入れを怠らなければ、イオウ燻蒸をしなくても、きれいな干し柿ができます。しかし、雨天が続いたり、無風の高温の日が続くとカビや黒変を防ぐのが難しくなります。そんなときは、熱湯処理（むいた柿を熱湯の中に三〇秒程度浸ける）か、アルコール処理（三五度のアルコールに一分、七〇度なら一〇秒程度浸ける）をすると効果があります。

⑥乾燥　自然乾燥は天候に左右されます。

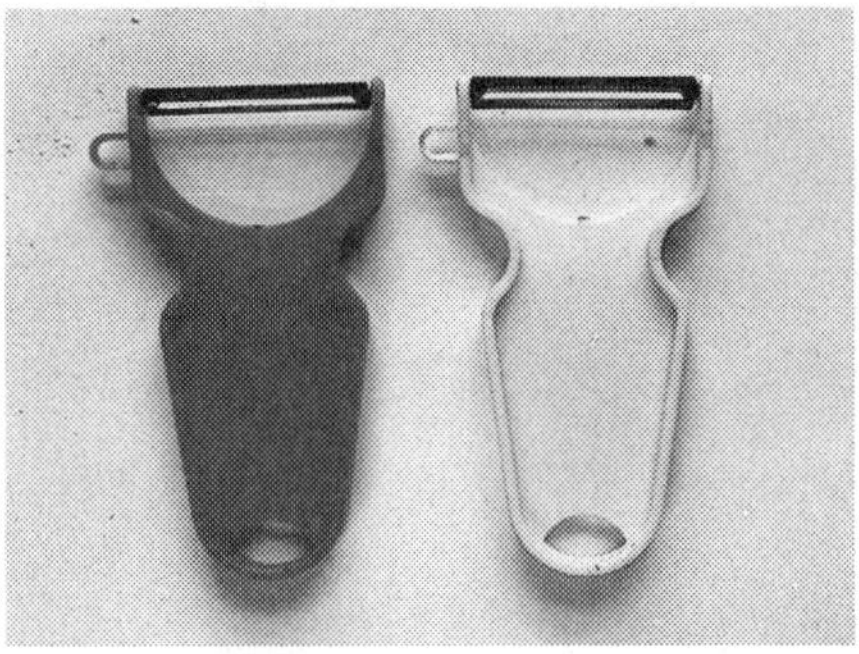

ピーラー（皮むき器）

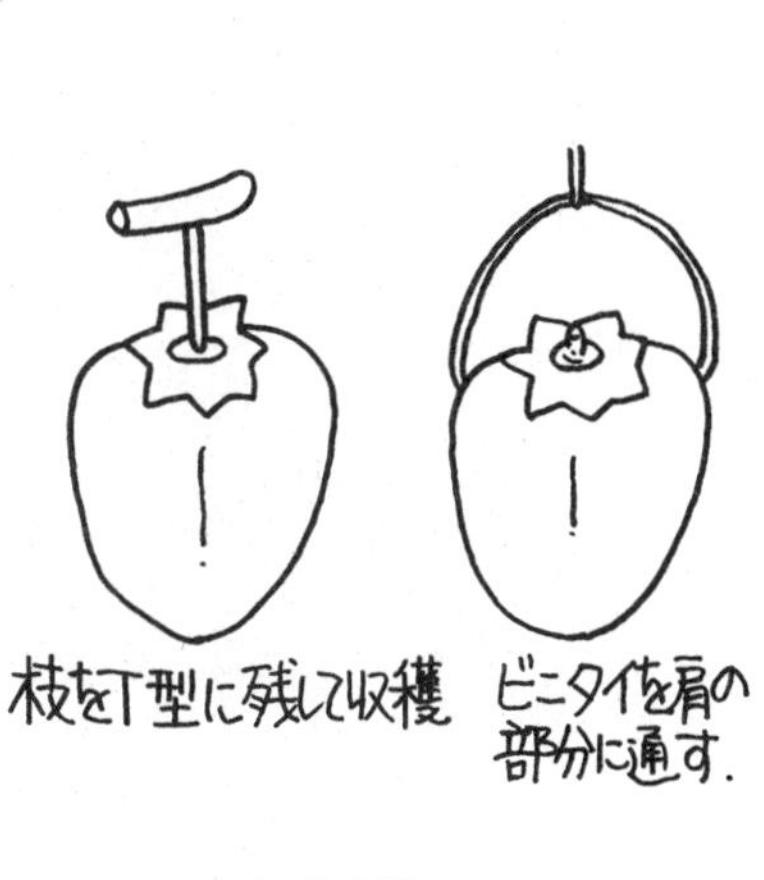
枝をT型に残して収穫
ビニタイを肩の部分に通す.

連づくり

ビニルハウスを利用した干し柿づくり

気温が高くても、天気がよく湿度が低ければ、きれいな干し柿ができます。逆に湿度が高いと、一五℃以上では二、三日でカビが生えます。

乾燥開始から一週間が、干し柿作りには最も注意しなくてはならない期間です。大敵は雨。先に述べたように、雨の日には屋内に入れるように心がける必要があります。

風通しのよい場所では、よく晴れた天気が続くと、四～五日で果実の表面が乾いて、かなり丈夫な薄い膜ができます。この膜は果実の内部を保護しており、膜が破れないように注意しながら、指で軽くもみほぐします。二～三日ごとにもんで、果実の中の芯がないようにするのです。

軟らかい「あんぽ柿」、白粉がついた「ころ柿」

元の重さの四〇～四五％程度の軟らかい状態で、乾燥を止めた干し柿が「あんぽ柿」です。天候に恵まれると、最も早い場合には一週間前後であんぽ柿となります。甘みも適当で軟らかく美味しいものです。

あんぽ柿は、ビニル袋に入れて部屋に置いておくと、短期間でカビが生え、日持ちしません。そこでさらに乾燥を続け、最初の柿の重さの三五％程度になるまで乾燥させます。天気のよい日が続くと、二週間程度です。

これを、厚手の大きいポリ袋に縄や連のまま入れて、口をきつく結び密封します。数日そのままにしておくと果実全体がしっとりしてくるので、開封して、再び干します。最初の果実の三〇％前後に乾燥したら、縄から果実をはずして、浅いふたつきの箱に新聞紙と柿を交互に入れて、ふたをして全体を密封し、冷たい場所（西日本では冷蔵庫が望ましい）に置きます。

白い粉が吹いた「ころ柿」(枯露柿)

一〇日ぐらいで表面に白い粉が出てきたら、表面を歯ブラシか刷毛でこすると、白粉が均一に出やすくなります。この白粉が干し柿の表面にむらなく出たものが「ころ柿」です。風味があり、かなり日持ちします。

乾きが不十分で白粉が出てこないものは、三五度の焼酎にさっとくぐらせておくとカビが生えにくく長持ちします。ただし、いずれも気温が高くなるとカビが発生するので、「ころ柿」は、気温が一〇℃以上になったら冷蔵庫内に入れて保存します。

二〇〇二年十一月号　干し柿―「洗濯物干し」感覚で色よく、おいしく仕上げる！

あっちの話 こっちの話

一口サイズの干し柿ならかびない

川崎大地

静岡市の青木守夫さんが作るのは、一口サイズの小さな干し柿。もとは青木さんも、丸ごと一個をひもで吊るして干していたそうですが、それだとできあがるまでに時間がかかり、途中でかびることも多かったそうです。そこで、「小さく切って干せば、うまく干せるんじゃないか」と、この方法を思いついたそうです。

つくり方は基本的には普通の干し柿と同じですが、柿の皮をむき、芯をとったあと、八等分くらいに切ります。天気のいい日は風通しのいい屋外に置いておき、天気の悪い日は一日中扇風機の風に当てて乾かします。サイズが小さいので乾燥するのも早く、わずか一〇日ほどでできあがり。柿の品種は、愛宕柿か立石柿がいいそうです。

守夫さんは、この干し柿を「柿切り干し」と名付け、直売所で販売していますが、なかなかの人気商品だということです。

二〇〇四年十二月号

干し柿にチーズを入れてオードブル風料理！

三浦貴子

宮城県内を歩いていると、干し柿を梅干しに使ったしそで巻いて砂糖水に浸けて食べるなど、干し柿の食べ方がいろいろあるようで興味が尽きません。その中で、鳴瀬町（東松島市）に住む浅野慶子さんから、大人から子どもまで食べられる干し柿の食べ方を教えてもらいました。

用意するものは、干し柿とチーズ。干し柿のへたを取って、中の種を取り除き、その中に短冊状に切ったチーズを入れます。このときチーズをしそで巻くのもよい。それを干し柿とチーズが馴染むくらい蒸してできあがり。

そのまま食べてもおいしいのですが、慶子さんはできたものを冷凍して、食べたいときに解凍し、おつまみとして出したり、衣をつけて天ぷらにしていただきます。輪切りや斜めに切ると、チーズの白としその緑と干し柿の茶色の色どりがきれいで、お正月にオードブル（前菜）風にして食卓に並べるのもいいそうです。大人にはおつまみとして、子どもにはご飯のおかずとして、一家団らんの食卓に、干し柿料理はいかがですか?

一九九九年二月号

干し柿
太陽と自然の風で手づくり

西村文子　西村自然農園　愛知県豊田市

暖冬でつくりにくくなってきた干し柿

十一月も下旬になるとかなり寒くなり、冷たい風も吹き、雪が少しちらちらする時もある。この寒さと風を利用して、昔の人は干し柿をつくってきたんですね。でもこの頃、つくりにくくなったと思いませんか？

以前は十一月二十三日（勤労感謝の日）頃にとって干せば必ず良くできたのに、近頃はカビたり落ちたりと、苦労することが多くなりました。カラスにつつかれたり、タヌキやハクビシンに持っていかれたりで、干し上がるまで気が休まりません。やはり異常気象、暖冬のせいでしょうか。干し柿専門農家のように室内設備や薬品を使わずに、軒先で少量の干し柿をつくるには相当の努力と工夫が必要になってきました。

お日様と自然の風だけで手づくりした干し柿は最高です。農家レストランのお客さんは「こんなにうまい干し柿は初めてだ！」と感激します。「売ってほしい」と頼まれますが、いつも売るほどなくて残念。

わが家では、大きな蜂屋柿と少し小さい赤ず柿でつくります。渋の強い柿ほど、甘くておいしくなるそうです。まったくの無肥料、無農薬のほったらかし栽培で、よく成ってくれます（毎年豊作というわけにはゆきませんが…）。つくり方は図の通り。できあがった干し柿は、冬の間は常温保存でかまいませんが、暖かくなってきたら冷蔵庫へ入れたほうがいいでしょう。

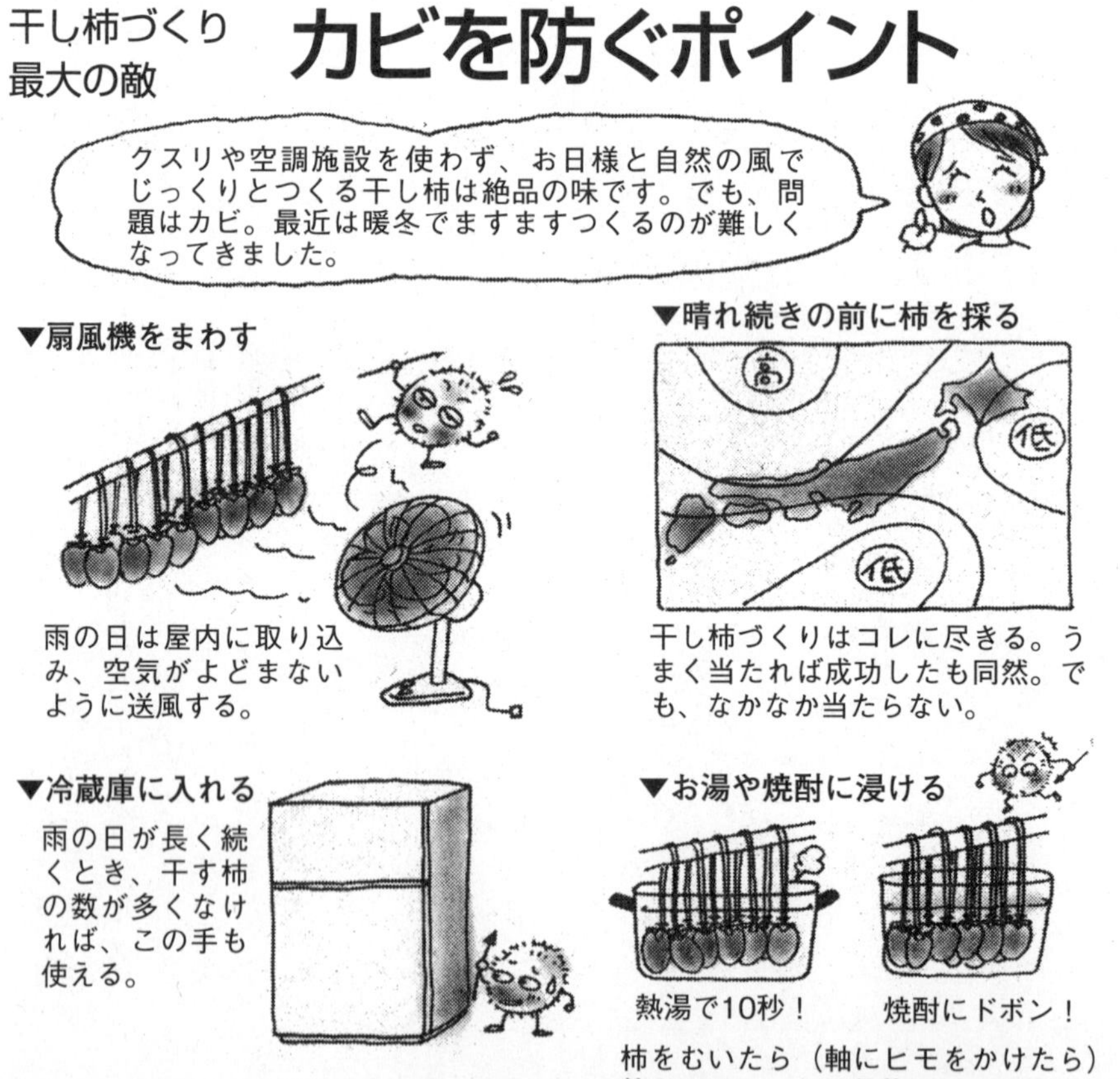
干し柿づくり
最大の敵
カビを防ぐポイント
クスリや空調施設を使わず、お日様と自然の風でじっくりとつくる干し柿は絶品の味です。でも、問題はカビ。最近は暖冬でますますつくるのが難しくなってきました。
▼扇風機をまわす
雨の日は屋内に取り込み、空気がよどまないように送風する。
▼晴れ続きの前に柿を採る
高
低
低
干し柿づくりはコレに尽きる。うまく当たれば成功したも同然。でも、なかなか当たらない。
▼冷蔵庫に入れる
雨の日が長く続くとき、干す柿の数が多くなければ、この手も使える。
▼お湯や焼酎に浸ける
熱湯で10秒！
焼酎にドボン！
柿をむいたら（軸にヒモをかけたら）熱やアルコールで殺菌する。

干し柿のつくり方

▼ヘタの上の小枝をT字型に残す。ここにヒモをかけて吊す。

芯（果肉の断面図）

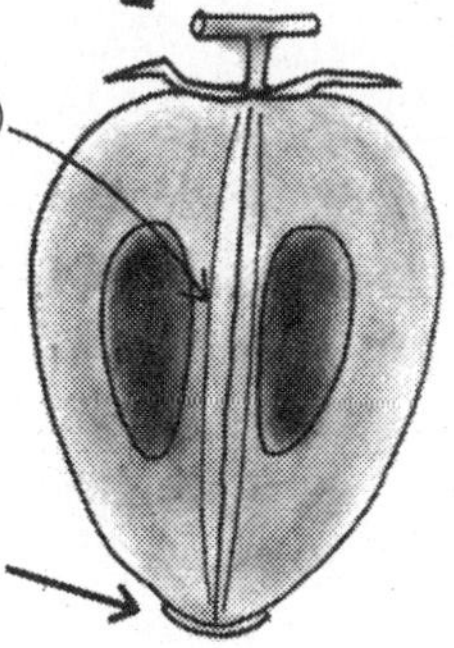

▼皮をむくときは、先端の皮を少し残すこと。ここをむくと芯が切れて果肉がくずれやすくなる。

⑤白粉うっすらで取り込み

干して1か月くらい後に表面を見て取り込み時期を判断。ヒモからはずし、ヘタのヒラヒラしているところをきれいにとる。

▼遅いとカチカチ

▼早いとカビ

※カビの心配がないほどに乾いたら陽のあたらないところに移しておくと黒くならない。

⑥白粉をふかせる

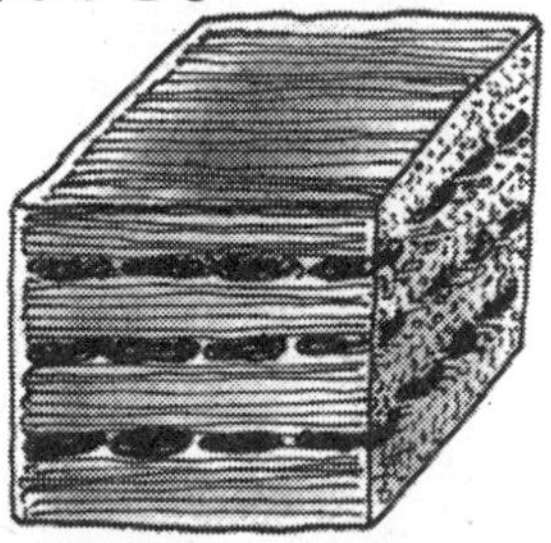

段ボール箱の中に、きれいにしごいたイナワラと干し柿を交互に重ねて入れていく。しばらくすると真っ白い粉がふいてきてできあがり。

▼取り込むヒマがないときは…

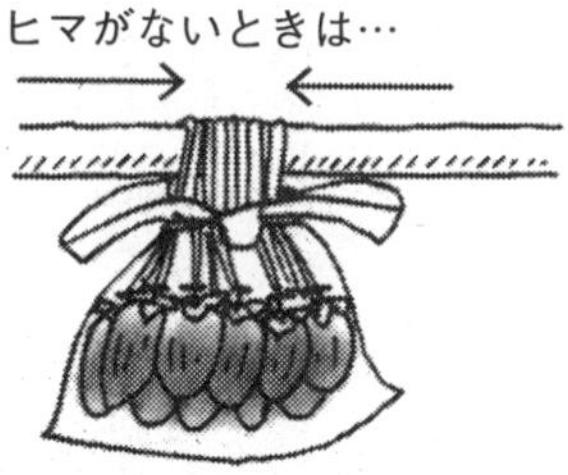

サオにかけたまま干し柿を寄せ、スーパーの袋をかぶせておくだけでも、ちゃんといい粉がふいてくる。

①遅くならないよう採る

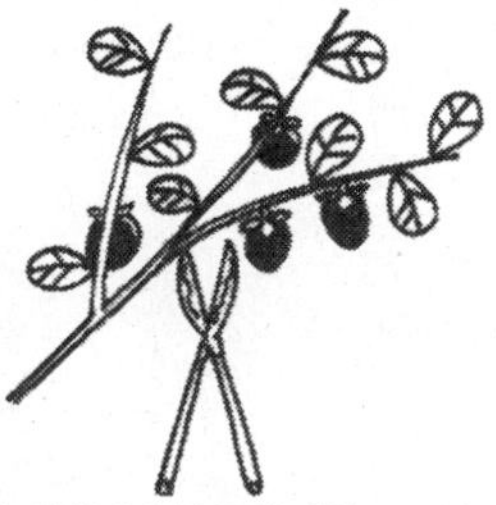

わが家では11月下旬頃。でも暖かい日が続いて、早くやわらかくなりそうなときは、早めに採る。

②採ったらすぐ皮むき

採ったらなるべく早くむいて干す。皮むき器でヘタから先端に向かってシュッシュッ。皮は干して漬け物に入れる。

③ヒモをかけて干す

小枝にヒモをかけ、2コ1セットで竹ザオに吊す。

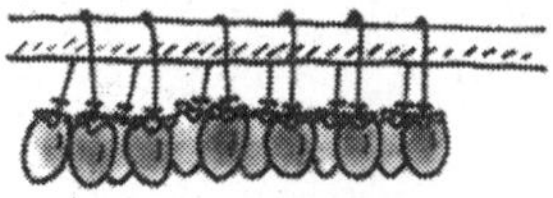

陽当たり、風通しのよい軒先に干す。

※ヒヨドリ、カラス対策にはネットをかけておきます。

④指で優しくもむ

日をあらためて最低もう一度モミモミ

1個あたり10回くらいモミモミ

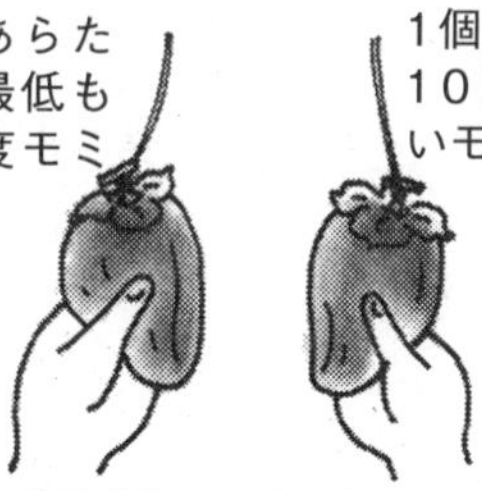

干して10日くらいたち、しんなりしてきたら果肉をもむ。中の糖分が外へまわり、白い粉をふきやすくなる。雨が多く、暖かいときは、もむのを控えること。

巻柿にして楽しむ

干し柿はそのままお茶うけに

するほか、いろいろ工夫できます。旅先のおみやげ屋さんで柿を渦巻きのように巻いて、わらでくるんだものが売られてますね（結構高い！）。今年はおいしくてきれいなオリジナル「巻柿」をつくってみませんか？

この巻柿、わが家では「柿の花」と呼んでいます。切り口がバラの花のようで美しい。「干し柿は甘すぎて苦手」という若い人でもＯＫ。梅漬けのしそ

うっとりおいしい柿の花
巻柿のつくり方

梅漬けシソの酸味と塩分、ユズ皮の酸味と香りが干し柿の甘味とマッチします。

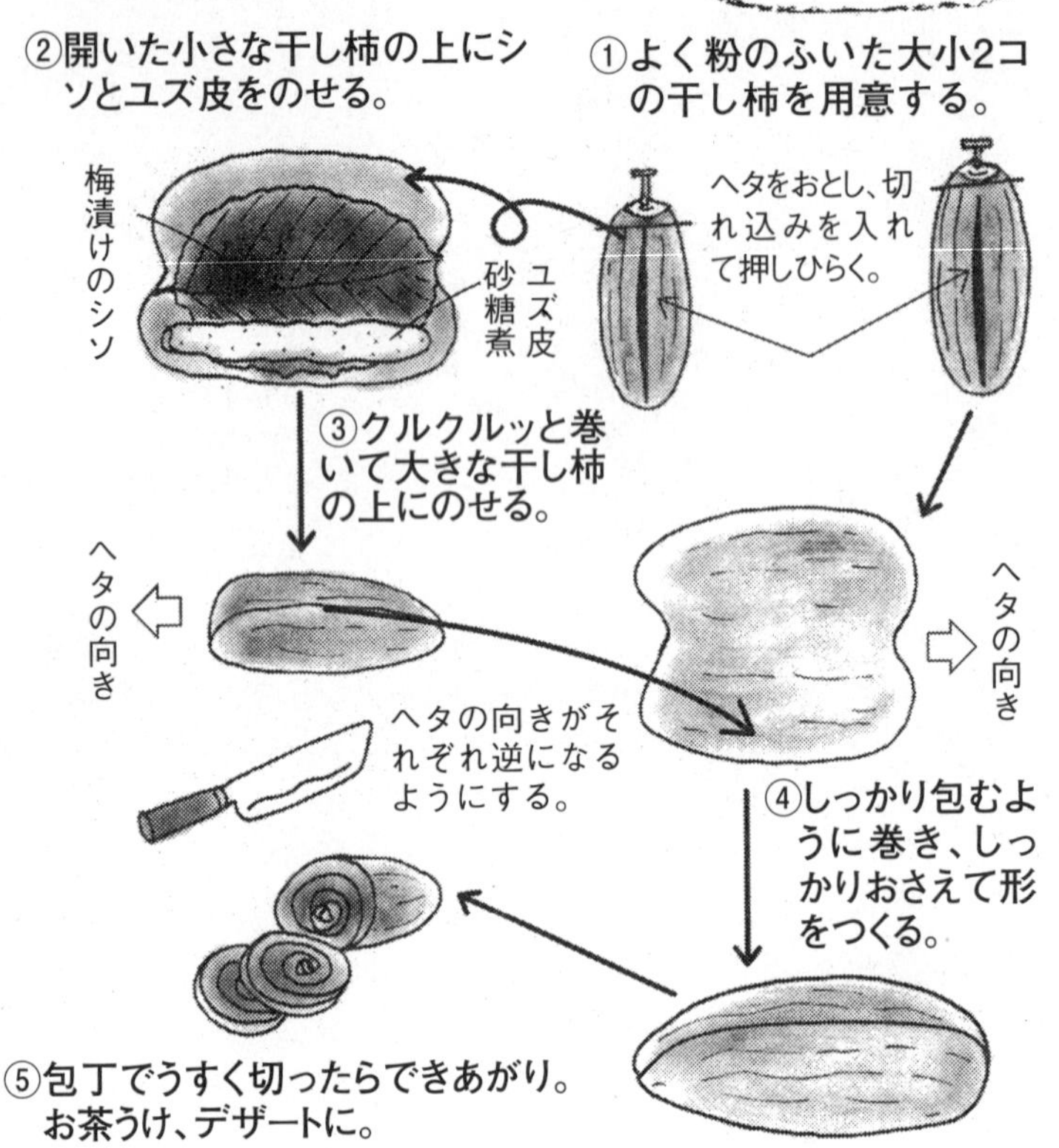

①よく粉のふいた大小2コの干し柿を用意する。
ヘタをおとし、切れ込みを入れて押しひらく。
②開いた小さな干し柿の上にシソとユズ皮をのせる。
梅漬けのシソ
ユズ皮砂糖煮
③クルクルッと巻いて大きな干し柿の上にのせる。
ヘタの向き
ヘタの向き
ヘタの向きがそれぞれ逆になるようにする。
④しっかり包むように巻き、しっかりおさえて形をつくる。
⑤包丁でうすく切ったらできあがり。お茶うけ、デザートに。

と、ゆず皮の砂糖煮を入れることで、味のバランスがよくなり、食べやすくなっています。椿《つばき》やさざんかの葉を添えて出せば、お客さんもうっとり。芯はかりんの砂糖漬け、チョロギや大根の紅漬け、長期保存しなければ大根のべったら漬け、たくあん、干しいもなど、いろいろと工夫できます。素敵な柿の花を咲かせてくださいね。慣れてきたら、干し柿六～十個くらいで長くつくってみましょう。

なお、固くなってしまった干し柿は、五㎜角くらいに切って洋酒に漬けておけば、ケーキやパンを焼く時のドライフルーツとして使えます。また、削り節のように薄く一㎜くらいにそぎ、ふわっと盛り付けると柿とは思えぬおもしろさ。歯の悪い人や少しだけ食べたい人にいいでしょう。

熟柿《じゅくし》の使い方いろいろ

柔らかくなってしまった柿（熟柿）は、そのまま食べてもおいしいのですが、そうたくさん食べられるものではありませんね。食べすぎると体も冷やします。もったいないので工夫しましょう。

柿香煎　熟柿を茶碗に入れ、香煎《こうせん》（麦焦がし、大麦を煎って粉にしたもの）をかけ、かき回してスプーンですくって食べます。この辺の伝統食で、昔は何よりいいおやつだったそうです。ぱさぱさの香煎とどろどろの熟柿が出合ったすばらしい食べ方。

さらに、もう一工夫してみました。香煎を思い切りたくさん入れ、塩一つまみ入れて固ねりにして、小さいおだんごに丸めます。黒砂糖を少し足してもいい。色づいた柿の葉の上に乗せ、きな粉を少し振って出すと、手間のかかった上品な和菓子に見えます。何だかわからない人が多い。

柿酢　熟柿をガラスびんにそのまま洗わずにどんどん詰めてふたをして、縁側のすみなどの暖かい所に置きます。春になるといい酸味がきているので、ざるの上に布巾を置き、自然にしたたり落ちるものをびんに入れ、保存します。

熟柿漬け　よくつぶした熟柿五～六個に、塩一五～二〇％を混ぜます。大根一本を二～三等分し、それぞれ四つ割りに。柿床に漬け込み、重石をする。甘酒を少し混ぜてもいいでしょう。

（愛知県豊田市小原北町四二　西村自然農園）

二〇〇三年十一月号　うっとりきれいでカビない干し柿、巻柿

あっちの話こっちの話

干しあんずはウーロン茶に漬けるとおいしくなる

亀田夕香里

長野市の加藤和子さんは、干しあんずをウーロン茶に漬けて食べています。

ウーロン茶に漬けると干しあんずが水分を吸って大きくなり、ほんのり甘くてやわらかい、なんともいえないおいしさになるのです。

つくり方も簡単で、市販の干しあんずをふたつきの容器に入れ、ウーロン茶をひたひたに注ぐだけ。二日間くらい置いて、あんずがふっくらとしてきたらできあがりです。

ウーロン茶の代わりに紅茶を使ってもできるそうです。冷蔵庫で冷やしてやれば、これからの暑い季節にもぴったり。残ったウーロン茶は甘くなっているので、水で薄めたり、焼酎で割って飲むこともできます。ぜひ試してみてください。

二〇〇六年八月号

生姜粉末は料理のおいしい隠し味

林琢磨

群馬県伊勢崎市でほうれん草と小松菜をつくる福田益美さんの家では、煮物の隠し味に生姜を使っています。ただし生の生姜ではありません。根生姜を粉末にしたものです。保存もきくし、生姜独特の繊維質も口の中に残りません。

まず根生姜を、皮を剥かずにタワシできれいに洗い、薄くスライスしたら、外に出してカラカラになるまで干します。乾きが足りなかったら、電子レンジ一分で乾燥。あとはミルにかければできあがりです。

粉末になった生姜は、びんに入れておきます。冷蔵庫に入れず常温でもかびは生えません。厚揚げやトウガンなど、くせのない味の煮物に入れると本当によく合うそうです。入れる量は、おはしの先に少しで十分。

この粉末、風邪を引いたときに砂糖を入れれば生姜湯にもなります。娘さんの旦那さんは、これで風邪を治してしまうそうです。

二〇〇七年十月号

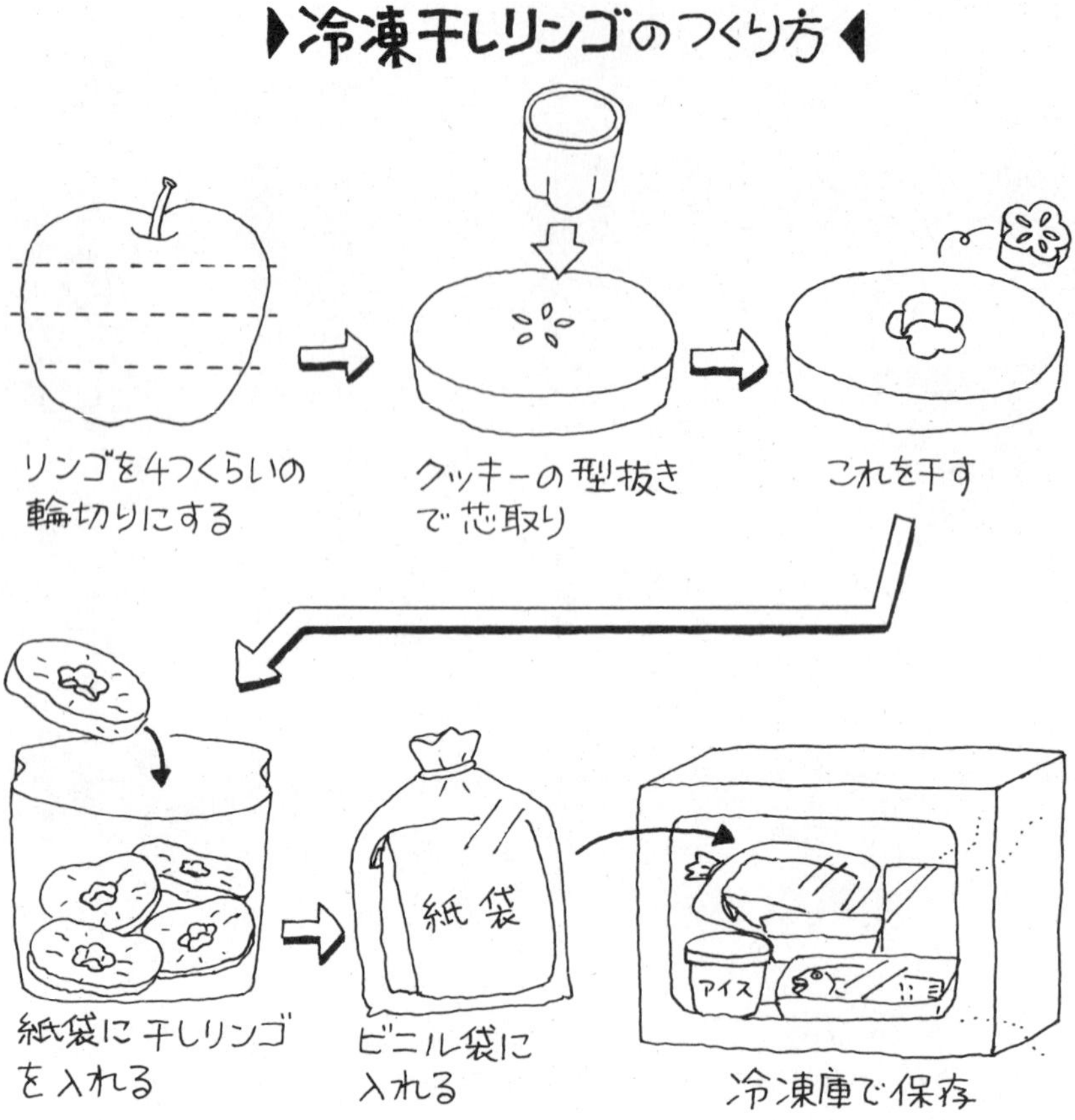
冷凍干しリンゴのつくり方
リンゴを4つくらいの輪切りにする
クッキーの型抜きで芯取り
これを干す
紙袋に干しリンゴを入れる
紙袋
ビニル袋に入れる
アイス
冷凍庫で保存

干しりんご 自然の甘酸っぱさが濃縮

笹間安子さん　岩手県花巻市　文・西村良平

「古くなったりんごは、もさもさして食べても美味しくないの。でも、捨てればもったいないしね」という岩手県花巻市の笹間安子さんが考えたのが、これを輪切りにして天日乾燥する方法です。スターキングなど、もぎたてが美味しいものほど、置いておくともさもさになってきます。

「ただ、干しさえすればいいの。これで自然の甘酸っぱさが濃縮して美味しいお菓子に生まれ変わるのよ」といいます。

こうして捨てては、もったいないと思っていたものが、美味しい食べものに大きく変身するのです。

輪切りにして天日で乾燥

笹間さんは、まず、古くなったりんごを横に四つくらいの輪切りにして、芯を取り除きます。こうしてパイナップルの輪切りのような形になったものができると、ぐるりと皮をむいていきます。

芯を取り除くには、にんじんの料理やクッキーづくりで用いる型抜きを使います。古いりんごはやわらかくなってきているので、型抜きで押し切れば簡単に芯が取れます。芯を取るのがめんどうなら、そのままにしておきます。食べるときに残せばよいだけです。

次に輪切りのりんごを干すことになります。笹間さんは、防風ネットの切れ端を出窓のところに張り渡し、その上に輪切りしたりんごをのせています。陽もしっかり当たって、よく乾いてきます。ときどき、りんごの上下をひっくり返してやります。こうするだけで早く乾くようになり、一週間もすれば、乾燥りんごのできあがり。

冷凍庫で長期保存できる

乾燥が終わって、そのままにしていると、カビが生えてしまうことがあります。そうならないように、冷凍庫に入れて保管します。

ここで、冷凍庫の中のいやな臭いが移ってくれれば、せっかくの美味しさも台無しになってしまいます。そこで、笹間さんは干しりんごを紙袋に入れ、さらにビニル袋に入れてから冷凍しています。もし、紙袋がなければ、その代わりに新聞紙で包んでもよいそうです。「これで冷凍庫のあのいやな臭いもつかなくなりますよ」。これはほかのものにも応用がききますね。

りんごは乾燥しているので、冷凍庫に入れてもカチカチに凍ってしまうことはありません。食べたいと思ったときに冷凍庫から出してくれれば、そのまますぐに自家製「りんごシャーベット」。こんな食べ方ができるのも冷凍干しりんごの魅力です。

この干しりんご、もちろん新鮮なりんごでも美味しくつくれます。ぜひ、お試しください。

（ライター）

二〇〇二年十一月号　干しりんご　甘酸っぱさが濃縮した「お菓子」に大変身

りんごを六月まで美味しく食べる保存法

菅原道子

せっかく美味しいりんごも、古くなるとすかすかになってしまいますよね。ところが、長野県梓川村の村瀬定男さんのやり方で保存すれば、六月まで美味しいりんごが食べられるのです。

やり方は図のとおり。ペットボトルから蒸発した水分を新聞紙が吸って、箱の中がりんごの保存にちょうどよい湿度になるからか、りんごの鮮度が長持ちするそうです。

こうして保存したりんごは、早くから食べても構いませんが、村瀬さんのお宅では、普通に保存してあるりんごが無くなる五、六月に食べるということ。六月のりんごなんて、ちょっと珍しいですね。

二〇〇四年二月号　あっちの話こっちの話

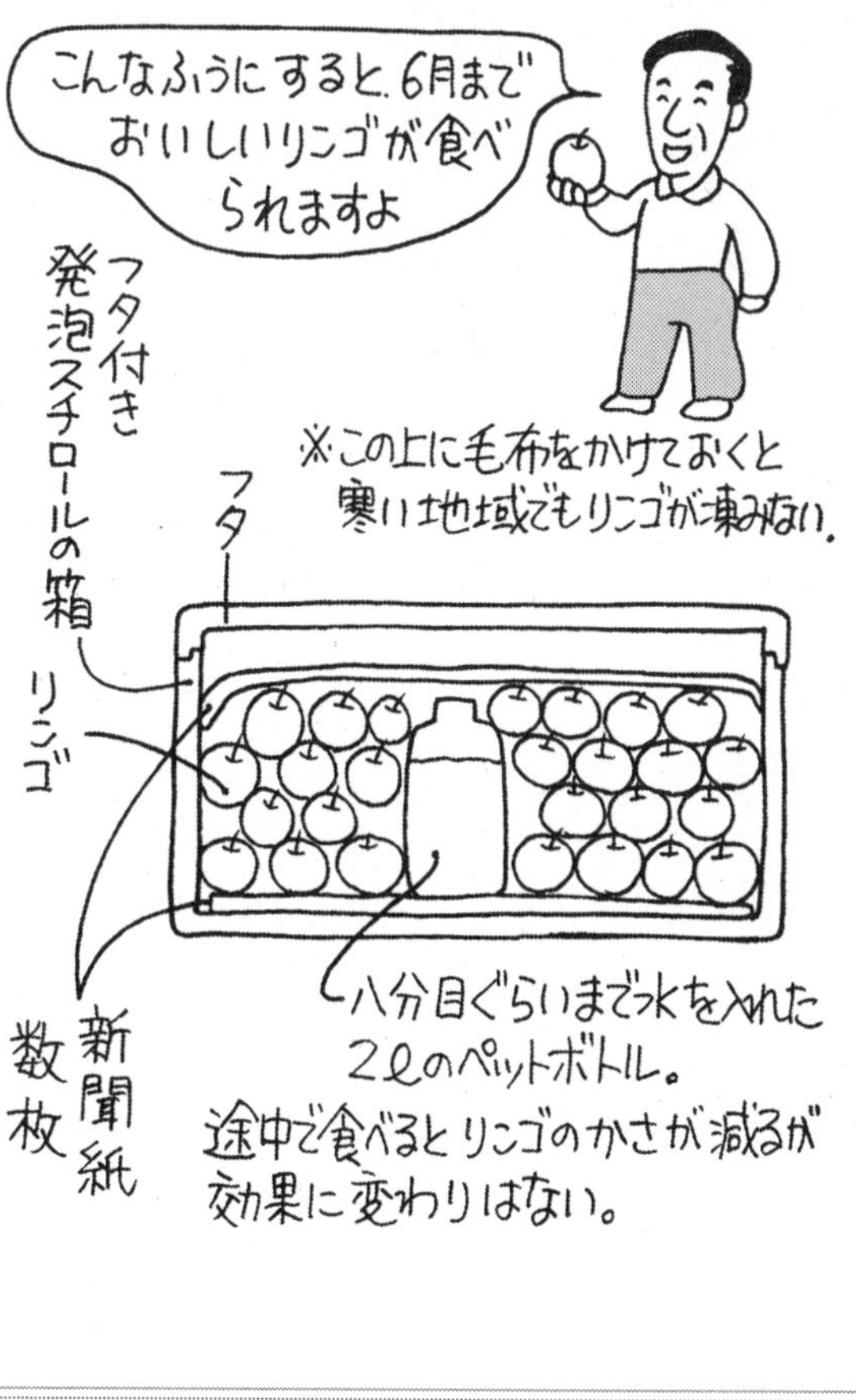

こんなふうにすると、6月までおいしいリンゴが食べられますよ
フタ付き発泡スチロールの箱
※この上に毛布をかけておくと寒い地域でもリンゴが凍みない。
フタ
リンゴ
新聞紙数枚
八分目ぐらいまで水を入れた2ℓのペットボトル。
途中で食べるとリンゴのかさが減るが効果に変わりはない。

傷物のりんごを干しりんごに

市嶋豊　かけす農場　岩手県一関市

かむほどりんごの美味しさが口の中に広がる干しりんご。紅茶に浮かべれば本格的なアップルティーに

傷物りんごを活用できないか

　もともと十一年前に両親とともに岩手に移り住んで農業を始め、雑穀を中心に栽培や加工に取り組んできました。地域の農家の手伝いもしてきましたが、じつはそこに「干しりんご」誕生の種があったのです。

　手伝いに行くりんご農家から傷物などの規格外品をもらうのですが、その量が半端ではない。その活用法を試すうちに、母親が石油ストーブの上に吊るしてみたのがそもそもの始まりでした。甘くて美味しいりんごを干してみると、これがなんともやさしい味わい。わけてあげた知り合いにぜひ売ってほしいといわれ、地元直売所に出すようになりました。

　竹串に刺して吊るすのに手間がかかるため、細々と製造していましたが、二〇〇四年に穀類用の平型乾燥機を導入したので、それを使って製造を増やしていきました。

　その年、村内で開かれた「地元学」のワークショップで、地域資源の商品化と販売の支援を行なうNPO「ローカル・ジャンクション21」（東京都三鷹市）の事務局長の浦嶋裕子さんと知り合い、翌年一月の「ニッポン食育フェア」で並べていただき東京デビュー。砂糖も香料も一切使わない、自然のやさしい味わいと食感が意外なほどに好評でした。それをきっかけに、本格的に取り組みを始めました。

ペレットストーブで一週間干す

　お客さんのなかには、天日干しを期待する

声が結構ありました。それに石油を使うのはなるべく避けたい。そこで二〇〇六年の初めから、ペレットストーブを熱源に利用しています。自宅の一室に断熱材を張り、乾燥室に改造しました。その乾燥室に、乾燥箱を並べるという方法にしました。

ペレットストーブと乾燥箱に入れたりんご。乾燥させると重量は約10分の1になる

八等分にしたりんごを、酸化を防ぐために塩水に漬けたあと、一週間かけてじっくり干し上げています。

　このストーブと乾燥室の整備には、岩手県の「コミュニティービジネス育成助成金」も活用しました。傷物のりんごや木質資源など、地域の資源を活かしながら、地域課題の解決をビジネスとして取り組むという事業です。ちなみにコストアップには目をつぶったペレット燃料ですが、灯油価格の高騰でペレットのほうが安いくらいになってきたのは嬉しい誤算でした。

干しりんごのパッケージ。80g入り500円、40g入り300円

子育てお母さん、年配者に人気

　お客さんは、小さな子どもをもつお母さんから年配の方までおり、「薄いりんごのチップスを食べたことはあるが、これはボリュームがあって美味しい」、「袋を開けるとついつい食べてしまう」といった感想が聞こえてきます。

　パッケージのデザイン作成から、販路開拓、イベント、ネット販売など、「ローカル・ジャンクション21」が通年で支援してくれています。

　ちなみに品種は甘酸適和の「ふじ」と香りのよい「王林」を中心に、酸味が強めの「ジョナゴールド」、甘みが際立つ「つがる」など時期ごとに作ります。今シーズンは、十月から三月末までの半年間、毎月一〇〇kg（原料で一t）の製品を目標に製造中です。

（かけす農場＝岩手県一関市室根町折壁字篠原一四九―一　TEL兼FAX〇一九一―六四―三四三九）

二〇〇七年一月号　めざせ毎月一t加工！　規格外で干しリンゴ

香ばしくて美味しい野草番茶

野崎富さん　新潟県三条市

きっかけはお父さんのヘルニア

新潟県三条市の稲作農家・野崎富《とみ》さんが、身近な野草でお茶をつくり始めたのは、十四年前。夫・文夫さんがヘルニアになったのがきっかけだった。首から肩から、手のほうまでビリビリとしびれる始末。ひどいと育苗箱を高く持ち上げることもできなかった。

文夫さんはまだ四十歳になるかどうかの働き盛り。なのに朝から暗い顔をしていたり、痛み止めの注射のあとだるそうにしている日もある。田植えや稲刈りなど仕事がひと段落するたびに入院…。そんな姿を見て「お父さんを何とかしたい」と思った富さん。人に聞いて試したのがびわ灸だった。さっそく痛いところにびわの葉のツルツルした面をあてて、よもぎでできた棒状のお灸をグーッと押し当てると「ほんとに気持ちいいー」。たしかにじわーっと温かくて、子供に試してみたらグースカ寝てしまうほどの気持ちよさ。

びわ灸に手ごたえを感じた富さん、玄米や薬草など自然にあるものを生かした健康法をいろいろ試してみた。その一つが野草番茶だった。よもぎ、たんぽぽ、熊笹、はと麦…いいといわれるものを集めては炒ってお茶にした。これが美味しくて身体が温まっていい。おしっこの出もよくなる。

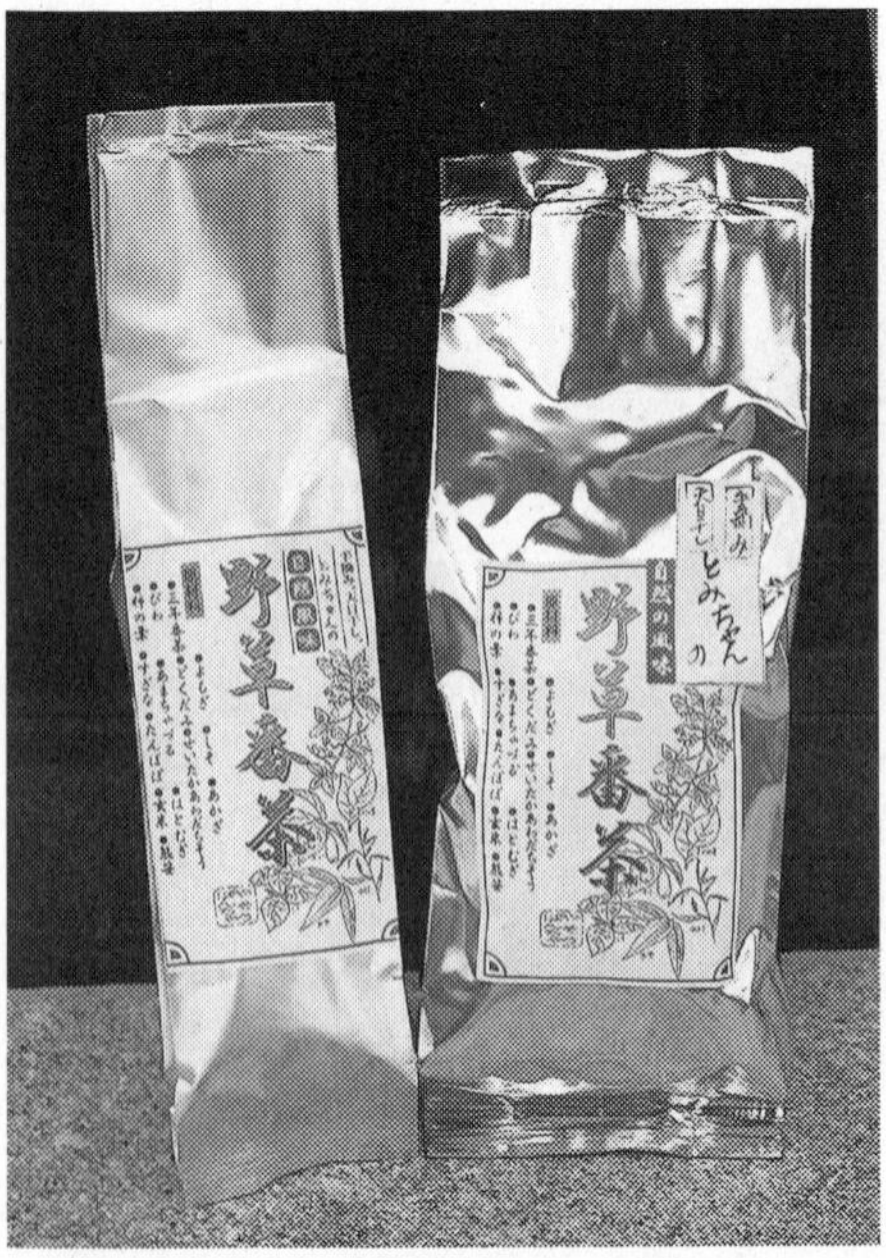

「とみちゃんの野草番茶」。アルミパックは近所のお茶屋さんに相談して取り寄せた

香ばしくて美味しい

ヘルニアが出てから四年後、文夫さんは手術した。その快気祝として自家製の野草番茶を、作業を手伝ってくれた親戚や知り合いに配った。すると、「美味しいねえ。うちにも欲しい」と想像以上に好評。また、その年の秋に地元の農業祭で販売してみた。もともとは「うちは稲作専業農家だからあまり売るものがないし、お茶でも」と思って出したのだが、ここでも好評だった。

近くの食材店・鰌屋《どじょうや》さんの店主・関さんは

「美味しいから私が売る」といってくれて、しかも、ラベルをつくるよう印刷屋に交渉までしてくれた。関さん自身、このお茶をよく飲んでいて、首に腫れ物ができて食欲が落ちたときなども、このお茶だけは喉を通ってくれたので「あのときは救われたわ」という経験を持つ。

　今は鮨屋さん以外にも、知り合いの商店や直売所、地元スーパーのインショップなどで販売して、少しずつ固定客が増えてきた。まとめて買って知り合いに配る人もいる。意外だったのが、どこも悪そうに見えない若い人も「美味しい」と買ってくれること。自分も飲むそうだが「実家の母に送る」のだという。

　野草茶はくせがあって飲みにくいというイメージがあるが、この野草番茶は香ばしくて甘く、美味しいお茶だ。富さんの家でも、毎朝やかんでお湯をわかして火をとめ、茶葉を入れて蒸らしたものをポットに入れて、家族がいつでも飲めるようにしている。富さんは年間通して温かいものを飲むが、夏は冷たいものが好きな文夫さんのために、麦茶を混ぜて冷やしたものも用意する。好みで番茶や中国茶などを混ぜてもよいそうだ。

とみちゃんの野草番茶のおおよその内容量

①3年番茶	23.4g
②ハトムギ	17.4 g
③玄米	14.6 g
④アカギ	8.6 g
⑤ドクダミ	5.1 g
⑥セイタカアワダチソウ	4.7 g
⑦柿の葉	4.3 g
⑧ヨモギ	4.0 g
⑨タンポポ	3.8 g
⑩ビワの葉	3.7 g
⑪シソ	3.3 g
⑫スギナ	3.2 g
⑬アマチャヅル	3.1 g
⑭クマザサ	0.8 g

…100 g中の重さ。軽くてかさばるものもあるので、たくさん入っているようでも重さは少し、という素材もある。玄米は無農薬栽培、ビワは10年前に庭にタネをまいて出てきた樹からとるなど自分でつくったり、野山でとってくるものがほとんど。3年番茶、ハトムギ、クマザサは購入。

野草番茶のつくり方

　野草番茶をつくるには、素材ごとに一つ一つ鉄鍋で炒るので、けっこう手間がかかる。はと麦のように一五～二〇分も炒るのもあれば、アマチャヅルのように軽くて焦げやすい素材は、あまり時間をかけずに炒らねばならない。

　また、よく乾燥させた状態で保存しておくことも大事だ。以前、土蔵に入れておいたらカビがついてしまった。缶やビニル袋に入れたほうが湿気なくていいように思えるが、それもカビやすいので、今は米を入れる紙袋に入れて、風通しのよい高いところに置いている。

　素材の種類は一四種類にもなる（表）。玄米は黒炒りがいいらしいが、きつね色程度（約一五～二〇分炒る）のほうが、お茶には美味しいようだ。あるとき熊笹を多くしたら「なんか薬くさいね」といわれたり、細かく刻んでみたら味が変わったりしたこともあった。それに、忙しいときにつくるとどうも味が落ちるような…。素材やつくり方がシンプルな

①野草番茶の素材を干す。コンテナに入れて、育苗箱などを置く棚の上に並べる（写真提供　野崎さん）。

②干し終えたら、はさみやわら切り機でカット。

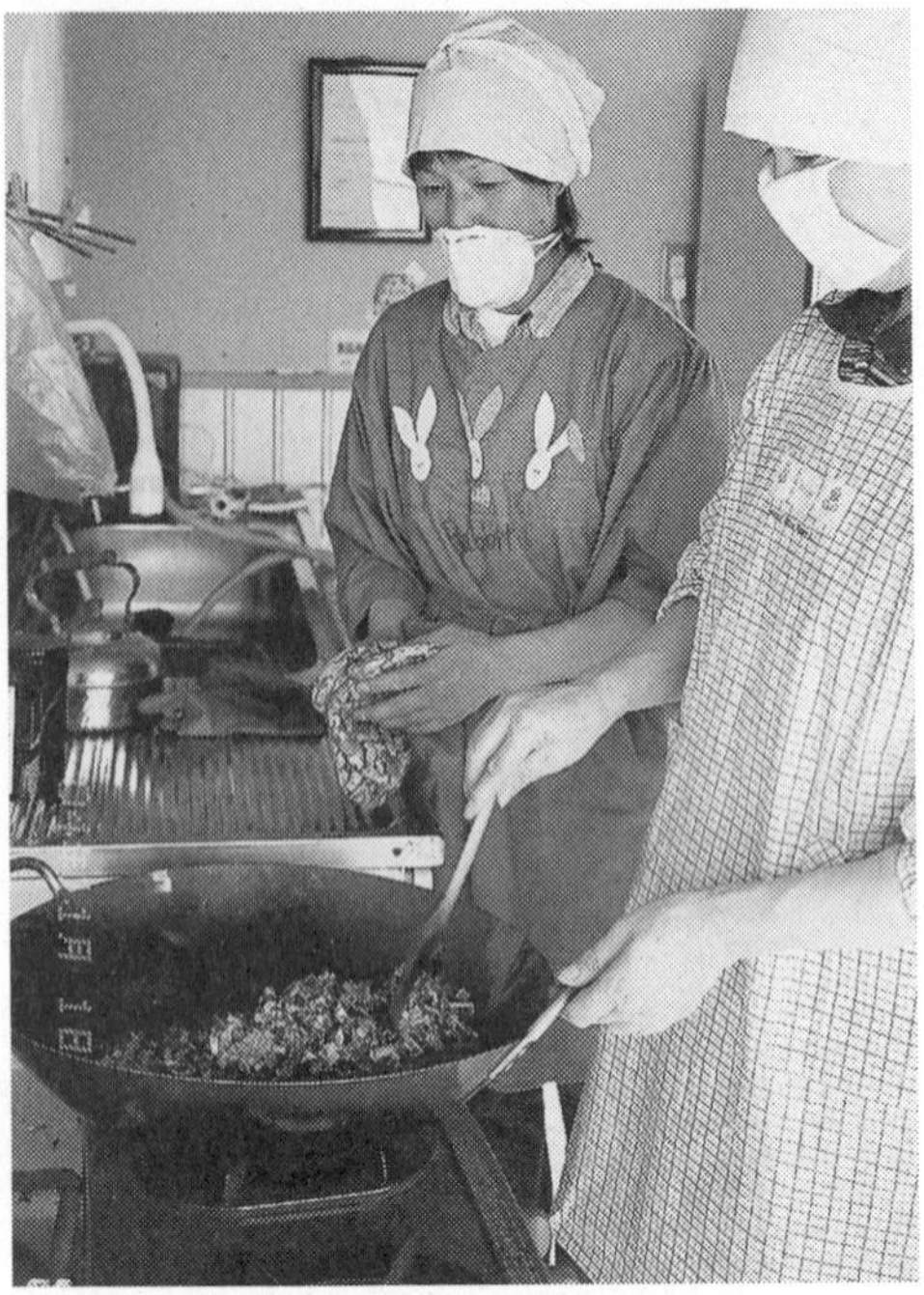

③大きい鉄鍋（中華鍋）で炒り、冷めてからブレンドする。

④乾かした野草は、棚の上に保存。高い場所のほうが風通しがよく、カビない。

※野草番茶を販売するにあたっては、現物を持って保健所に相談に行った。届出や施設許可などはとくに必要なかった。

だけに同じ味を毎回つくるのが難しいのだ。

もう一つ大変なのが材料集め。去年も、どくだみを生やしていた畑が市街化区域に入ったために手放さざるをえなくなった。

でも、そんなときに助けてくれたのも野草番茶のファンだ。どくだみも、「俺の近所にいっぱいあるよ」といって持ってきてくれた。一人でつくるのは大変だが、冬になれば同じ稲作農家の女性グループ「ミセス和楽」のメンバーが来てくれる。秋まではお互い忙しいが、「冬になればまたみんなで集まれるね」と楽しみにしている。

今後も、どんなかたちで広まっていくのか、富さん自身予想もつかないが、ファンや仲間がいる限り、なんとかやっていける仕事かな、と思っている。

（文・編集部）

二〇〇六年七月号　とみちゃんの野草番茶

ぜんまいの赤干し

根子昭

ぜんまいの乾燥の方法には、赤干し、青干し、緑干しがある。一般的に行なわれているのは、赤干しと呼ばれる天日による乾燥である。

選別　ぜんまいを、茎の太さで選別する。

熱湯処理　大きな釜に湯を沸騰させ、この中にぜんまいを三分間だけ浸す。

水切り　釜からあげたあと、すのこへ薄く広げ、放熱させると同時に水切りする。

乾燥　これをむしろへ均一に広げ、直射日光の当たる戸外で乾燥する。天候にもよるが、二時間ぐらいすると表面が赤桃色に変化するので、裏返してさらに一時間ぐらい日光に当てる。

手もみ　全体が赤桃色になってくるので、両手で持てるぐらいの量を、むしろの上で両手を使って転がす。十五回くらい円を描くように強弱をつけながら手もみ作業を行なう。

次に三十分から一時間ごとに、直径十五㎝くらいのぜんまいのボールをつくり、同様に一〇回ぐらいもむ。

その後、ぜんまいをほぐして、上からバラバラと下に落として混ぜ合わせ、再び同じようにボールをつくり、一〇回ほどもむ。このボールをほぐして再び均一になるように広げ、天日乾燥をつづける。

手もみの回数は、晴天では一～二時間おきに一日五回以上行なうことが望ましい。回数が多ければ多いほど、良品ができる。

仕上げ乾燥　このようにして三日目には、ぜんまいの先端部分が黒くなる。これを、おにぎりよりやや大きめの玉にして天日乾燥をつづけ、ときどき上下を返す。晴天が続けば、三日目には干しあげることができる。また、乾燥途中で根元の硬い部分を切り取る。

貯蔵　乾燥したぜんまいは、綿毛、ごみなどの雑物が混入していないことを確認して、ビニル袋に入れ密閉しておく。乾燥状態がよければ、二年間ぐらいはそのままの状態で貯蔵できる。しかし、長期間貯蔵すると虫が発生してくるので、梅雨明けや夏場にかけ再度天日乾燥することが必要である。この処理を一～二回実施すれば、その後、虫の発生はなくなる。

農業技術大系野菜編第十一巻　ゼンマイ

とったぜんまいは、よくもんで保存する。東砺波郡平村（撮影　千葉寛『聞き書　富山の食事』）

すすたけ（ねまがりだけ）とぜんまいの煮もの。平村（撮影　千葉寛『聞き書　富山の食事』）

山くらげ、ほどいも　食べ方、保存法、育て方

斎藤経子　岩手県花巻市

山くらげ（茎レタス）

中国で発達した乾燥野菜

北国の山々にはまだ雪が深く、白銀の世界が広がっています。今年は暖冬で、春の訪れが早いものと期待しておりましたが、二月も下旬なのに、今日も北風がうなりを上げながら小雪を散らし、横殴りにたたきつけております。

そんな中、畑のザラメ雪に長靴をとられながら、南側の斜面にそった畑に行ってみたのです。垣根のまわりは雪がなく、そこは春が一足早く訪れたように、青い葉が茂っていました。山くらげです。五～六cmに伸びた山くらげは、雪の下でも青々としておりました。これは昨年、種がこぼれて自然に生えたものです。

山くらげはレタス（キク科）の仲間で、もともとは秋に発芽して、寒い冬を越して生長する植物なのです。中国で栽培や料理法が発達し、乾燥野菜にして食べ続けてきたものだそうです。

山くらげの私流の料理、保存の仕方、栽培の仕方を紹介します。

どんな料理にもあう

山くらげを刈り取ったら、葉を取り、茎の部分の皮をはぎます。そうするとみずみずしい緑の部分が現われます。ここを食べるのです。

食べ方は、そのまま食べる場合は、きんぴらにしたり、熱湯でさっとひと煮立ちさせてサラダや漬物にしてますが、この場合、煮過ぎないことです。煮過ぎると「くらげ」独得の歯ごたえがなくなってしまいます。

山くらげ（茎レタス）。写真はサカタ種苗から発売されている「ヤマくらげのケルン」

乾燥したものは、水でもどしてから三cmくらいに切って、熱湯に入れてひと煮立ちしてから料理をします。そのまま好みの味付けでいただけます。炒め物、きんぴら、酢の物、和え物、煮物、その他、漬物、サラダといろいろな料理が楽しめます。私は、巻きずしの芯に、かんぴょうの代わりに入れてみました。

山くらげはアミノ酸、カルシウムや鉄分と

いったミネラル類、繊維質、ビタミン類、カロチンなどが豊富に含まれている栄養価の高い食べ物だそうです。健康な体を維持するためにも毎日食べたいものです。

風通しのよい日陰に干す

山くらげの保存法は、冷凍よりも乾燥したほうが美味しいように思います。

天気のよい日に皮を取り、長いまま縦に薄く切り、それをまた細長くひも状に切ります。このとき、頭の部分を切り取らないようにします。そうしてひも状に切ったところを分けて、そこに縄やビニルひもを通して吊るし干しにしています。

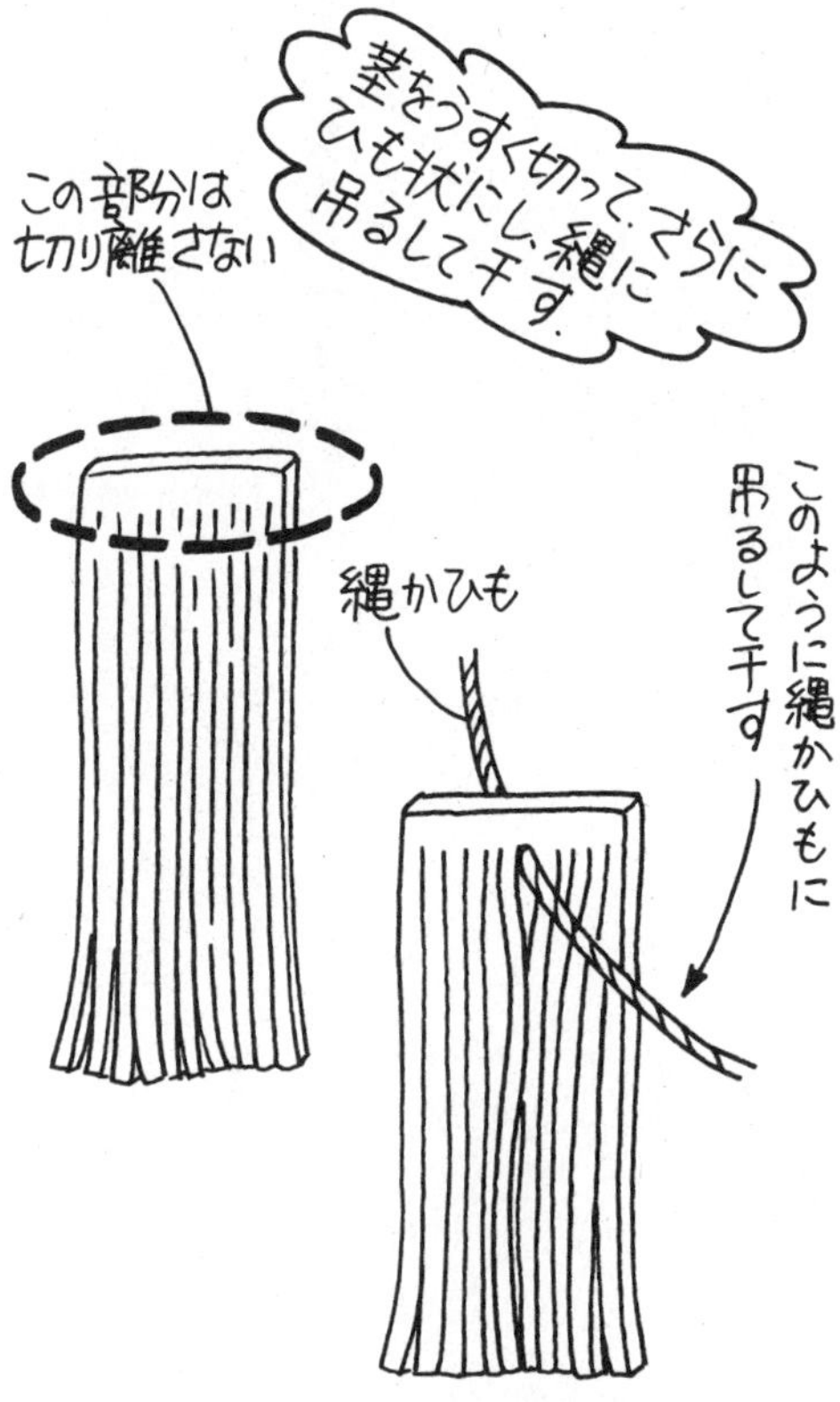
茎をうすく切って、さらにひも状にし、縄に吊るして干す。
この部分は切り離さない
縄かひも
このように縄かひもに吊るして干す

山くらげの乾燥法

干すときは日陰の風通しのよいところで干すと、色よく仕上がります。むしろやござで干したこともありましたが、すみやかに乾かないせいか、腐りやすかったり、色が白く仕上がってしまいます。また直射日光に当てると、色が白くなってしまうので注意が必要です。

冷凍する場合は、食べる大きさに切って熱湯をくぐらせて水切り、それを容器などに入れてストッカーに入れています。

栽培はレタスと同様に

山くらげはレタスと同様、冷涼な気候を好むようです。当地では、春から秋にかけて、いつでも種まきできます。私はずらしながら何回かまいています。

種まきは箱まきか、直接畑にまいています。そして本葉三～四枚、丈三～四cmくらいになったとき、白菜用の八cmくらいの育苗ポットに移植して、いい加減大きくなったら、畑の状態がよいときに植えるようにしています。早く収穫したいときはハウス育苗もしています。また、畑の苗床に播種した場合は、雨の降る直前に本畑に定植したりしています。種が少なかったので、生えた山くらげは全部育てたいと思って、一本一本ポットに移植してから本畑に定植したのです。それに菜類は移植してから定植すると丈夫に育つともいいますので。

定植の間隔は、株間三〇cmくらいでつくっております。昨年は小豆と混植したところもありましたが、小豆を株間六〇cmほども遠くに植えたので、その間に山くらげを植えたのです。山くらげは小豆の生長に邪魔にならないうちに収穫してしまうので、小豆が大きくなるころには空間ができ、よいようです。畑の有効利用にもなります。

肥料の施し方については、カキチシャ、チマサンチュ、レタスなどと同じようなやり方でつくっております。もちろん、肥沃なところ、やせたところなど、土の条件によって違うと思いますので、生育を見ながら追肥などを行なったらよいかと思います。

収穫はつぼみが出る前頃に行ないます。あまり遅い収穫では硬くなってしまうからです。

ほどいも（アピオス）

そのまま地中で保存

栄養価が抜群に高いものに、ほどいもがあります。私の畑にあったほどいもは、十七、八年前に青森から来たものです。東北大の先生が青森産のほどいもを現地に行って調べましたら、北米原産のアピオスだったとか。アメリカから、リンゴの苗木の土に混じってきたものではないかといっております。

本誌の愛読者の方のお便りに、「ほどいもがこの世にまだ生き続けていたとは、懐かしい。ぜひ見たい。一個でもよいからほしい」との便りに、私は感動いたしました。

野生に近い植物ですので、無農薬、無除草、無肥料でも育ちます。多年生ですので、一度植えつければ、毎年垣根のまわりに生え続けております。畑に植えるときは有機肥料で栽培しております。春に有機質肥料や堆肥をパラパラとまいて、土がサラサラの感じになればいいと思います。つるが葛のように伸びるので、種いもを植え付ける間隔は、たたみ一枚分に一〇個くらいで十分です。つるが伸びたら支柱をしてやります。

夏、美しい花が咲きますので、満開になったなら摘み取って、乾燥しておけば健康茶にもなります。

十月下旬には落葉し、地中のいもが大きくなってきます。十一月中旬から、春の萌芽の前まで収穫可能です。もともと、地中にできたいもで、厳しい冬を越す植物ですので、一度に全部掘り出さないで、そのまま冷たい地中に置いておくのが一番よい保存法です（長期保存するときは蒸してから冷凍）。

食べ方は、煮ても焼いても蒸しても、最高に美味しいものです。スライスにして天ぷら、唐揚げにすれば、ビールのつまみに子どものおやつにと、利用の幅が広いのもうれしいです。

ほどいも（アピオス）の種いも

野生のほどいもは、いも類の中でも栄養価の高いものだそうです。エネルギーは、さつまいもの一・六倍、じゃがいもの二・六倍、たんぱく質はじゃがいもの一〇倍、カルシウムはさつまいもの五倍、じゃがいもの三〇倍、鉄分は他のいも類の四倍も含まれているそうです。また他のいも類にはないビタミンEも含まれているのも、このいもの特長の一つだとか。以上は東北大の先生の文献（『奇跡のアピオス健康法』星川清親著）から引用したものです。

これからも安心して食べられる野菜、植物を皆さんと共に育て、自給の大切さを再認識しながらタネットワークの輪を広げたいと思います。

（岩手県花巻市成田一七―一四一）

一九九七年五月号　山クラゲ・ホドイモを育てる、食べる

ホドイモ

マメ科の多年生つる性草本で、日本全国各地と中国大陸南部に自生するが、現在野生資源が減少し珍品扱いされている。機能性に富んだ食品として注目されており、天ぷら、蒸しいも、石焼いもにすると、野性味が抜群で、最高の珍味である。

北アメリカ原産のホドイモ、「アピオス」が導入されている。

（大沢章　『食品加工総覧』）

あっちの話こっちの話

ハンガーで切干し大根を大量生産

清野由子

福岡県夜須町（現在は筑前町）では、三十三名のお母さんが集まった「すこやか会」が元気です。野菜や加工品を朝市に出したり、地元のデパートにも契約販売。さらに、学校給食用の野菜や漬物まで出しているそうです。

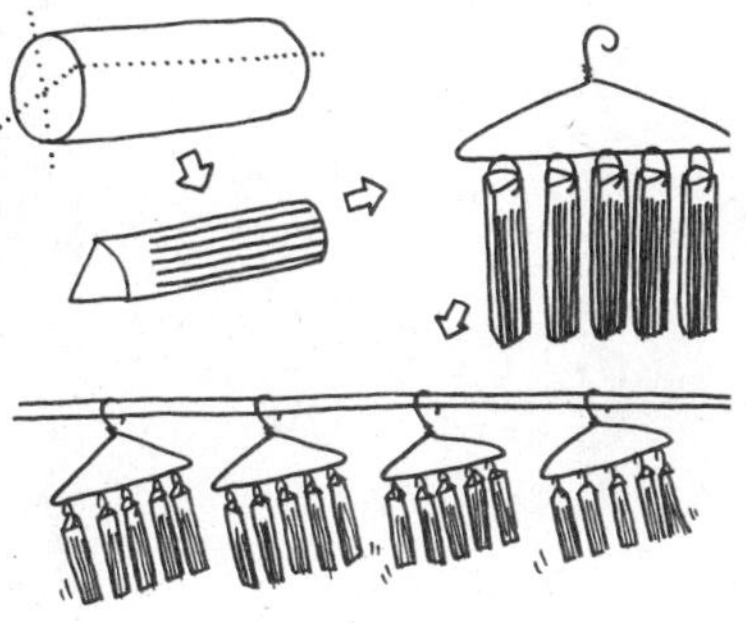

漬物のリーダーの白木博江さんからは、こんな工夫もうかがいました。それは切干し大根のつくり方です。

きっかけは、東北のほうで切干し大根をつくる場面をテレビで見たことでした。自分たちもつくりたいなあと思ったのですが、テレビに映ったようなやり方では大量の大根はさばけない。そこでふと思いついたのが、物干しハンガーを使う方法でした。ハンガー一つに五本分くらいの大根が下げられるし、それを物干し竿にそのまま掛けていけばかなりの量が一度に干せます。

まず縦に四等分した大根を、ハンガーを使って一日から一日半干す。いったん下ろして、葉がついていたほうを一cmくらい残して細く切れ目を入れたら、ふたたび数日干して仕上げます。

もう一つ、切干し大根づくりのポイントは、長い大根から短い大根まで初めに長さごとに選り分けてから干すことです。すると干し姿が揃って見た目が美しいし、何よりも朝市用に袋詰めするときにサイズが揃っているのできれいに詰められるのです。

一九九六年五月号

腐らない、じゃがいも収穫、保存のこつ

朽木直文

宮城県迫町（登米市）の菅原常さんは、数年前まではじゃがいもの腐敗で困っていました。ところが、一昨年から始めた次のような方法で、この悩みがいっぺんに解消してしまったといいます。

まず、いもを収穫する五日前に茎を刈り取ってしまい、畑をきれいにして干すこと。これが一番のポイントです。そして、曇りや雨の日には収穫しない。また収穫時に絶対に傷を付けないこと。それには手掘りするのがお薦めだそうです。

収穫したじゃがいもは、竹を並べて作ったような風通しのよい棚に平らに並べておきます。地面にゴロゴロ置くのは腐敗の原因になりますからご用心。完全に乾いたらダンボールに入れて貯蔵します。いつまでもおいしいじゃがいもをいただくためには、ぜひ知っておきたい知恵ですね。

一九九四年八月号

食品乾燥の原理

土田茂（仙波糖化工業株式会社）

大昔からの生活の知恵

乾燥操作は食品に貯蔵性、輸送性（携行性、携帯性）を付与する目的で、人類が太古から利用してきた重要な食品加工方法である。自然界の食品のほとんどは七〇～九〇％以上の水分を含んでおり、このため常温では、付着している微生物や食品自体に含まれる酵素によって、変敗や腐敗を起こす。

食品を乾燥すること、すなわち食品から水分を取り除いて重量を軽くして、貯蔵性をもたせることは、大昔の人々が生活の知恵のなかから生み出した技術である。この乾燥法は自然乾燥または天然乾燥といわれ、天日、風、寒気などの自然条件を利用して、食品を乾燥してきた。

大昔の人々は家畜や野獣の肉、魚介類、果実を、生のままあるいは焼いて自然乾燥して貯蔵食としていた。古代インカでは、じゃがいもを夜間の寒気で凍らせ、日中天日で乾かし、干しじゃがいもをつくっていた。今日でもペルーの山岳地帯の人々の貯蔵食品となっているそうである。中国では前漢の頃（紀元前二〇六～紀元後八年）、豆腐を乾燥した「豆腐干」が食されたといわれ、茶も中国起源の乾燥食品である。マルコ・ポーロの『東方見聞録』には、蒙古人は牛乳や馬乳を乾燥して、携行食糧としていたことが記されている。

わが国には、魚介類の乾燥品として干しあわび、昆布、海苔、かつお節、するめ、煮干しなどがある。また干し柿、干ししいたけ、かんぴょう、切干し大根、凍り豆腐など、乾物と呼ばれる伝統食品もあげられる。これらの乾燥食品は水分を取り除いて貯蔵性を高めただけでなく、乾燥前には得られなかった味や風味が付加され、乾燥によって新しい食品を生み出すことにもなった。

たとえばかんぴょうは次のような工程をへてつくられる。ウリ科の一年生植物ゆうがおの果肉（瓢・ふくべ）を細く削り、天日乾燥したものがかんぴょうである。七月下旬から八月下旬にかけて収穫されたふくべを、玉剥き機にかけて、動力で回転させ刃をあてて表面から薄く剥いていく。幅三～四cm、長さ二～三mに剥いたものを竹竿にかけ、夏の天日で乾燥する。天候がよければ四～五時間で乾燥する。火力乾燥する場合はビニルハウス内で温度を五〇℃前後、送風機で室内の空気を攪拌しながら乾燥する。乾燥後、微生物、害虫の繁殖防止、変色防止、漂白のために、原料重量に対して〇・一％前後の硫黄を燃やし、硫黄燻蒸する。栃木県が主産地であるが、近年は中国からの輸入品が多くなっている。

自然乾燥に対して、人工的に食品を乾燥する人工乾燥は産業革命の頃から行なわれるようになり、十八世紀末英国でブランチング処理（湯通し）した野菜を乾燥する特許が出ている。十九世紀後半に牛乳の乾燥に噴霧乾燥法が考案され、二十世紀には各種の乾燥法、乾燥装置が開発されてきた。

食品乾燥の原理

日本語では普通「乾燥」「乾燥食品」というが、英語では"Drying"、"Dried Foods"より"Dehydration"（脱水、水分を取り除くこと）、"Dehydrated Foods"（脱水食品）の表現が一般的である。食品乾燥の原理を、水の状態変化における脱水操作として考えてみよう。

水は環境下の温度と圧力に対応して固体（氷）、液体（水）、気体（水蒸気）のいずれかの状態をとる。食品の乾燥とは、自然乾燥、人工乾燥のどちらの場合も、食品中に氷または水の状態で存在している水分を、温度または圧力を変化させて、水蒸気の状態にして取り除くことであるといえる。

水の状態（図）をもとに説明する。図中の三重点とは、固体、液体、気体が共存する状態のところをいい、水の場合圧力四・六mmHg、温度〇・〇〇七五℃である。

この三重点の圧力・温度以下の条件で氷の状態から水蒸気への状態変化（昇華）で脱水する方法が凍結乾燥（フリーズドライ）であり、三重点よりやや高い圧力（数〜数十mmHg）・温度下で水から水蒸気として脱水するのが、真空乾燥である。

また、常圧近辺（一気圧・七六〇mmHg）、数十℃以上で脱水するのが熱風乾燥、伝熱式加熱乾燥、輻射式加熱乾燥である。そして、自然乾燥では、自然の環境条件下で乾燥食品がつくられている。

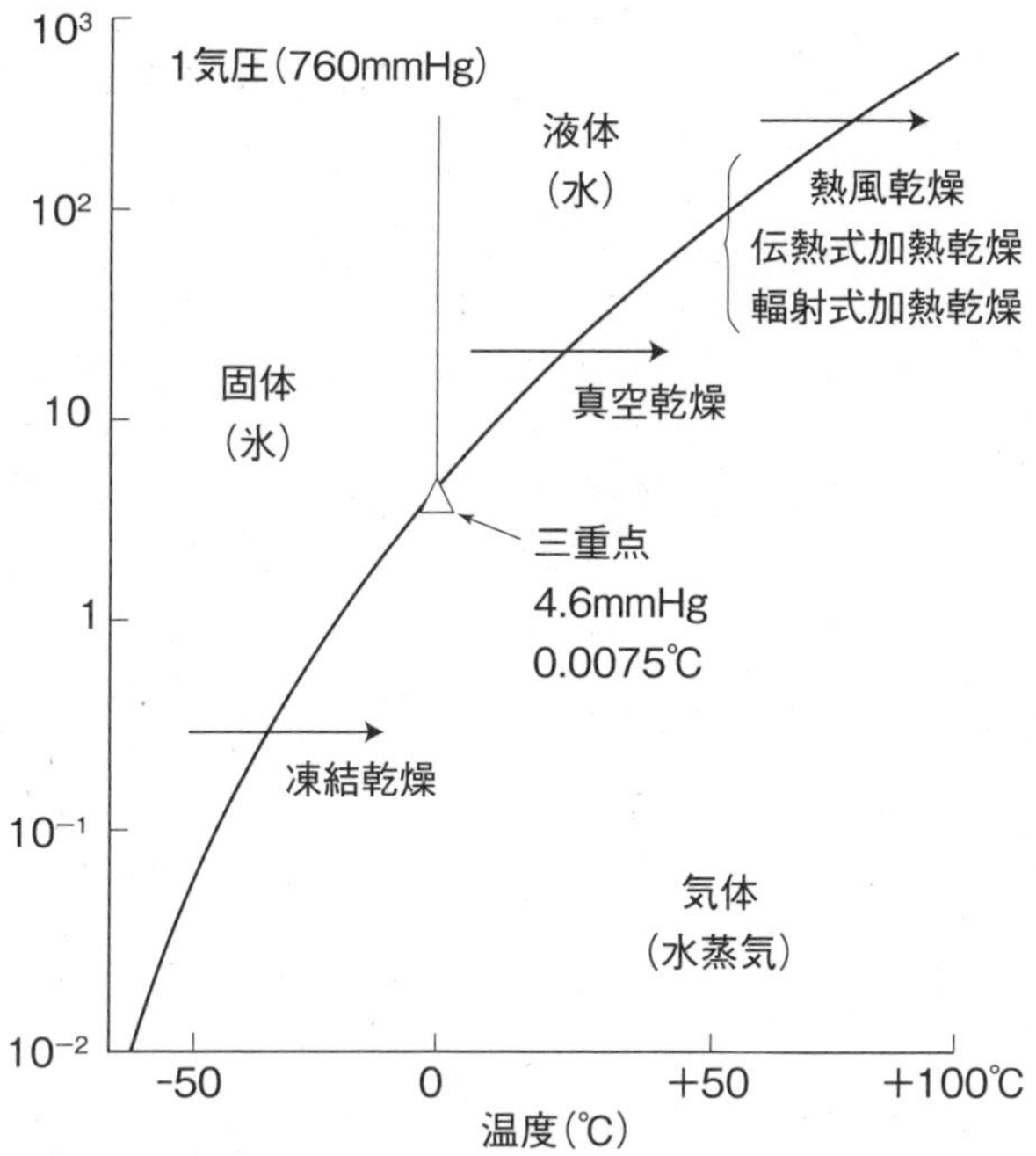

水の状態

乾燥食品の品質変化

次に食品の乾燥で生じる物理、化学・生化学的な変化、すなわち乾燥食品の品質変化についてみてみよう。

①物理的変化

物理的変化には、香気成分の揮散、体積変化、組織変化、可溶性成分の蒸発表面への移動による表面硬化などがある。

香気成分の揮発　食品の香気成分はアルコール類、エステル類、カルボニル化合物など低沸点の低分子物質であり、乾燥操作の加熱によって揮散、損失する。とくに噴霧乾燥においては香気成分を保持するために、デキストリン、サイクロデキストリン、天然ガム類などの多糖類の添加が有効である。

体積変化、組織変化　凍結乾燥を除いて、乾燥一般に生じる現象であるが、するめ、ビーフジャーキー、凍り豆腐、切干し大根などは、この現象と次に述べる化学的・生化学的変化とをうまく利用した食品といえる。

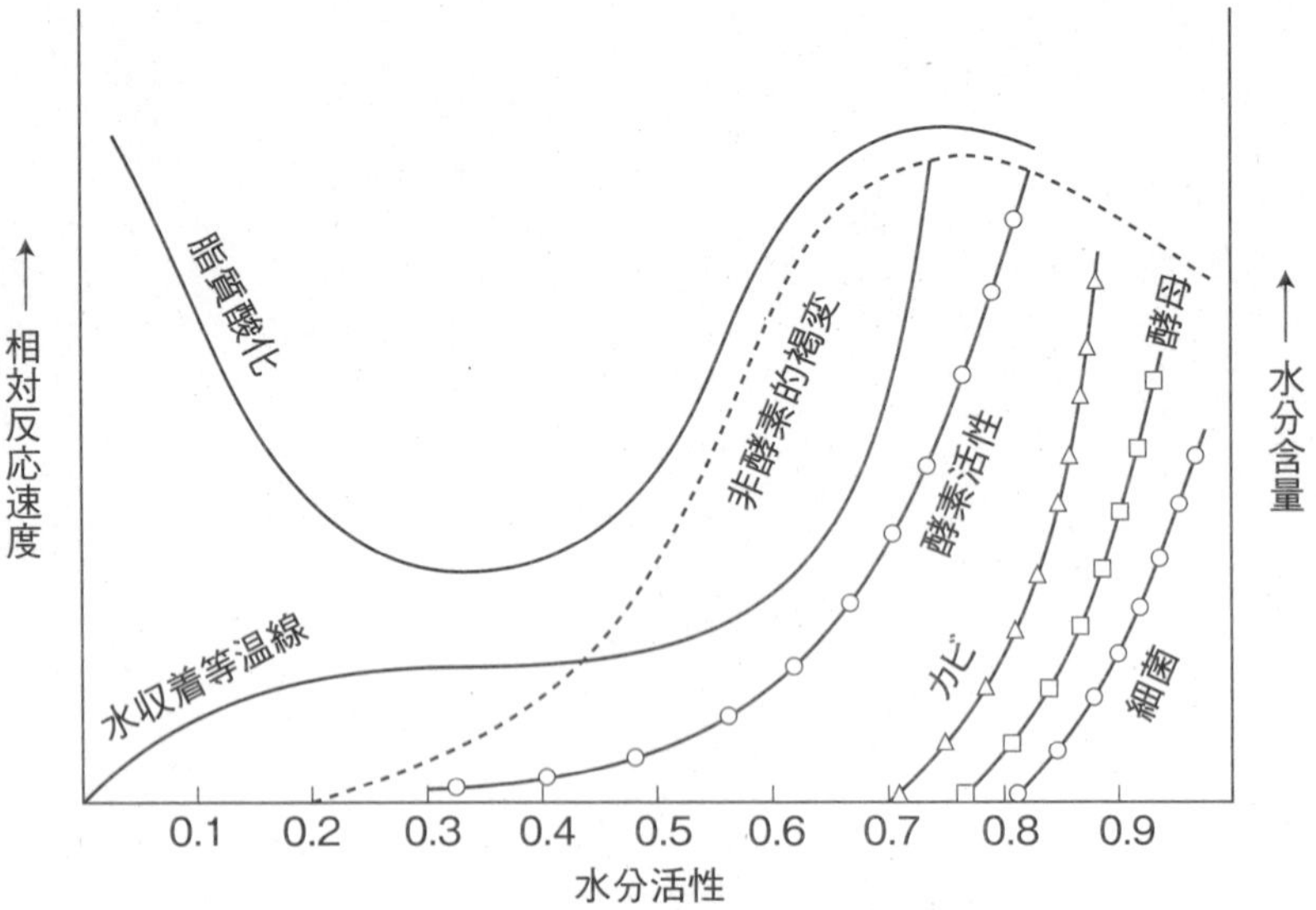

水分活性と保蔵安定性の関係（Labuza,1973）

②化学的・生化学的変化

化学的・生化学的変化には、乾燥中、乾燥後に共通して起きる非酵素的褐変、脂質の酸化、色素およびビタミン類の分解、たんぱく質の変性、酵素反応などが代表的なものである。

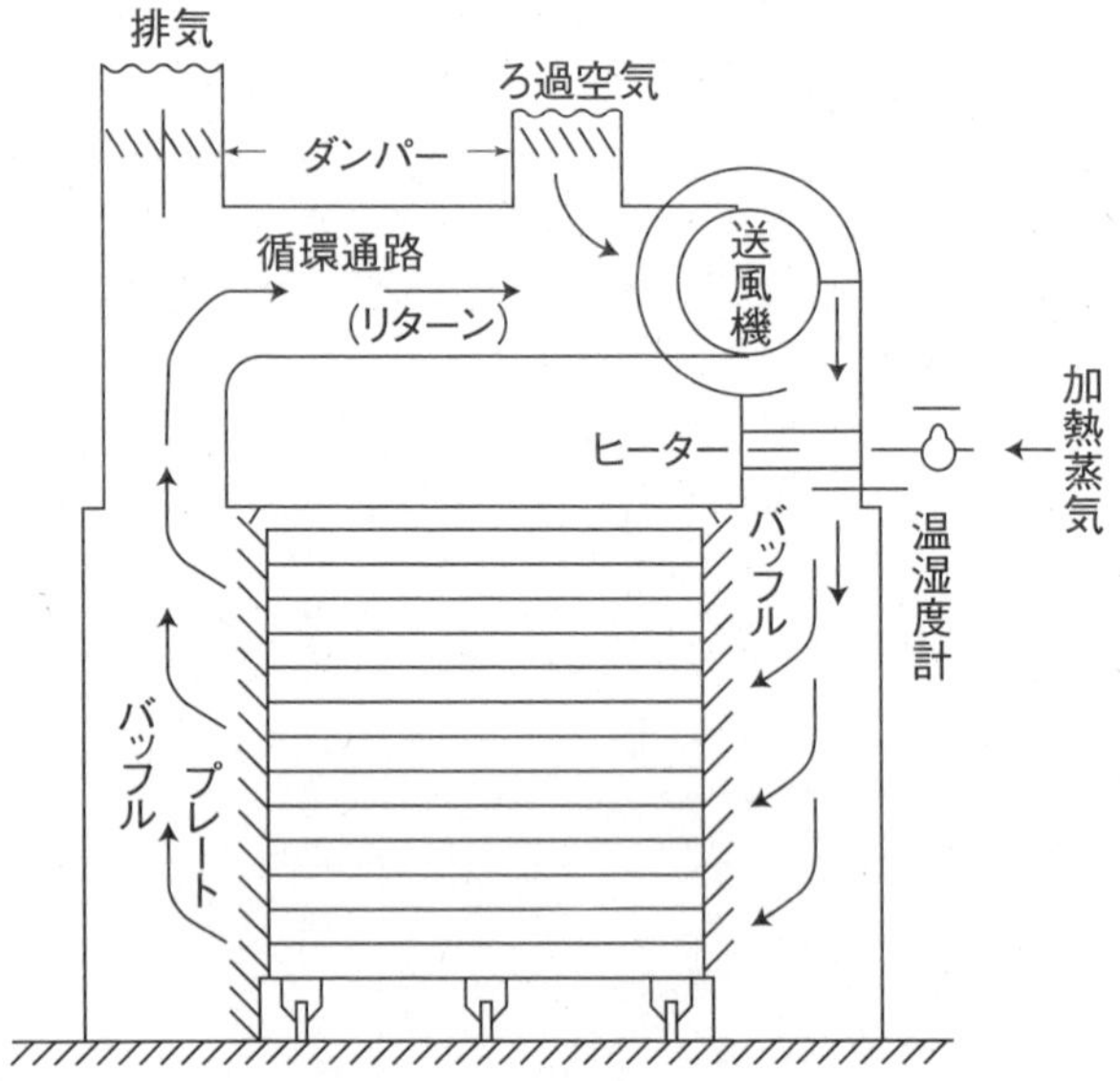

箱型乾燥機（亀和田ら編,1997）

酵素反応　食品はさまざまの酵素を含み、乾燥中および製品化後に酵素反応によって、徐々にその品質を低下させることがある。とくに野菜類は、乾燥前にブランチング処理（湯通し）による酵素失活を行なうことで、品質劣化を防止することができる。

非酵素的褐変　ポリフェノールやビタミンCの酸化、糖のカラメル化によっても起きるが、とくに重要なものは還元糖とアミノ酸やたんぱく質とのアミノカルボニル反応（メイラード反応）である。この反応により、グルコースなどの還元糖やアルデヒド、ケトンがアミノ化合物と反応し、最終的に褐変物質のメラノイジンを生成する。低水分域では基質の移動が少ないので、非酵素的褐変は少ないが、水分活性が〇～〇・六となるにしたがい褐変も増加し、〇・七以上になると再び減少する（図）。なお水分活性は乾燥食品では通常〇・二前後であり、生鮮食品はほぼ一・〇に近い。

かんぴょう、じゃがいも、大根、りんごなどの野菜・果物では乾燥中および製品化後の褐変防止のため、硫黄処理（亜硫酸で処理すること）が行なわれている。乾燥工程での加熱によって起きるメイラード反応を利用し、製品に好ましい色調、風味を与える例としては、あられ、せんべいなどの米菓、ビスケット、クッキーなどがある。

脂質の酸化　不飽和脂肪酸を含む乾燥食品では、主として空気中の酸素による脂質酸化を受けやすい。脂質の酸化に伴い、酸化分解生成物による風味劣化を引き起こす。

色素およびビタミンの分解　食品中のクロロフィル、カロチノイド、アントシアニンなどの色素、ビタミンA、B、C、Dなどの安定性は、脂質の酸化とほぼ同じ傾向を示す。

また色素、ビタミンは調理の場合と同じく、高温で長時間を要する乾燥法ほど分解、退色が著しい。

たんぱく質の変性　たんぱく質を多く含む食品では、乾燥工程での加熱作用、水分の内部拡散による成分の相互作用増大の結果、たんぱく質の変性をもたらす。たんぱく質の変性は立体構造をつくっているたんぱく質分子内部のイオン結合・水素結合・疎水結合・S-S結合が破壊され、その結果溶解度の低下、粘度の増大など不可逆的な物性変化を起こし、ついには熱凝固して不溶化に至る。乾燥におけるたんぱく質変性は、凍結における変性と類似していると考えられ、低分子の糖類、リン酸塩の添加などが変性防止に効果がある。

乾燥食品は、製品化後の流通、保蔵中における褐変、脂肪酸化などの品質劣化を防止するために、①防湿および酸素バリアー性が高く、②遮光性のある包材で包装し、③低温での保蔵が望ましい。

食品加工総覧第三巻　乾燥　二〇〇二年より

加工機器のタイプと特徴

自然乾燥	天日、風、寒気などの自然条件を利用。
箱型乾燥機	簡単な熱風乾燥機。多段の棚を設置し、熱風を水平にまたは下から通気させる。野菜、果物、きのこなど。
トンネル型乾燥機	熱風乾燥機の一種で、半連続式で大量に乾燥。
通気乾燥機	熱風、あるいは加熱壁面によって、大量処理、連続生産。砂糖、ブドウ糖、わかめ、果実かす、醤油かすなどに使われている。
円筒回転式乾燥機（ドラム乾燥機）	回転する金属製円筒（ドラム）を加熱し、外表面にペーストまたは液状の食品を薄膜状に塗布し乾燥。じゃがいも、さつまいも、スイートコーン、かぼちゃ、ビール酵母など。
流動層乾燥機	熱風乾燥の一種。被乾燥食品は気流中で浮遊し乾燥。穀類、豆類、造粒製品の二次乾燥など。
気流乾燥機（フラッシュドライヤー、ニューマチックドライヤー）	熱風乾燥。粉粒状の被乾燥食品を高温気流中に分散させ、瞬間的に乾燥。穀類、小麦粉、澱粉など。
油揚げ乾燥機	加熱した食用油脂中に被乾燥食品を入れて加熱。即席めん、ポテトチップス、かりんとう、揚げせんべいなど。
膨化乾燥機	被乾燥食品を、高圧下で高温にして、一気に圧力の低い状態に開放すると、水の瞬間爆発が起きて脱水される。ばくだんあられ、ポップコーンなど。
噴霧乾燥機（スプレードライヤー）	熱風乾燥。液状またはスラリー状にした食品を、微粒化して高温気流中に噴霧して瞬間的に乾燥。粉乳、チーズ、ホエー、卵、コーヒー、アミノ酸、調味料、醤油、味噌、ソース、カラメル、果汁、トマト、酵素など。
真空乾燥機	数mmHg～数十mmHgの低圧下で脱水。スラリー状、ペースト状の被乾燥食品を、加熱プレートによって乾燥。果汁、各種エキス類調味料。
真空凍結乾燥機（凍結乾燥機、フリーズドライヤー）	0.1～1.0mmHgの高真空下で昇華現象（固体から気体、または気体から固体へと転移する現象）を利用して脱水。食品を冷凍して高真空下に置き、加熱板で熱を供給する。コーヒー、果実、即席めん、スープ、お茶漬け、ふりかけ、ベビーフードなど。
高周波（マイクロ波）利用の乾燥機	マイクロ波（915、2、450MHz）を利用して、食品中の水分を蒸発。即席めんの具材、珍味など。
赤外線、遠赤外線利用の乾燥機	食品に赤外線、遠赤外線を照射して加熱乾燥する。かまぼこ・ちくわの焼き上げ、米菓の焼成、野菜など。

あっちの話こっちの話

ハーブ入り枕でぐっすり眠れる

境弘己

宮城県築館町（栗原市）の大友正子さんは、以前、市販のハーブ入り枕を手に入れて使ってみたことがありました。でも、その枕では、効能としてうたわれているような効果がありませんでした。枕の中身をあけて見ると、出てきたハーブはほんの一握り。

もっとハーブを多くすれば効き目が出るのではと思い、自分でハーブ入り枕をつくり始めました。今ではあちこちから注文を受けているほどです。

とくに、病院に入院中の人の家族からよく頼まれます。ぐっすり眠れるという話が口コミで広がるようです。

親せきのアトピーの子供が遊びに来て、この枕で驚くほどよく眠ったので枕をもらって帰った。長年悩まされていたいびきが止まった……と、とにかくハーブ入り枕の効果はすごいようです。

大友さんの庭には、何種類ものハーブが植えられています。枕に入れるのは、ペパーミント・アップルミント・バジル・ラベンダー・キャットニップ・セージなど。これらを、そば殻といっしょに詰めるわけです。ハーブとそば殻の量は半分ずつ。手で押した後にふんわり戻る軟らかさがでるように、ハーブをよく乾燥させるのがポイントとか。

一九九五年十月号

セージ、タイム、レモンバームのドライフラワー

高橋敏弘

「ハーブをつくってからは生活が楽しくなったわ」と言うのは、長野県池田町の遠藤政子さん。池田町では、皆が健康になるものを特産にしようと、数年前から「ハーブの町づくり」というテーマを掲げ、転作田を利用してセージ、タイム、レモンバームなどのハーブづくりに取り組んできました。

遠藤さんたちのグループは、町で一番初めにハーブづくりを取り入れた草分け的存在です。今では、遠藤さんは昔の養蚕の乾燥室を利用してハーブのドライフラワーづくりにも挑戦、町の直売所に出して好評を得ています。

一九九六年六月号

Part 2
寒ざらし—冬につくる保存食

寒ざらしの粉のだんご　上段左から時計回りに、きな粉、寒ざらし粉、小豆あん、醤油あん。（諏訪市　撮影　小倉隆人）

寒ざらし粉は、うる米、もち米、どちらでもできるが、うる米でつくることが多い。米は洗って二日間水に浸し、ざるに上げ、よく水を切って、ござの上に薄く広げる。日陰に干し、日中凍みがゆるんだら、手を入れて広げ、乾燥してばらばらになるまでくり返し行なう。よく干し上がったら、粉にして保存する。

寒ざらし粉のだんごは、まず、粉に熱湯を混ぜ、よくこねる。これを大きくちぎって蒸し、さらによくこねる。このとき、冷たい水にさっとつけて急激に冷やしてからこねると、よくまとまるし、すぐ固くもならない。一口大くらいに丸めてだんごにする。

食べやすいようにひねって指で形づけて、ひねりだんごとして子どものおやつなどにする。きな粉や小豆あんをつけたり、醤油に砂糖を入れ、寒天を入れてとろみをつけた醤油あんをかけたりして食べる。

『聞き書　長野の食事』より

漬け大根

熊本県水俣市月浦387－27
島本トミ子
（紹介者）
専門技術員　吉村涼子

③天気を見計らって大根を取り出し、穴をあけシュロの紐を通して風通しのよいところに再びつるして乾燥させる。（1～2カ月）

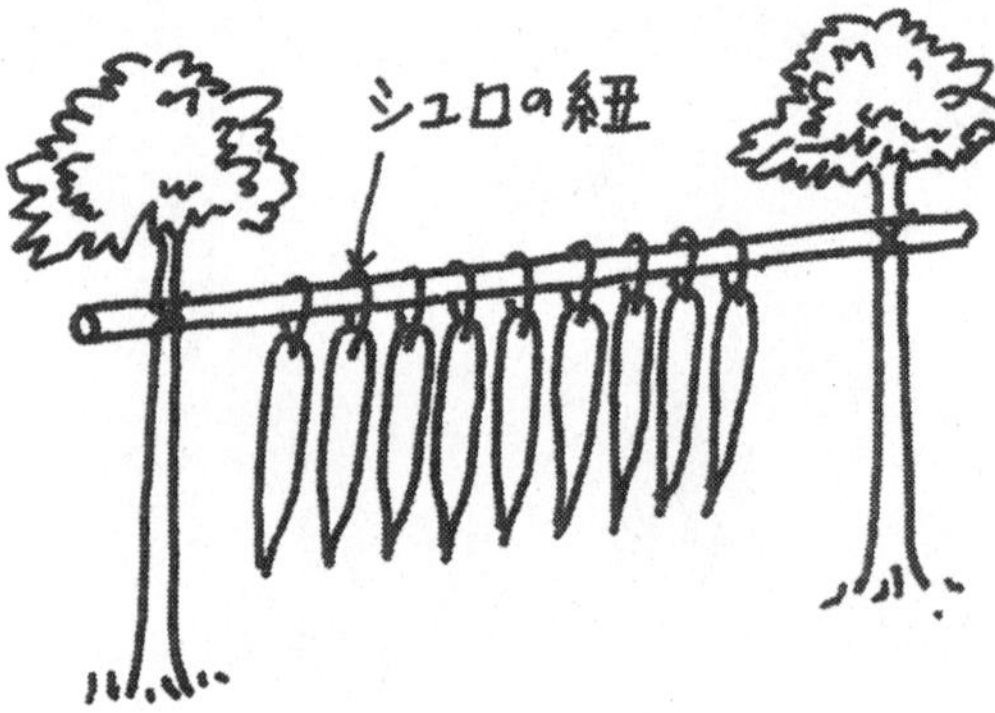
シュロの紐

④十分乾燥したものを取り込み形を整えて袋に入れて保存しておく。

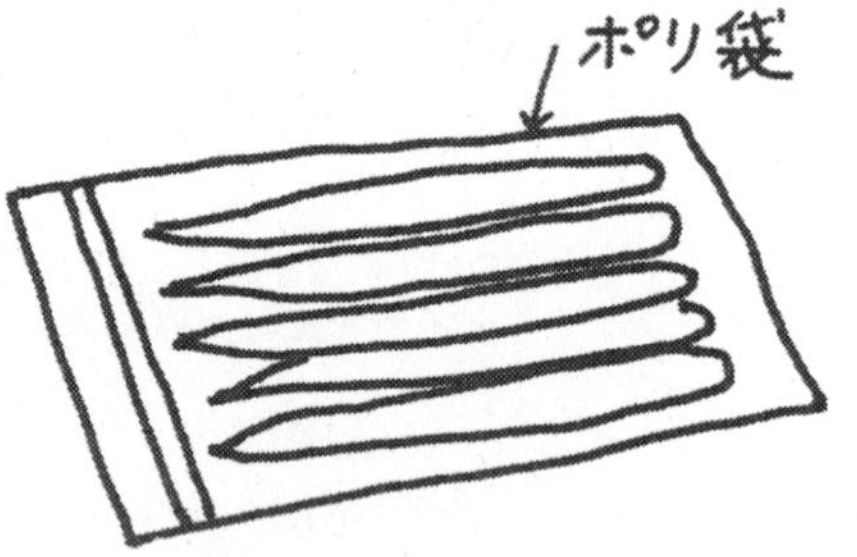
ポリ袋

⑤食べる時には包丁で小口切りにし、さっと水で洗う。

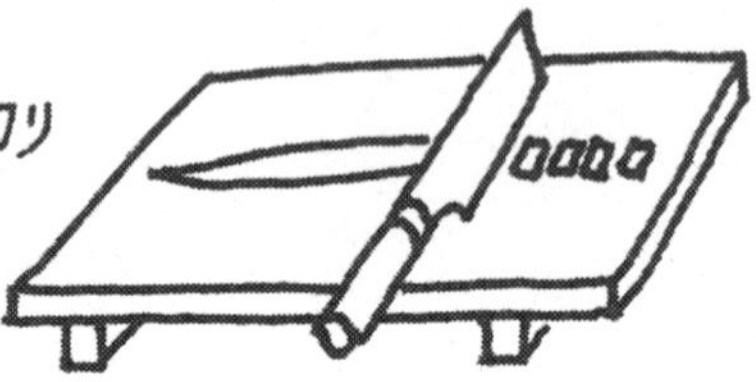

⑥調味液を加熱し沸騰直前に火を止め、荒熱をとって大根を入れ漬け込む。翌日炒りゴマと細切り昆布を加え漬け込む。5日後包装する。

グラニュー糖
うす口しょう油
こい口しょう油
食酢
みりん
下漬液

調味液
小口切りした寒干大根
細切り昆布
ゴマ

漬け物お国めぐり　水俣の寒

野ざらし日ざらしの寒風の中で熟成・乾燥される水俣の寒干し大根は気候的条件をいかした独特の自然乾燥で「ふるさとの味」をそそる漬物として伝えられています。

私達は古くからの味をさらに工夫し、「寒漬け大根」を特産化しました。販路拡大のため各種イベントに参加し宣伝販売したり、宅配便等で販路拡大してきましたが平成元年にはロサンゼルスの見本市にも出店するほど成長しました。

材料

寒干大根　1Kg

調味液

- うす口しょう油　450cc
- こい口しょう油　90cc
- グラニュー糖　400g
- 食酢　144cc
- みりん　180cc

だし昆布　10g

ゴマ　6g

① 大根（八州・理想）は播種後70日〜80日位のものを収穫し、2週間位「への字」になる位まで干す。

② 大根を水洗いした後、桶に塩を振りながら漬け込み重石をかける。（2週間）

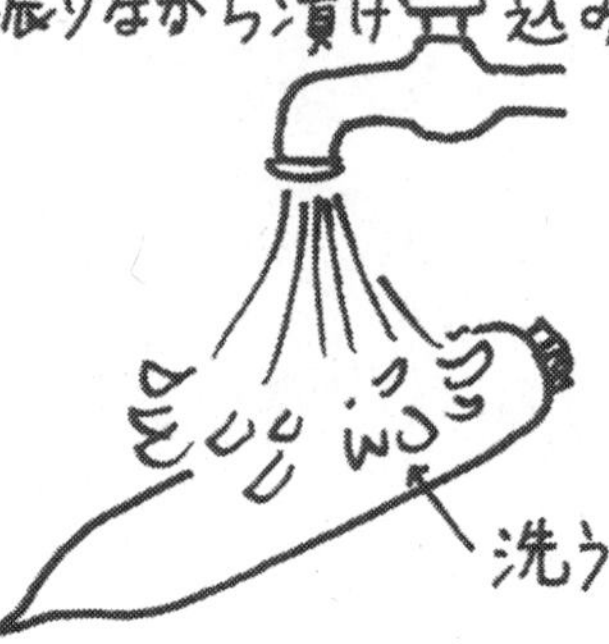

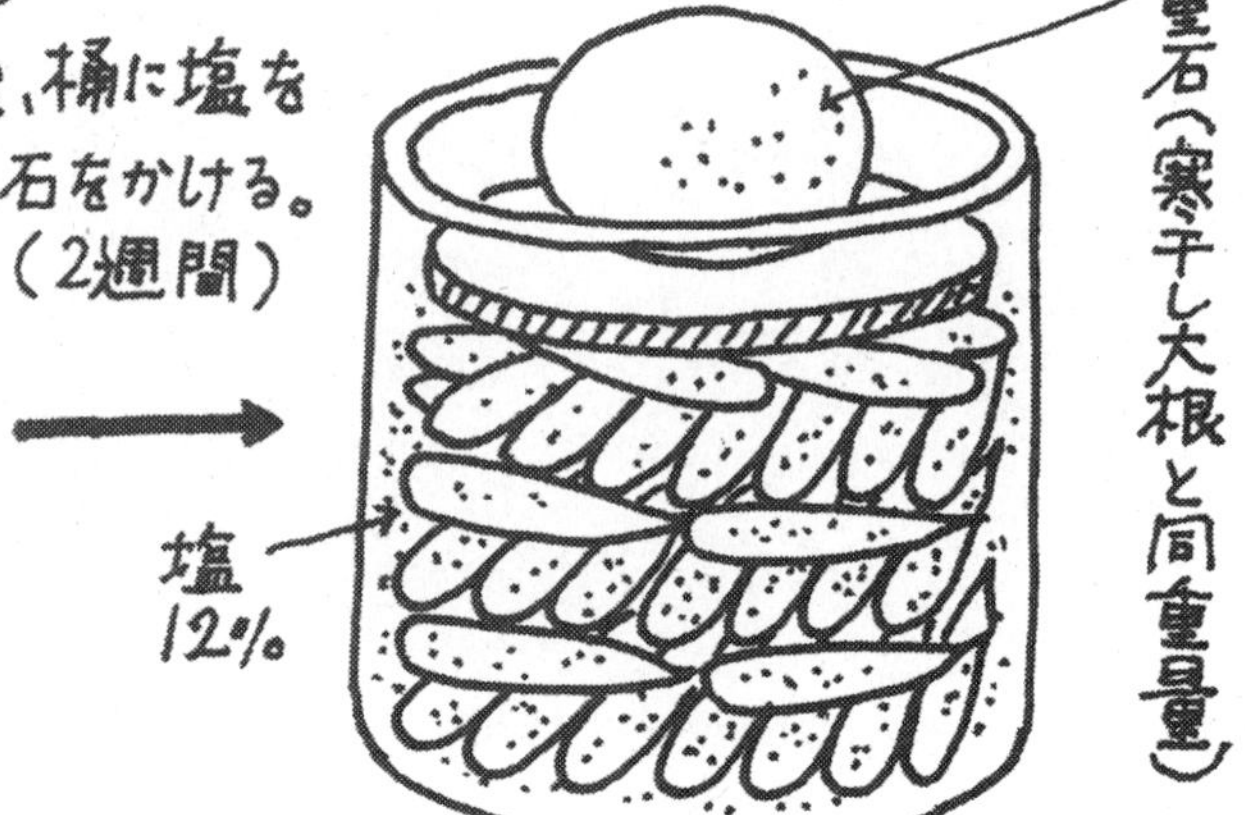

（絵・竹田京一）

インカの保存食・チューニョをつくろう

山田秀哉（札幌市立前田小学校）

チューニョは、インカ帝国の時代からアンデスに住む人びとに受け継がれてきた保存食です。標高4000m以上の高地で、乾期につくられます。乾燥した高地では、昼夜の気温の差が多く、夜は－5℃、昼は15℃ほどになります。凍結と解凍を繰り返すことで、じゃがいもから水分が抜けやすくなり、これを足で踏みつけて脱水します。皮を剥いで、さらに乾燥させます。

①夜間に冷凍庫に入れて、凍らせる。

②昼の間は冷凍庫から出して室温におく。

③冷凍、解凍を１週間程度繰り返した状態。ぶよぶよになって、水分が出やすくなる。

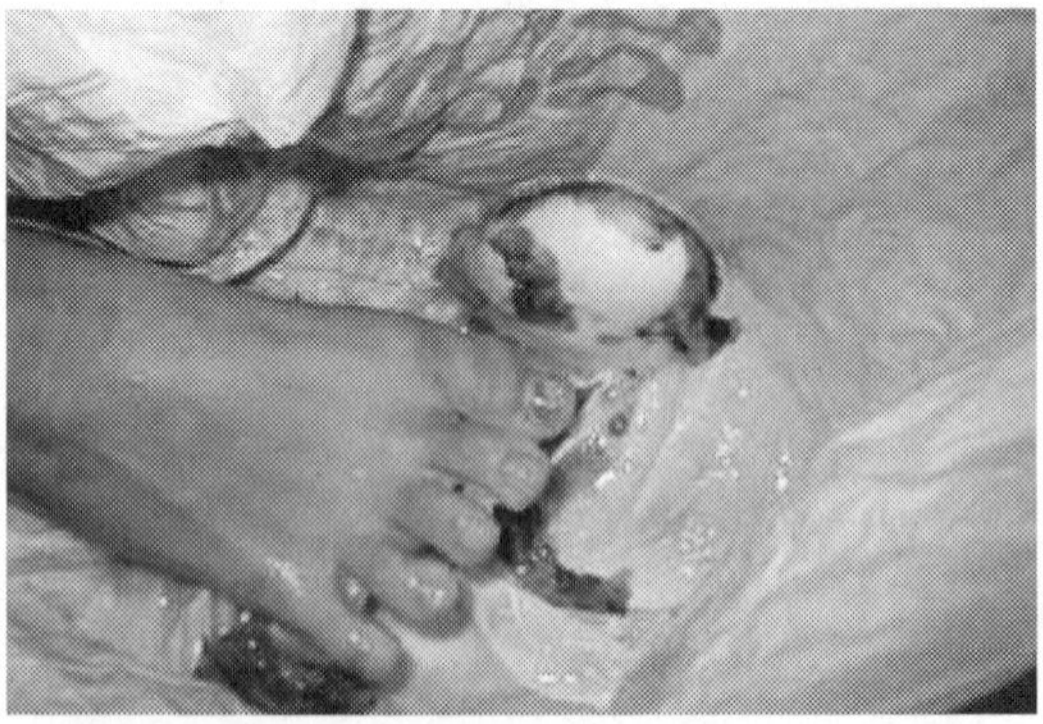

④現地では足で踏んでつぶすそうなので、まねをしているところ。袋の上から踏んでも十分つぶせる。

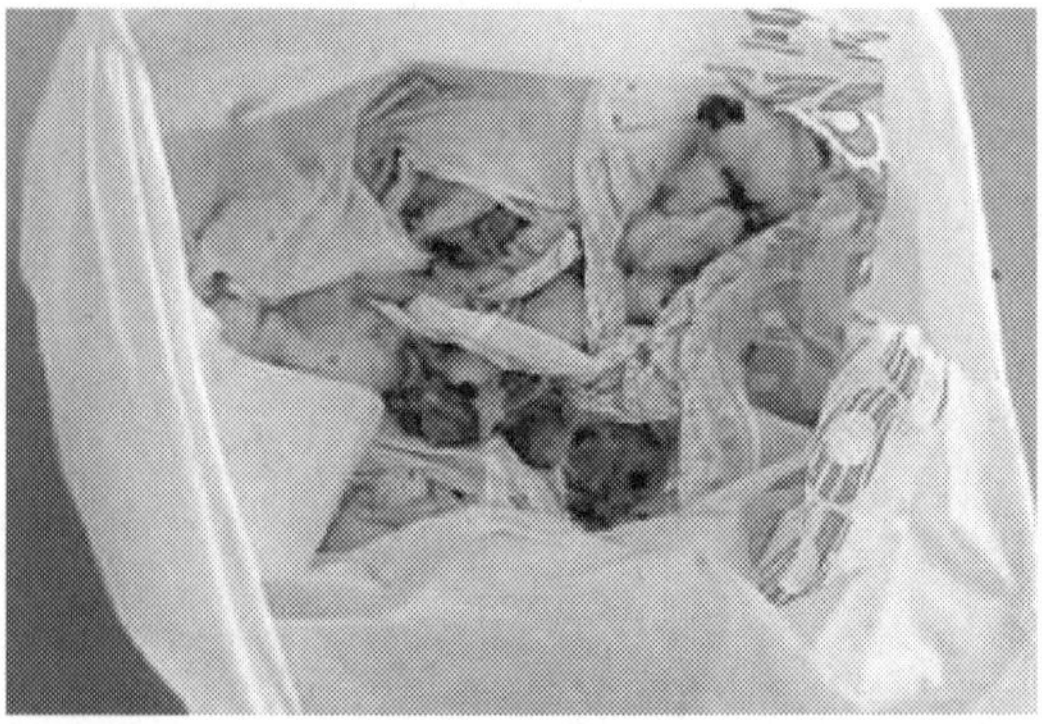

⑤何度も踏みつけて、つぶしていく。ぶよぶよになっているので、簡単に皮がむける。

⑥袋から取り出し、さらに数日乾燥させて完成。

食農教育 2005年3月号　教室でつくろう！インカの保存食・チューニョ

日本の「チューニョ」

凍《し》みいも

富士五湖周辺の南都留郡鳴沢村は富士山の裾野にあるため、寒冷な土地である。この地域の人は、じゃがいもの小さなもの、青いも、傷ついたいもをすてないで、この寒さを利用して凍みいもをつくる。いつのころからつくったかははっきりしない。

凍みいもは、夜、屋外の地面にじゃがいもをころがして寒風にさらし、凍らせる。これを昼間日光に当て、氷が解けたところで足で踏みつけて水分をおしだす。これをくり返すと、かちかちに乾燥した凍みいもになる。これを水にもどして塩水でゆでたものは、家によってできばえがちがうので、近所の人たちの集まりで、その出来、不出来を話しながら食べる。

食べ方　凍みいもを水に二、三日つけ、ふやかしてから塩水でゆでる。かちかちに凍みたいもも、水につけて十分に水を吸っているので、わりあい早くゆだる。ゆでたいもは皮がむけやすい。いもそのものは黒く、はじめての人にはなじみにくいが、土地の者はおごり（ごちそう）として食べる。

これをゆでるときには、「今日は凍みいもをゆでるので遊びに来い」と誘いあって食べる。人の集まるときには、凍みいもをゆでてお茶菓子にする。しこんしこんしてねばりもあって、四、五月ごろは大変おいしい。

富士五湖周辺の、厳しい寒さで米もとれない生活のなかで、じゃがいもは米のかわりの食糧で、凍みいもは収穫したものをむだにしない生活の知恵である。

『聞き書　山梨の食事』より

凍みいも（左）、そのゆでたもの（南都留郡足和田村　撮影　小倉隆人）

馬鈴薯の凍れいも（旭川市　撮影　千葉寛）

凍《しば》れいも

北海道の伝統的な保存食、救荒食といえば馬鈴薯である。馬鈴薯栽培の普及は、飢饉ときわめて深い関係にあるが、生のままの長期保存はむずかしい。そこで、乾燥いもとして保存する方法がとられている。馬鈴薯を輪切りにして乾燥させる切干しいもも古くからの方法である。だが、農作業や冬じたくに忙しい農村の場合、もっと荒々しい保存法がとられている。収穫した馬鈴薯を雪の降る前にむしろの上に並べておくと、寒さのために凍り、上に雪が積もる。このような状態で冬を越し、雪どけ時に皮や腐った部分のよごれを除き、数日雨に打たせたあと自然乾燥させる。こうすると、繊維と澱粉質だけの凍れいもができあがる。丸い軽石のようないもで、乾燥の状態さえよければ何年でも貯蔵ができ、納屋、母屋の屋根裏などに蓄えておく。凶作、飢饉のときは、この凍れいもを臼で搗いて粉にし、だんごにして食べるのである。

『聞き書　北海道の食事』より

じゃがいも アンデスの伝統的保存法、加工法

梅村芳樹（元農林水産省北海道農業試験場）

原産地・アンデス高地の保存法

じゃがいもの原産地である南米アンデスの高地では、チューニョとパパセカという加工品がコロンブスの北米大陸発見以前からつくられ、現在も生産・消費されている。

チューニョを売るアンデスの市場

チューニョは世界最初の凍結乾燥食品とされ、標高四千m以上の高地で、自然の凍結、解凍、乾燥を繰り返してつくられる。解凍時に水に漬けてあく抜きしたものはチューニョブランコと呼ばれ、白くて軽く、吸水しやすくて美味しい。あく抜きしないものはチューニョネグロと呼ばれ、黒くて硬く、粉砕してから使われている。

この加工法は当初、グリコアルカロイド（α-ソラニン、α-チャコニン）の含有量が多かったため、毒抜き法として工夫されたといわれている。またパパセカは加熱したいもを刻んで、乾燥した食品である。硬くてそのままでは吸水せず、砕いてから料理に使う。

ヨーロッパのじゃがいもは生で食べられることが多く、でんぷんに加工されるようになったのは最近である。他の野菜と違って貯蔵しやすく、また自家利用ないし近隣の町への供給であったため、加工の必要がなかったからであろう。

北米では、産地が西に移るにつれて輸送費の軽減のため加工されるようになった。缶詰、フレーク、チップスからコールドチェーンシステムが完成して冷凍ポテトが主力になり、北米の大ポテト産業を支えている。結果としてアメリカ合衆国では生いもの消費量は全体の一〇％に満たない。

海外の加工法

じゃがいもの原産地・アンデス地方には素晴らしい加工品が数多くあり、ヨーロッパにも主として家庭で加工される食品がある。ここではアンデスの伝統的加工食品を二つ、ロシアの加工食品を一つ紹介する。

チューニョブランコ

アンデス高地の伝統加工食品、自然凍結したいもを解凍時に水にさらして漂白、乾し上げて製品にする。そのままお湯で戻しても美味しく、料理に使っても独特の風味がある。本来はじゃがいもに含まれるグリコアルカロイドを除くための加工法であるが、新しい付加価値を付けたといえよう。日本でも、北海道など寒冷地の冬であれば、同じ方法で（屋外と室内で）製造が可能である。いもはSサイズがよい。

パパセカの改良品。島系575号で試作

パパセカ

日本語にすると乾燥じゃがいも。茹でたじゃがいもを五㎜ほどにスライスして干した加工品である。石のように硬く、そのままでは吸水しないので臼で砕き、粉状にして利用する。村の食堂などでは日本の上げ玉のようにテーブルに出してありスープ、シチューなどにトッピングして食べることが多い。これを日本向きに改良、ふかしたいもをマッシャーで潰して乾燥したものを試作した。吸水性がよく、サラダ、スープのトッピングのほかコロッケ、パン、各種デザートに混入する。キタアカリ、島系五七五号など良質の品種の製品は好評であった。

ベラルーシーのクレッケリー

クレッケリー

じゃがいもでつくるロシアのあられ。沖縄の伊江島では紅いもでつくられている。蒸かしたいもを練り、薄くのばして一×二㎝ほどに切る。揚げると成形チップスのような食感と風味がある。

栽培、収穫、調製の留意点

加工目的に適した品種を導入する。品種だけでなく栽培法も同様。粉質、高でんぷんいもを原料とする加工品では窒素減肥、初期生育の促進に努める。消費ニーズを考慮すれば減農薬栽培は不可欠である。

収穫はできれば曇天の日の午後に行なう。これは、いもが太陽光にさらされてアルカロイドが生成（苦味が付き有毒）するのを防ぐのと、掘取り時の傷を少なくするためである。晴天時は早めに収納し、遮光シートで太陽光を防ぐ。とくに皮付きで加工するいもの場合は注意したい。収穫が遅れ気温が一〇℃以下になると、打ち傷が治らず黒変として残る。北海道ではできれば十月上旬までに収穫を終える。

調製に当たっては、加工目的に適したいもを選別する。大きさだけでなくでんぷん価（比重）にも注意したい。高でんぷんのいもは煮くずれしやすく、低でんぷんは水いも、石いもが出やすい。栽培技術が重要であるが、原料いものでんぷん価の均一性を高める工夫も大切である。

食品加工総覧第九巻　ジャガイモ　一九九九年より

下北半島の保存食

かんなかけいも、凍みいも

『聞き書　青森の食事』より

利用のしくみ

いもは、年間を通じて食べるので、どこの家でも畑の四分の一はいも畑である。品種はアーリーローズ系統の在来種が大半で、多くとれ、ヤマセの吹きつける寒冷な気候にも耐えるため「凶作知らず」である。

収穫した後には、秋ものの大根、そば、かぶなどを播く。一年間に家族でどれくらい必要かを勘定して作付けする。

下北地方にいもが栽培されたのは、江戸後期、文化のころであるらしいが、長続きしなかったようである。『下北半嶋史』（笹澤魯羊著）によれば、次のように書かれている。

「明治十八年六月、下北郡長が西通を巡回の際に、その頃奨励を始めた馬鈴薯の栽培をも視察したが、各村の栽培状況について左の如くある。

脇野沢村　少しく栽培する。

小沢村　脇野沢村に同じ。

蠣崎村　少しく栽培するも、小児の間食とする程度である。

宿野部村　一切栽培せず。

桧川村　少しく栽培する。

川内村　馬鈴薯は盗難あるを以て栽培せず。

城ケ沢村　極々少々栽培す。

大湊村　城ケ沢村に同じ。

大平村　栽培するも小児の間食とするに過ぎず。

明治二十二年には各町村共稍普及して、栽培反別九拾壱町歩となり、収穫は拾八万八千貫となった。

爾来年毎に栽培反別を増加して、農村漁村ともに概ね馬鈴薯を昼の代用食とするに至った。川内町にては名産に薯羊羹を売弘め、安部城鉱山の隆盛時には随分と売れたものである。」

このように下北のいもは早くからご

かんなかけいも（左）と凍みいも

はんがわりに重宝され、人々に親しまれてきた。米が、けがじ（飢渇）のくり返しで収穫のない年でも、寒い地方にでも適するいもは人々にうるおいと活力を与えてくれたのである。

　夏場に収穫したいもは、そのまま食べるものとくずいもに分ける。くずいも以外は冬の間のごはんがわりになる。いもを皮つきのままゆでるごろ煮には、大きさ、味、粉の吹き加減（ゆでたときのくずれぐあい）などを見て、区別をして貯蔵する。

　貯蔵のしかたは、畑に差し渡し三、四尺の浅いいもの穴を掘り、わらを敷いていもを三俵ほど並べ、その上にわらを帽子のようにかぶせて土で覆う。このいもは、春に雪が消えてから掘り出す。

　当座に食べる分は、ねた（いろりのある居間の床下）に入れる。寒気とねずみの害を防ぐため、何か所か、ねたに仕切りをつける。この方法で屋外と屋内に約二〇俵のいもを貯蔵する。

　食べるときは、長さ一二尺、幅七寸から一尺もある一枚板の床板を二、三枚起こし、床下からとり出すが、少なくなるにつれて、からだをだんだん床下に突っこんで、顔だけ上げてとり出すようになる。

　貯蔵したいもは翌年の春まで食べるが、三月ころでなくなる家と、芽を欠きながら五月ころまでも食べる家とがある。

　一方、くずいもからは、いもの粉とはなをとる。はなとりは、たくさんの水が必要なので、川のそばで行なう。夏から秋にかけて、各家のはなとりの樽がところ狭しと並べられる。

いもの粉の食べ方

　いもの粉をつくるには、かんなかけいもからとる方法と、凍みいもからとる方法とがある。

　かんなかけいもをつくるには、くずいもをいもかんなにかけて輪切りにする。川端に樽を並べ、輪切りいもを入れておくと、表面からいものはなが流れ出て沈澱する。この粕がかんなかけいもで、乾燥させて保存する。

　凍みいもは、寒中にいもを戸外で凍らせたものであるが、春先に凍み解けてから皮をむき、水につけ、赤水がなくなるまで水にさらして乾燥させる。

　このようにしてからからに乾燥した凍みいもや

じゃがいもの澱粉を干す

いもの利用のしかた

- 生いも
  - いものごろ煮、塩煮
  - いもの鉢巻
  - いもの煮ころがし
  - いも汁
  - いものおつけばっと
  - いもの煮つけ
  - いももち
- いもの粉
  - いももち
  - おもはっと
  - いももちのじゅねあえ
  - ばおりもち
  - いももちのまんじゅう
- いものはな
  - 湯のご
  - ねもち

かんなかけいもは、一〇年でも二〇年でも保存できるので、かますや俵などに入れて、けがじに備え蓄えておく。

乾燥したかんなかけいもと凍みいもを臼で搗いて粉にしたものが、いもの粉である。

粉にするときは臼で搗くが、粉が軽くてまわりに飛んでしまうので、すのうで通すときは、木鉢に風呂敷をかけてその中でふるう。すきまから出る粉で、まゆやまつげがまっ白になる。

どちらも食べ方には変わりはないが、味がいくらか違う。

かんなかけいものほうは、できあがりのもちがいくぶん白いが、いものはなをとった粕なので、凍みいもに比べて歯ごたえがない。一方、凍みいものほうは、しなみ（しこしこした歯ごたえ）は十分あるが、凍みらせるので、そのにおいが残り、色も黒い。

味は「かんなかけいものほうが食べやすい」「いや凍みいものほうがうまい」など、人によって好みが違う。

いもの粉を熱湯でしめす

少しずつこね、全体をまとめる

ばおりもち　冬から春にかけてのこびり（小昼）は、いももちが多い。このばおりもちは、いももちのおいしい食べ方で、味噌と黒砂糖のあんがなんともいえない。すり鉢に味噌と黒砂糖を入れ、よくすり混ぜる。木鉢にいもの粉をとり、全体に熱湯を回し、はしでよくかき混ぜる。まん中から少しずつこね、全体をまとめていく。卵大にちぎり、丸めて平らにのばし、味噌あんをはしで少し入れる。半分に折り、半月形に形づくるが、味噌あんは少しの継ぎ目からでも流れるので、合わせ目を念入りにつけ合わせる。

半月にした形が、野良仕事のときに頭にかぶるばおり（笠）に似ているので、ばおりもちという。ゆでて熱いうちに食べるが、一口食べると味噌あんがとろりと流れ出て、こぼしたり舌を焼いたりする。冷めるとぼそぼそしておいしくなくなるので、熱いうちに食べる。

いももちのまんじゅう　いももちに、小豆のあんこを入れたまんじゅうである。いもの粉はばおりもちの要領でよくこね、あんこを入れてまんじゅうをつくる。別なべにお湯をわかして、まんじゅうをゆでる。いろりの灰の中に入れて焼いてもよい。焼いたほうが香ばしく、ふうふう吹きながら両手であく（灰）を落として食べる。畑作業のこびりに持っていくときは、焼いたばかりの熱いまんじゅうを紙に包み、冷めないように風呂敷にくるくる巻いて腰につけ、その上からつづれ（仕事着）を着て、畑まで届ける。朝、出かけるときに持っていくこともある。

いももちのじゅね味噌あえ　じゅね（えごま）の味噌であえた香りのよいもちで、つるつるした舌ざわりが好まれる。じゅねを一合くらい小なべにとり、二、三粒ぱちぱちはねるまで炒り、すり鉢ですりつぶす。味噌と砂糖を加え、さらによくすり混ぜ、じゅね味噌をつくる。固まってすりにくいときは、湯をさしてとろみをつける。こね鉢にいもの粉をとって熱湯でしめし、それからぬるま湯でゆっくりこねて、あめ玉大にちぎり、丸めてつぶし、木の葉の形につくってゆでる。熱いうちにじゅね味噌であえる。小皿に盛り、はしで食べるが、つるつるして食べにくいので、子どもたちは口のまわりにいっぱいじゅね味噌をつけ、ふうふういいながら大騒ぎをして食べる。

いもはっと　こね鉢にいもの粉を一升ほど入れ、熱湯でしめす。いもの粉は熱湯でないと、ゆでたときに火が通りにくく、表面が煮えても中は煮えにくい。こねたいもの粉は、そばをつくるときのように一分くらいに薄くのばして幅一寸五分くらいの細長いひも状に切る。これを二枚ほど重ね、正三角形になるように三角に切っていく。

一方、すり鉢に味噌をへらで半分ほど入れ、よくすりつぶす。そのままではしょっぱいので、少しの砂糖と湯を入れ、味噌にとろみをつける。細かく切ったねぎをへらで三分の一ほど入れ、よく味噌と混ぜておく。なべにたっぷりのお湯をわかし、正三角形のいもはっとをゆで、熱いうちにねぎ味噌をつけて食べる。じゅねあえとは違った、あっさりしたところが、大人や男たちに好かれる。

ねもち、湯のご　梅雨に入ると、太平洋から吹きつける冷たいヤマセのために、田の草取りはからだが冷える。そこで、この時期になると、きまってつくるこびりが、湯のごとねもちである。とくに湯のごは、冷えきったからだを温めてくれるなによりのごちそうである。気温の低い寒い日は喜ばれる。

ねもちは、なべにお湯をわかし、煮たったら五合くらいのいものはなを入れ、手早くかき混ぜる。はじめは白っぽいが、練っているうちにもたもたしたねばりが出て、すき通ってくる。ところどころに溶けないいものはなの粒々ができる。全体がすき通ったもちのようになるまで練り、最後に少し砂糖を入れ、なべのまま田んぼに持っていく。湯のごは、いものはなを丼に入れ、少量の水で溶いたあと、熱湯をかけて練りあげたものである。

（下北郡東通村　撮影・千葉寛）

ばおりもち（上）といももち

いももちのじゅね味噌あえ

ねもち

『聞き書　青森の食事』より

各地の凍み大根づくり

福島県三春町

佐久間いつ子

皮をむいて二〜三等分にした大根を縦に四つ割にし、少し固めにゆでます。一晩水にさらし、寒い日を見計らってさおに吊るします。夜はギンギンに凍り、昼間はほどよく晴れるこの時期は、凍み大根作りにもってこいの条件です。

切干し大根は、皮引きで皮をむくように削り、三十分ほど水にさらしてから（あまり長いと甘味が逃げる）玉ねぎのネットに入れ、脱水機にかけます。こうすると早く、しかもきれいに仕上がります。近所のおばあちゃんに教えてもらった知恵です。

凍み大根はおもに年配の方むけ、若い人には切干し大根のほうが好まれるようです。

大根には数多くの漬物もあり、これほど保存方法の豊かな野菜はないと思います。

二〇〇一年四月号　大雪、寒波で届ける野菜が育たない！

寒波の到来で、最高の条件下でつくられた凍み大根

長野県諏訪市

凍み大根は、大根を切らないで、丸のままつくる方法と、切ってつくる方法がある。丸のままつくる方法は、八ヶ岳山麓の高冷地でおもに行なわれるもので、洗った大根をそのままひもで連にして軒先などへ吊るしておく。切ってつくる方法は、皮をむいて、三、四分厚さの輪切りにし、さっとゆでて水に一晩

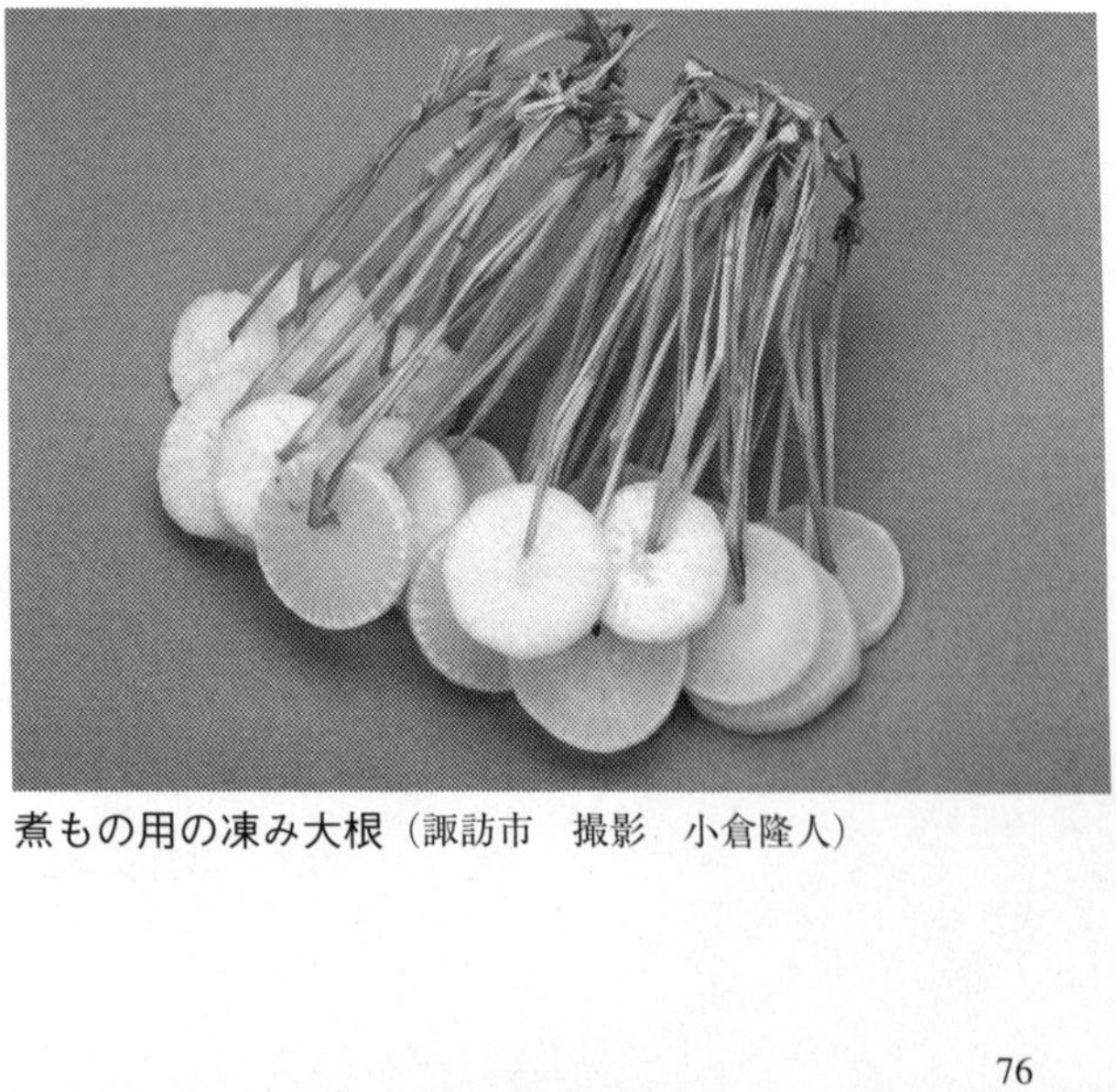

煮もの用の凍み大根（諏訪市　撮影　小倉隆人）

つけてあくを抜く。それを蚕かごに広げて外に出す。夜、凍ったものが、日中は日の光で解けて、凍っては解け、凍っては解けをくり返している間に、まっ白く、かさかさに干しあがる。

丸のまま干したものは、皮をむかないで、味噌漬などに使い、切って干したものは煮ものに使う。

『聞き書　長野の食事』より

長野県飯山市

寒中に凍み大根をつくる。土間の室に囲ってある大根をとり出して洗い、よろり（いろり）のそばで一本ずつ皮をむく。この大根の葉つきの部分から一寸ほど入ったところに、金の火ばしで穴をあけ、細い荷縄を通す。四、五本通して連をつくり、五、六連ほどもつくる。これを雪の中に雑木の干しざおを立ててつるし、凍らせる。すっかり凍った大根は、冬中軒場に吊るしておく。よく乾くと初夏まででも保存できる。

凍み大根を水の中に浸して水を十分含ませてから煮る。やわらかくなったら、たまりで味をつける。この凍み大根の煮つけは大田植えにたくさん煮てごちそうとする。

『聞き書　長野の食事』より

凍み大根の煮もの（飯山市　撮影　小倉隆人）

群馬県長野原町

大根は、長大根でも丸大根でもよい。沸騰したお湯の中に、六分ほどの厚さに輪切りにした大根を入れ、やわらかくなるまでゆでる。このとき、あまりやわらかくなりすぎないように注意する。ゆであがった大根をしょうぎ（ざる）に上げ、冷めてきたら、ふじづるにさして吊るせるようにととのえる。次に、ふじづるにさした大根を水にさらす。二晩くらい流れ水にさらすとよい。さらした大根を軒の下に吊るし、一か月もおく。そうすると、からからに乾く。

秋のうちにつくっておいて、冬の間、煮ものや味噌汁の実にして食べる。

『聞き書　群馬の食事』より

凍み大根の料理　もどしたもの(上)、煮もの(左)、味噌汁(中)、よく乾燥した凍み大根(右)　(長野原町　撮影　千葉寛)

口の中でくずれるように軟らかい

寒もち、花干しもち

藤田秀司　秋田県中仙町（現大仙市）

寒気を生かす知恵

一年中でいちばん寒い大寒の季節にはいると寒もちつくりに忙殺される。この季節にもちをついてのしもちをつくり、これを切って、打ちわらで編んで吊るし、中まですっかり凍らせる。そして立春以降の冷たい乾風で徐々に乾燥させてつくるかきもちを、寒もち、凍みもち、干しもち、切りもちなどと呼んで東北ではどこでもつくられている。

うるち米を少し混合したもち米はすべてこの寒もちに使用されるほか、栗や、かぼちゃを煮て混ぜて搗《つ》いて黄色くしたり、美しくみせるため食紅をいれて薄赤、薄緑、薄黄に色どることもある。また、梅漬のしその葉を細かくきざんで入れて点々に赤くしたものや、黒大豆や、ごまを入れて搗き、まだら模様にしたものもある。

搗き次第もち板にとり、のしもちにする。もちがだんだん冷たくなって固まったら、幅八cm、縦四・五cmくらいに切り、細くて長いわらを軟らかく打ったもので一連八個か一〇個に編み、二連を上部で結び合わせて「一束（ひとずら）」と呼んでいる。

このようにわらできれいに編んだ寒もちを秋田県由利郡などでは「ごゆうれん」と呼んでいることから「御結練（ごゆうれん）」はわら苞《つと》の古いよび名であろうとも考えられている。

編み終わった寒もちは、これをさらにちょっと清水に浸して屋外の樹木に吊して凍らせる。二〜三日して完全に中まで凍ったことを確かめて、雀がつかないよう、中庭か、縁側に持ち込んで、冷たい乾風で乾燥させる。

正月の鏡もちも、寒もちと同じく丸型のまわらで編んで水に入れ凍らせて乾燥する。一人一枚ずつの割でこの鏡もちをつくり、正月の神々に供え、寒もちとして保存し、六月一日には一人一枚ずつお膳につけて分配し、これを欠いて食べる。これを「歯固めもち」という。

寒もちつくりのこつ

寒もちつくりは地方により、また家により、伝承や、秘伝もあるが、これらを総合してみると、

①搗くときに少しずつ温湯を加え、なるべく水分の多い軟らかいもちにして厚くのばして薄く切る。

②細くて長いわらをよく打って軟らかくして編む。

③吊る前に清水に浸し、一夜で中までよく凍らせる。

④風通しのよいところでなるべく早く乾燥させる。

よく凍らない寒もちは、ガラスのように固く光って容易に食べられないが、よく凍った寒もちは口の中でくずれるように軟らかい。

　わらが多かったり太かったりすると編み目にかびがつく、この寒もちは雪の消えるころから子供のおやつや、春田打ちの間食や、軽いので携行食ともなり、近親者へのおみやげとすることもあり、入梅の頃まではどこの家でも品切れとなる。

花や鳥を型どった花干しもち

米どころ秋田県には、寒もちに似た「花干しもち」というものがあった。これはもち米をいったん粉にして熱湯でこね、せいろで蒸して、さらに臼で搗き、花や鳥の木型で押し抜き、翌日まで乾かし固まったところを、ていねいに細わらまたはみごわらで編む。

　二十分間くらい水に浸し、一晩で凍らせ、これを縁側に吊して乾燥させたもので、普通の寒もちのようにそのまま食べてもよく、また、茶わんに入れ、ぐらぐらたぎるほどの熱湯を注ぐと搗きたてのもちのように軟らかくなり、すまし汁に入れると雑煮のようにもなった。

　可愛い孫のため、おばあちゃんたちが寒さを待ってつくる孫たちへのプレゼントであった。

一九八五年十二月号　寒もち、花干しもち

冬の凍干しもちづくり（大館市　撮影　千葉寛『聞き書　秋田の食事』）

凍しもち

臼搗きしたのしもちを切りもちにし、細めになった新わら縄で一〇～一二切れを編み並べる。これを、二本の上部を編みつなげて一連とし、気温の下がった厳寒の夜、家の軒下など屋外に吊るし並べ、寒風に吹きさらして凍らせ、乾燥させる。風干しの終わったものを、屋内の縁側や蔵の前、小屋の天井など、風通しのよい場所に移して吊るし、さらに乾燥させ、編んだままの形で柿渋塗りの紙袋や茶箱に入れて保存する。寒ざらし凍干しもちともいう。

　凍しもちは、毎年もち米で最低二斗は搗く。うるち米でおかゆを煮て、蒸しもち米に混ぜて搗いたり、おからを混ぜて搗く家もある。種類は、白もちの切りもちのほか、梅漬に入れた紫ちりめんじその葉や、正月の貴重な食べものであるみかんの皮を細かくきざんだもの、黒大豆、小豆、ごま、くるみなどを入れたもの、塩味だけのもの、黒砂糖、白砂糖、ざらめなどで甘みをつけたもの、赤、青、黄などの食紅で着色したものなどがある。女たちは、色や味に変化をもたせる工夫をし、編んだもちを、がらっと並べ、吊るして干す。

　食べるときは、わら縄からはずしてそのままかじったり、わたしで焼いたり、ほうろくで炒ったり、油で揚げたりする。農繁期の小昼、たばこ、山仕事のときの間食、子どものおやつ、来客のお茶うけや手みやげにと重宝する。砂糖の量が多いと、歯ざわりがやわらかく、口に入れたとき、そろそろと軽く砕けておいしい。しかし、白砂糖は高価で貴重品なので、農家では塩味のものが多く、わら縄からはずした干しもちをかじると、歯が今にも欠けるかと思うほど、じつに固いものが多い。凍しもちを、いろりにかけたわたしで焼きながら食べるのはとても楽しく、うまいものである。


『聞き書　秋田の食事』県北米代川流域の食より

凍み豆腐の製造法

小原忠彦　長野県食品工業試験場

凍み豆腐は東日本での呼称であり、西日本では凍り豆腐あるいは高野豆腐とよばれる。製品と製法に若干の違いはあるが、いずれも硬めの豆腐を凍結と乾燥を利用して製造するもので、日本人の独自の発明による製品である。もともと、天然の凍結と乾燥を利用して製造していたが、近年では機械冷凍と火力乾燥を組み合わせた周年操業の近代的な工場生産にすっかりとって代わられた。そのため現在では一般的に、天然製品を凍み豆腐、工業製品を凍り豆腐とよんでいる。

天然の製品は、現在では凍み豆腐（あるいは高野豆腐）として、長野県（浅科村矢嶋、真田町傍陽）、福島県（立子山）、宮城県（岩出山）などでいずれも家内工業ないしは農家の副業として、少量生産されるだけになっている。

凍み豆腐の乾燥

加工の歴史

天然の凍り豆腐のおこりは、今から約七五〇年前に、高野山で修業僧が厳寒の最中、うっかり豆腐を外に出しておいたところ豆腐が凍り、これを解凍して食べたところ美味しい豆腐に変わっていたといういい伝えから始まっている。当初は、凍ったままの状態で食べられていたが、現在のような乾燥製品がつくられるようになったのは十六～十七世紀になってからであり、真言宗・高野山の木食上人が高野豆腐の開祖として知られている。

また凍み豆腐については、川中島合戦に出陣の武田信玄が兵糧を確保するため、長野県浅科村でその製法を教えたといい伝えられている。凍み豆腐の製法（一夜凍らせた豆腐をわらで縛り、軒下に吊るして凍結と日光乾燥を交互に繰り返しながら仕上げる）や高野豆腐の製造法（一夜凍らせた豆腐を、もや場とよばれる寒い部屋に入れ、五日ないし、一週間熟成を行なった後、凍結豆腐を湯で溶かし、水分をしぼり、その後かごに並べて、ほいろで乾燥させる）の原型が、この頃できあがっていったものと考えられる。

凍み豆腐の製造方法

①磨砕

凍み豆腐の製造工程を図に示した。一日一

俵程度の小規模の工場では、電動石臼で大豆を磨砕して、地釜（開放型直火釜）によって加熱を行ない、布袋に入れた「呉（ご）」を手回しの圧搾機で絞って豆乳を得る。一日五俵程度の比較的規模の大きな工場では、グラインダーで大豆を磨砕し、ボイラーの蒸気による加熱を行ない、電動圧搾機で絞って豆乳を得る。加水量は、原料大豆の一二〜一五倍程度である。

②凝固

豆乳は塩化マグネシウムまたは、塩化カルシウムを単独あるいは混合して使用して凝固させ、凝固物は布を張ったざるにより「ゆ（凝固後の上澄液）」を取り、型箱に入れ圧搾、脱水、成型する。なお、凝固操作は、製品の歩留りや、品質（スポンジ構造の穴の大きさ、硬さ、弾力性）に影響する。凝固温度は、豆乳温度を一定に保つことが可能であれば六〇〜六五℃が適温であり、凝固剤添加量は、塩化カルシウムの豆乳中濃度で一〇mM前後が目安となる。

なお、脱水性のよい凝集物をつくり、これを圧搾脱水成型して硬めの凍み豆腐生地をつくるため、撹拌により一定の粒度分布を得ることが求められる。このための撹拌スピードや撹拌時間の判断には経験が必要とされる。

③切断

凍み豆腐の大きさは地方により異なり、型箱もそれにより変わる。できた豆腐は水さらしした後一定の大きさに包丁やクシ刃を使って切断する。代表的な大きさは五五×五五×一六㎜、でいずれも厚さは凍り豆腐の厚さの約三分の一程度であり凍結と乾燥が容易にできるように工夫されている。

豆腐の切断

すのこに並べる

凍み豆腐の製造工程

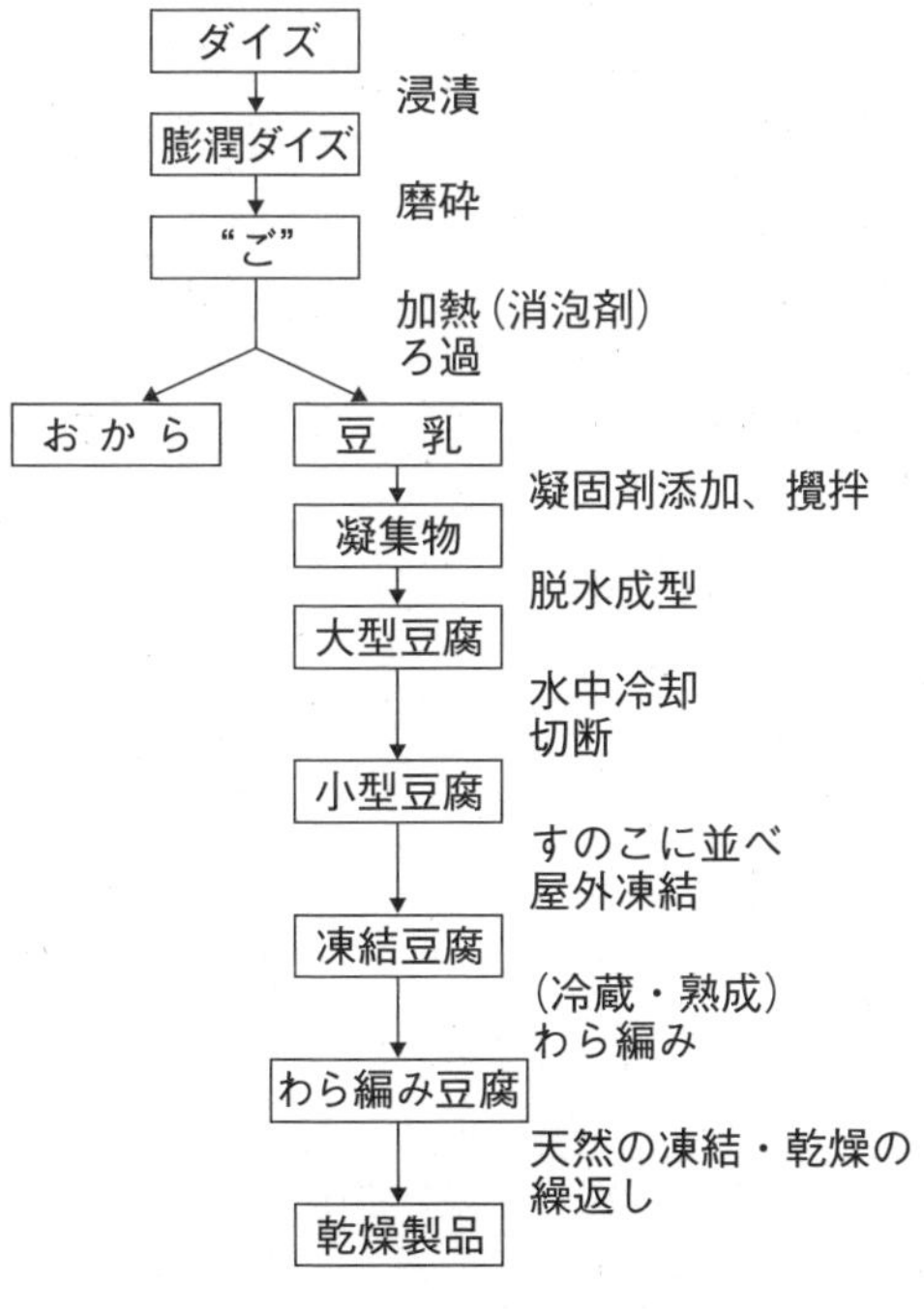
ダイズ
浸漬
膨潤ダイズ
磨砕
“ご”
加熱（消泡剤）
ろ過
おから
豆　乳
凝固剤添加、撹拌
凝集物
脱水成型
大型豆腐
水中冷却
切断
小型豆腐
すのこに並べ
屋外凍結
凍結豆腐
（冷蔵・熟成）
わら編み
わら編み豆腐
天然の凍結・乾燥の
繰返し
乾燥製品

④凍結

切断した豆腐は、すのこの上に並べ、夕方気温が低下するのを待って夜空の下で凍結させる。天気予報から気温の低下する夜を見越して豆腐を製造するが、十分な低温が得られない場合は、冷たい水槽の中で寒気を待つこともある。なお、機械凍結の場合はこの心配はなく、送風式の冷凍機で凍結させる。

凍み豆腐の凍結には、風がなく、放射冷却がおこる晴れた夜がよく、雲があったり、豆腐の上にひさしや木の枝などおおいかぶさるものがあると仕上がりが悪くなる。

⑤乾燥

凍結した豆腐は、二～三日間凍結したままむろに入れて保存した後、わらで編んで乾燥に移す。乾燥は通常竿を渡した軒下などを利用して行なわれる。凍結した豆腐中の水分が、日中の気温による溶解と、夜間の気温の低下による凍結を繰り返し、水分蒸散とたんぱく質の凍結変性（スポンジの組織形成）を併行させながら乾燥する。

食品加工総覧第五巻　凍み豆腐　一九九九年より

凍み豆腐

冬期間、零下七、八度の気温と乾燥した空気、加えて豊富できれいな水に恵まれたこの地方は、凍み豆腐づくりに適し、よいものができる。家庭用のほか、副業として地場産業の一つともなっている。凍み豆腐のつくり方は、諏訪地方でも場所によっていろいろな方法がある。

豊田村でつくられる方法は、豆腐を小切れ（厚さ三分五厘、縦二寸五分、横二寸）に切って蚕かごなどに一枚ずつ並べ、外へ出して凍らせる。翌朝よく凍った豆腐を一枚ずつ五つ、わらで編み、編みあがったものを二つふり分けに結び、棒に通して干す。これを一連という。一連ずつ棒に通した凍み豆腐は、庭先や田んぼの干し場へもっていき、自然乾燥させる。干し場に吊るした凍み豆腐は、日中は解け、夜になると凍り、だんだん乾いて一五日くらいで干し上がる。凍み豆腐は、一夜凍りといって一晩で凍ったものが最上で、幾晩もかかって凍ったものは、味もきめも悪くなるのできらわれる。凍ったものを大豆と交換して求め、軒先に吊り下げ、乾燥させて使う家もある。

凍み豆腐と同じようなものに「連豆腐」というものがある。これは乾燥させる方法が少し違っている。よく凍った凍み豆腐を水や湯の中に入れて解かし、手でよくしぼって水分をとり、それを編んで自然に乾かせば連豆腐になる。連豆腐はあくが抜けていて、一年も二年も保存できるが、凍み豆腐は土用を越すと虫がついてだめになる。しかし、味は凍み豆腐のほうがよい。

凍み豆腐をにんじん、ほうれんそうなどと一緒に、だし汁、醤油、砂糖を合わせたつゆで煮て、最後にとき卵を入れた卵とじは、よくつくるおかずである。

『聞き書　長野の食事』諏訪盆地の食より

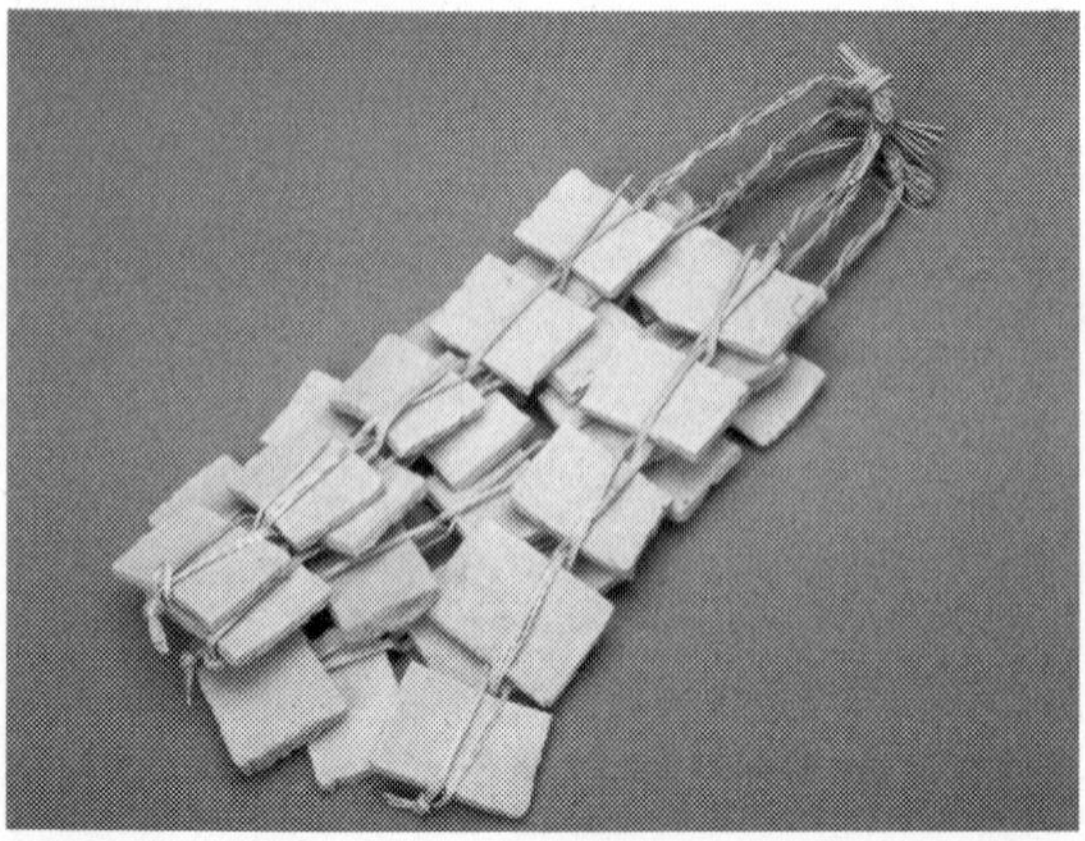

凍み豆腐（諏訪市　撮影　小倉隆人）

あっちの話こっちの話

寒いこの時期、寒ざらしそばがうまい！

原田順子

埼玉県荒川村（秩父市）の江田治雄さんは三年前に脱サラ。百姓仕事をしながら、自家栽培、自家製粉、純手打ちにこだわったそば屋「和味《なごみ》」をやっています。

水のきれいな土地で、しかも寒い時期にしか作れないのが「寒ざらしそば」。一月二十日頃の大寒から節分まで、一年で一番寒い時期に、一〇日間ほど玄そばをネットに入れて冷たい川の水で冷やします。引き上げて、水分一五～一六％になるまで天日干ししたら、石臼でひいて打てばできあがり。

これがなんとも言えないほどうまいんだそうです。江田さんいわく「冷水でそばのあくが流され、天日干しで甘みが増すんじゃないかな」。う～ん、おいしそう。

二〇〇四年一月号

やわらかいもちは牛乳パックで冷凍保存

中島弘智

宮城県一迫町（栗原市）の津田徳子さんは、現代農業で見た「水さらし二度つき法」で、冷めても固くならないもちを作っています。その方法は、①つきたてのもちを、たらいの水に入れる。②水を蛇口から注ぎながら、水の中でもちを平たくのばし、均一に水を吸わせる。③五分くらい水に浸けて人肌くらいになったら、再びもちつき機に入れ、ふたを開けたまま数分間つく。

そんな徳子さんから、固くならないもちの保存方法を教えてもらいました。ただ冷凍するだけなのですが、容器に牛乳パックを使うのがポイントです。ついたもちには片栗粉などを振らず、そのままよく洗った牛乳パックに注ぎ入れ、ふたを閉じて冷凍します。これならずっと保存できるし、使うときは牛乳パックを破けば簡単に取り出せます。パックの内側はつるつるなのでもちがくっつかず、はがしやすいのです。

これを自然解凍してから電子レンジでチンすると、まるでつきたてのようにやわらかなもちがいつでも食べられます。やわらか過ぎて焼きもちには向きませんが、徳子さんはあんこや納豆、えごまなどとあえて、おいしく食べているそうです。

二〇〇六年二月号

保存の技が育んだ美味しさの知恵

凍り豆腐、魚の干物、ベーコン

野田知子　大東文化大学非常勤講師

凍り豆腐

食べるために知恵を絞った

昭和初期に、農村や都会で台所をあずかってきた女性たちによる語りをもとに書かれた『日本の食生活全集』の中には、大豆をどのようにして加工・調理し、保存したかが次のように書かれています。

「軽米町のある農家では年間約三俵（一石二斗）の大豆を食べている。うち、約一俵は味噌に、残り二俵の大半は豆腐とし、他に納豆やきな粉もつくっている。生豆腐を焼き豆腐にしておけば、日持ちは二、三日延び、油揚げではいっそう長く食べられる。このように一度つくった豆腐を何段階かに食べる工夫がなされている。長期の貯蔵性を持たせ、農繁期に備えるための凍み豆腐づくりも盛んである。豆腐づくりにまわされる二俵の大豆のうち一俵は凍み豆腐だという。これは十二～一月中の厳寒期をみはからって四～五回に分けてつくられ、六月いっぱいまで食べられる。」（三巻・「岩手県北の食」）

冷蔵庫のない時代、昔の人は、少しでも日持ちをさせるため、知恵を絞りさまざまな加工技術を発達させてきました。農繁期に備えての冬の凍り豆腐づくりは、硬めにつくった豆腐を薄く切り、縄で結わえて、軒先に吊るします。すると、夜には凍り、日中暖かくなると溶けて水が出ます。昔の人は、凍結乾燥法と呼ばれる方法を自然の中で発見し、利用し、保存できる乾燥食品をつくっていたのです。

だし汁を煮含めた凍り豆腐を食べた外国の人が、「スープだ」と言ったという話を聞きました。高野豆腐は、乾燥させることで、豆

凍み豆腐（九戸郡軽米町　撮影　千葉寛『聞き書　岩手の食事』）

凍り豆腐のつくり方

[昔ながらのつくり方]

冬の寒い夜に外に吊るして凍らせ、それが日中に解けて、水分が出ます。さらに乾燥させて凍り豆腐をつくり、保存します。

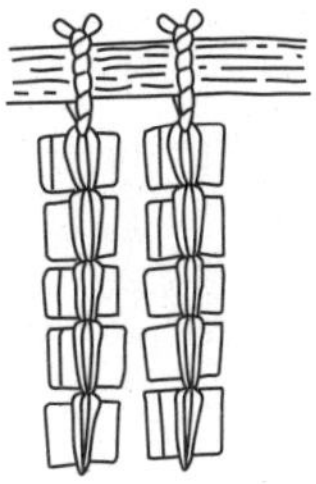

[冷凍庫でつくる凍り豆腐]

〈材　料〉　豆腐（絹ごし豆腐・木綿豆腐どちらでもかまわない）。つくりたい分量を用意
〈道　具〉　冷凍庫、ラップまたは密閉容器、布巾

〈つくり方〉

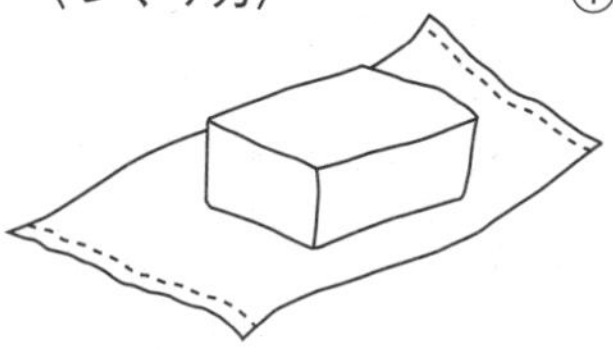

①豆腐はフキンの上にのせるか、くるんで、10分くらいおき、自然に出てくる水分を除く。

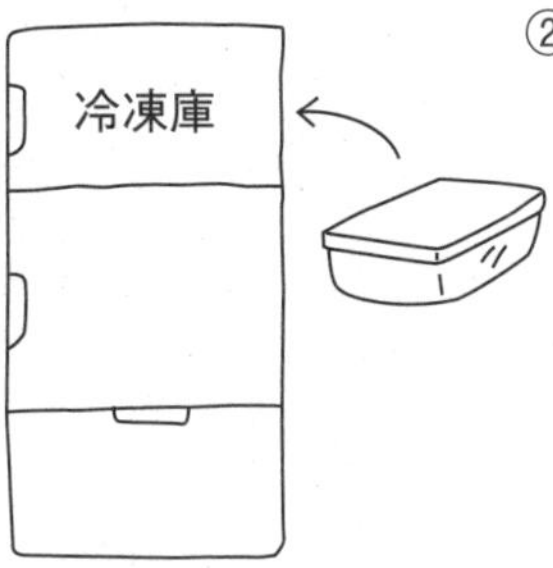

②①の豆腐をラップで包むか、密閉容器に入れて、冷凍庫にいれて凍らせる。適当な大きさに切ってから凍らせてもよいし、凍ってからも切ることはできる。

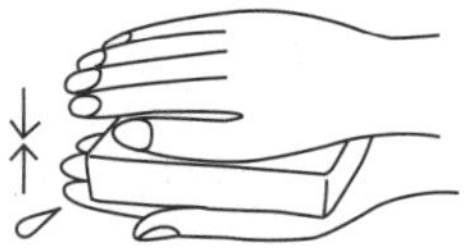

③完全に凍ったら解凍する。そのあと手のひらで押して、含まれている水分を出す。

④だし汁に調味料（砂糖、塩、しょうゆ、ミリン）を加えて適当に味つけし、その鍋に凍り豆腐を入れ、落とし蓋をして煮含める。

腐とまったく異なる食品になります。スポンジ状になり、だし汁を含みます。豆腐とは別の美味しさがあります。

凍り豆腐は、冬の夜、豆腐が凍るような寒い地方でなくてはできません。しかし、冷凍庫を利用すれば簡単にできます。試してみてください。

魚の干物

干すことでうま味が増す

乾燥した食べ物のうち、植物性のものは「乾物《かんぶつ》」といい、動物性のものは「干物《ひもの》」といいます。

干すことによって水分が減少し、微生物の繁殖を抑えることができるので腐敗させずに保存できます。また、干すことで魚のうま味が凝縮され、鮮魚と違った美味しさが生みだされます。干物には、素干し、塩干し、煮干し、焼き干し、調味干しなど、多彩な干物があります。

素干しは、そのまま乾燥させます。するめ、さより、身欠きにしんなどがあります。

塩干しは、干物の中で一番多く、塩をつけ

たり、塩水につけてから乾燥させます。イワシの丸干し・めざし（目刺し）、アジの干物といえば塩干しのことです。ほかに、サバ、サンマなど多くの種類の魚が塩干しにされています。

煮干しは、魚介類を煮てから乾燥させたものです。煮ることによって、含まれる酵素がこわされます。カタクチイワシやマイワシの煮干しは、だしをとるのに用いられ、貝柱、アワビ、ナマコなどは中華料理に用いられます。

焼き干しは、鮒《ふな》、鮎《あゆ》、ハゼなどの淡水魚に多く、串にさして焼き、乾燥させたものです。

調味干しのみりん干しは、みりんと醤油を混ぜた中に開いた魚を漬けて味付けして、乾燥させたものです。「くさや」は、魚の内臓などを塩漬けし発酵させた液に、開いたムロアジなどを漬け込んだあと、天日干しにします。「くさや」の語源となるような「くさい」匂いと特有の味を持たせた調味干しのひとつです。

保存のためなら水分を少なくした堅干しが適していますが、美味しさを味わうには、生干しが一番です。

【材料】

魚（イワシ・アジなど）

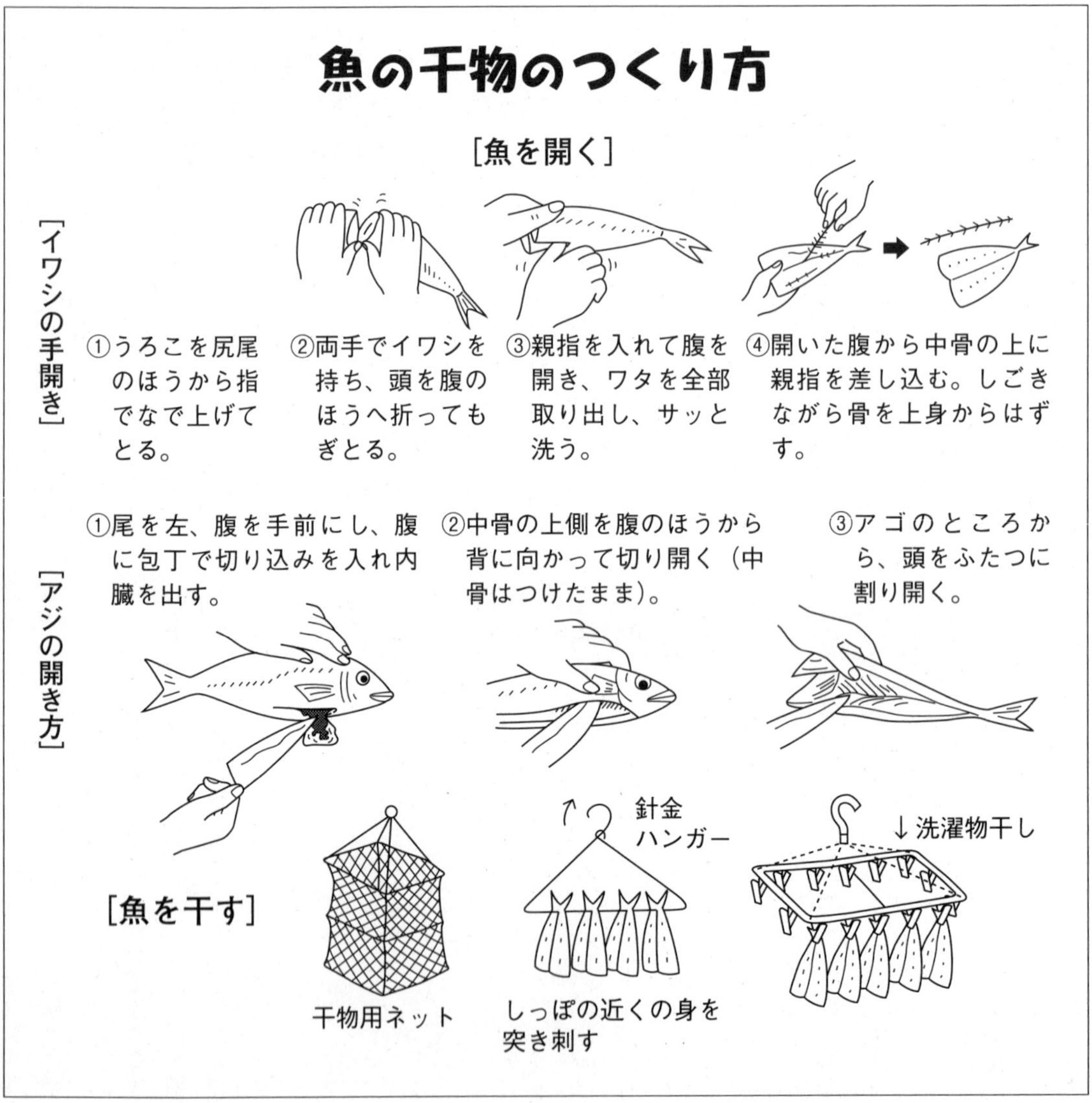
魚の干物のつくり方
[魚を開く]
[イワシの手開き]
①うろこを尻尾のほうから指でなで上げてとる。
②両手でイワシを持ち、頭を腹のほうへ折ってもぎとる。
③親指を入れて腹を開き、ワタを全部取り出し、サッと洗う。
④開いた腹から中骨の上に親指を差し込む。しごきながら骨を上身からはずす。
[アジの開き方]
①尾を左、腹を手前にし、腹に包丁で切り込みを入れ内臓を出す。
②中骨の上側を腹のほうから背に向かって切り開く（中骨はつけたまま）。
③アゴのところから、頭をふたつに割り開く。
[魚を干す]
干物用ネット
針金ハンガー
しっぽの近くの身を突き刺す
↓洗濯物干し

＊みりん干しの場合（4尾あたり）
醤油（大さじ3）、みりん（大さじ2）、砂糖（大さじ1）、ごま（適量）
＊塩干しの場合（1尾あたり）
塩（大さじ1）、水（2カップ半）

[つくり方]

①イワシは手開きに、アジは包丁で開きます。骨はつけたままにしておきます。
＊みりん干しの場合
②魚を、調味料を混ぜた中に三〇分くらいつけておきます。
③軽く汁気をとって、ごまを適宜ふりかけ、図のような市販の干物用ネットか、洗濯物干し、針金ハンガーを工夫して、一日（五〜六時間）干せばできあがりです。
＊塩干しの場合
②流し箱に、分量の塩と水を入れてよく混ぜ、開いた魚を約一時間つけます。
③水気を拭き取り、干します。

[注意]

＊干物つくりには、気温が低くて乾燥している季節、ハエの少ない寒い季節が適しています。
＊生干しはつくりたてを食べるのにこしたことはありませんが、冷蔵庫でも三日くらい保存できます。それ以上は冷凍庫で保存します。

ベーコン

肉を保存するための工夫

冷蔵・冷凍技術がなかった時代、屠殺した豚や牛を腐らないように工夫するなかで、さまざまな肉の加工品がつくられました。

ソーセージは、豚のひき肉にスパイス・調味料・ラードを加えて混ぜたものを、羊や豚の腸につめてから、ゆでるか、燻煙します。ハムは豚のロース肉などを円柱形に丸め、調味液の中で熟成させてからたこ糸でしばり、その上をセロファンで包んで燻でいぶした後、七〇℃で二時間くらいゆでます。

作業が一番単純なのがベーコンです。肉はかたまりのまま使うことができ、香辛料・塩・燻煙によって肉を保存する技術がよくわかります。多くの市販品に加えられている発色剤を加えないでつくるので、できたベーコンの色を市販品と比較することから、食品添加物の学習にもつながります。なによりも、市販品にない香りと本物の味を味わえます。

高緯度にあり、やせた土地の多いヨーロッパでは、牧草を育て、それを家畜に食べさせることにより、肉をつくり、食料を確保してきました。冷蔵庫のない時代、胡椒《こしょう》などの香辛料は肉を腐らせないために不可欠でした。そのために胡椒を求めて大航海時代がはじまったのです。胡椒は、ときには取引の支払いに、金銭にかわって通用するほど、高価な貴重品でした。

燻製は、室内に肉をつるして干し肉をつくっているとき、暖炉の煙があたり、食べてみると、普通の干し肉とは異なった美味しさと香りがし、しかも保存力が高まるという経験を通して、つくられるようになったのでしょう。

煙でいぶす（燻煙）の効果は、木材の煙に含まれる強い芳香をもった物質（アルデヒド類・フェノール類・酸類）の作用で、肉や魚の表面をコーティングし、肉や魚に含まれる油の酸化を防止し、微生物の繁殖を阻止して腐敗を防止するために、保存性が高まるのです。また、その芳香によって、燻製独特の風味がでてきます。

日本では、縄文時代の集落跡である鹿児島県の加世田市にある栫《かこい》ノ原《はら》遺跡で、イノシシの燻製がつくられたと考えられる遺構が発見

ベーコンのつくり方

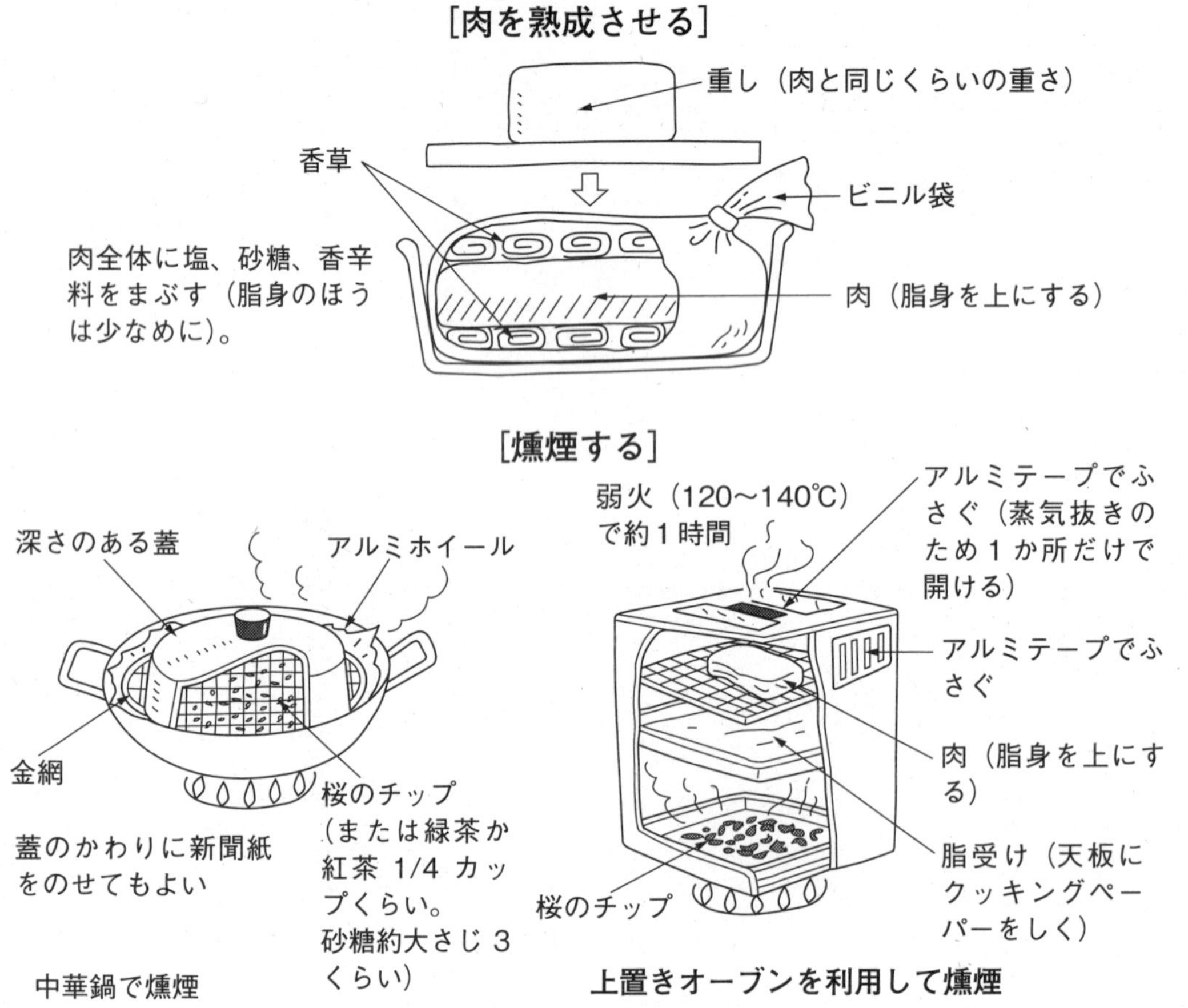
[肉を熟成させる]
重し（肉と同じくらいの重さ）
香草
ビニル袋
肉全体に塩、砂糖、香辛料をまぶす（脂身のほうは少なめに）。
肉（脂身を上にする）
[燻煙する]
弱火（120〜140℃）で約1時間
アルミテープでふさぐ（蒸気抜きのため1か所だけで開ける）
深さのある蓋
アルミホイール
アルミテープでふさぐ
金網
肉（脂身を上にする）
桜のチップ（または緑茶か紅茶 1/4 カップくらい。砂糖約大さじ 3 くらい）
蓋のかわりに新聞紙をのせてもよい
脂受け（天板にクッキングペーパーをしく）
桜のチップ
中華鍋で燻煙
上置きオーブンを利用して燻煙

（『食べるって何だろう』〈合同出版〉より引用）

されています。

また、昔の農家では、囲炉裏の上の天井に、乾燥させた川魚や「干しがっこ（大根の漬け物）」をつるして、煙でいぶして保存食にしていました。また、煮た後に焙乾（いぶして乾燥させること）を何回も繰り返し行なう「かつお節・さば節・かれ節」などがあります。煙でいぶして乾燥させただけのものとは違う美味しさです。

ベーコンづくりの手順

食品添加物の燻煙剤に漬けるだけでできる「いかくん」とは違う、本物の燻製のつくり方です。

【一日目】 肉に香辛料・香草をまぶし、塩、砂糖、香辛料を混ぜたものを、肉にまんべんなくすりこみ、脂身を上にして、肉の上と下にきざんだパセリ・セロリの茎と葉、月桂樹の葉などの香草をおき、ビニル袋に入れます。肉と同じくらいの重しをします。

【四〜七日間】 冷蔵庫で熟成させる。

【その後】 いぶす

桜のチップは、アウトドアの専門店やホームセンターで入手できます。

『食農教育』三〇号 凍り豆腐・魚の干物・ベーコン

とうもろこしの粒だけを、きれいに切り取れる器具「いいとこどり」（発売元は、みかど協和株式会社)。粒だけを冷凍保存するときに便利。

野菜、くだものの美味しさをそのままに
冷凍保存のこつ

藤沢拓子さん　岩手県盛岡市

左から大根葉、食用菊、枝豆、ミックスベジタブル、食用菊

冷凍ストッカーを購入

出荷用のプルーンに、自家用のりんご、栗…、それから色とりどりの自家野菜。盛岡市の藤沢拓子《たくこ》さんの冷凍ストッカーからは、その時期にはとれないものばかりが顔をのぞかせる。

「冬なのに、孫はとうもろこしにかじりつく。その顔を見ていると、うれしくてうれしくて」

冬の寒さが厳しい岩手では、野菜を凍らせて保存することは、昔から行なわれてきた。たくあん用に干しておいた大根の葉っぱを茹でて細かく切り、それをおにぎりのように丸めて冬の寒に当てる。凍ったものを味噌汁などに入れて煮立てれば、郷土料理の「干葉《ほしば》汁」。それから、凍み豆腐もここらへんではよくつくっていた。だけどそれは冬の話。

それが、今から二十年ほど前、拓子さんは若妻会の仲間と一緒に、冷凍ストッカーを購入した。おかげで春夏に収穫した野菜やくだものも、冷凍して保存することができるようになった。冷凍ストッカーによって、保存法、調理法の幅が大きく広がり、「旬」を美味しいままにとっておくことが可能になってきた。

ただし、野菜や果実を冷凍保存するには、それぞれの性質や調理法にあったこつがある。

ピーマン、ししとうはそのまま冷凍

ピーマンやししとうは八月頃になるとわんさかとれる。直売所に出しても商品がだぶついているので、出荷しても袋いっぱい三〇円

や五〇円の捨て値にしかならない。自宅で食べきれるわけでもないし、かといって肥料をやったり手間をかけたりして大切に育てた作物を捨てるのはしのびない。

これを、青物が極端に不足する冬まで保存できないだろうか？　盛岡の冬の寒さは厳しく、長い間、畑は雪の下になってしまう。近所にスーパーマーケットはないし、拓子さんは運転もできない。そんなときは、冷凍野菜が本当に重宝する。

ピーマンやししとうなどは、茹でると色が黒くなってしまうので生のまま冷凍しておく。使うときはたいてい凍ったまま油で炒めるが、鮮やかな緑色がちゃんと再現される。

完熟トマトは四つ切りで

トマトも夏に、たくさんとれる。冷凍保存できないかと、生活学校の先生に方法を聞いてみたことがある。そのときは、トマトピューレやトマトケチャップにしてから冷凍する方法を教えてくれたが、これがやってみるとなかなか手間がかかる。鍋の前にずっと控えていないといけないし、裏ごしも面倒くさい。だからもう専門的なことはこの際やめて、完熟したトマトを四つ切りのまんま冷凍することにした。簡単な方法だが、色が悪くなることもなく、真っ赤な

藤沢拓子さん

冷凍保存している野菜

ピーマン	袋に薄く詰めるために、2つ割りにし種をとる。茹でると色が抜けるので生のまま冷凍。使うときは、凍ったまま炒め物などに。
ししとう	そのまま袋に入れて、生のまま冷凍。凍ったまま炒め物などに。
大根葉	青みを残すため、さっと塩茹でし、すぐに冷や水に短時間浸す。しっかりと水気を絞る。水気が野菜の内部に残っていると水分が凍って野菜の組織を壊してしまう。また、表面に付いた水分は霜の原因になる。使うときは、凍ったまま汁物や煮物に。
山椒の実	さっと塩茹でして、すぐに冷や水。水を取り替えつつ、半日ぐらいあく抜き。凍ったまま青身の魚の煮物などに。
大豆	一晩水に浸して、煮て冷ましたものを冷凍。解凍して酢大豆や五目豆などに。
かぼちゃ	一口大に切って生のまま冷凍、もしくは蒸してペーストにして冷凍。一口大は煮物などに、ペーストはスープに。
トマト	へたを取って、4つ割りにして冷凍。凍ったまま鍋に入れて、スパゲッティなどに。
食用菊	沸騰した湯に、酢を大さじ2杯入れて、花びらを投入。酢で花びらの繊維が柔らかくなる。ざるにとり、上から冷水をかける。水気を絞って冷凍。
にんにく	皮をむいて生のまま冷凍。
とうもろこし	湯通しして丸ごと冷凍したり、ほぐして冷凍。生のままラップに包んで冷凍することもできる。

冷凍ストッカー。袋を縦にして並べると、取り出しやすい

まま保存できる。

この冷凍トマトは同居で勤めの息子さんも大のお気に入りである。休日には、冷凍トマト、冷凍にんにくなどを材料に、スパゲッティをつくってくれる。使うときはいちいちもどす必要はなく、凍ったまんまのトマトを、火にかけた鍋にいれるだけ。トマトのうま味が、そのまま麺にからみつく。自分で栽培しているからこそ、完熟をそのままとっておける。

豆類は湯通ししてから

あらかじめ湯通ししたほうが、うまく保存できるものもある。豆類、ほうれん草など葉物、とうもろこし、かぼちゃ、アスパラガスなど。湯通しすると、野菜の中の酵素が不活性化し、成分の変質を抑えられるという。

昔から、田植えの日の「こびる」には「酢豆」という、煮た青大豆を酢に漬け込んだ料理を食べるそうだが、拓子さんはこれを冷凍した枝豆でつくっている。ゆでた枝豆を莢から出して冷凍しておき、田植えの二〜三日前に解凍して、酢と砂糖を煮立てたものにつけておく。田植えの時期は大忙しで、手間のかかる料理をつくるのはたいへんだが、冷凍豆があれば、昔と変わらぬ晴れの日のごちそうを振る舞える。

わが家のミックスベジタブル

今は、スーパーやデパートの食品売り場には、冷凍食品があふれている。拓子さんは、食品売り場に置いてあるミックスベジタブルをヒントにして、わが家だけのミックスベジタブルをつくっている。

とうもろこしは、ひとつひとつきれいにほぐす（孫が食べる分は茹でたものを一本まるまる冷凍する）。にんじんは賽《さい》の目に切って、ラップで包んで二分ほど電子レンジで加熱する。グリーンピースのかわりに、湯通しした枝豆を用意する。これらを同じ袋に入れて冷凍しておけば、わが家でとれたものだけでつくったミックスベジタブルのできあがり。

山椒の実はあく抜きして

また、スーパーの生鮮コーナーでは、山椒の芽がほんのちょっとなのに高値で売られていた。山椒は自分のうちにあるから、これも冷凍保存してみようと挑戦したものの、粉々に砕けてしまった。しかたなく、葉は断念したが、実で試してみたら大成功。さっと塩茹でして、すぐに冷や水にとる。水をとりかえつつ、半日ぐらいあく抜きしてから冷凍。サンマやサバなど青身魚を煮るときに凍ったままパラパラ入れると魚のくさみもとれるし、ピリ辛のアクセントにもなる。とても重宝している。

冷凍保存のポイント
枝豆編

①沸騰した湯に塩を加え、豆をさっと茹で上げる。加熱によって、豆の中の酵素の活性が失われ、成分が変質しにくくなる。加熱時間は、ふつうに調理するときの70〜80％が目安。

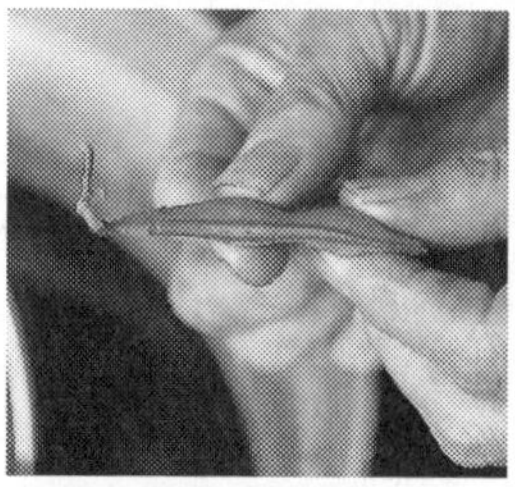

②手で押してみてわずかに莢が割れる程度。食べるには硬い。香りやビタミンを残すには、茹で時間は短いほうがよい。すぐに冷水に浸して、変色を防ぐ。

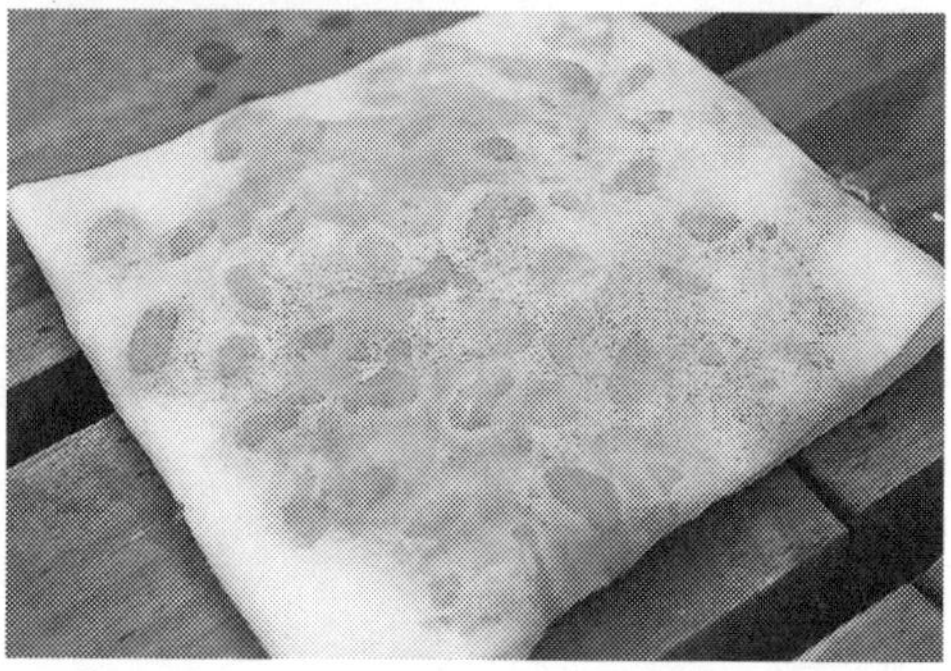

③莢から出して、水分を吸い取る。葉物などは、しっかり絞る。野菜の内部に水が残っていると、その水分が凍って組織が傷みやすい。

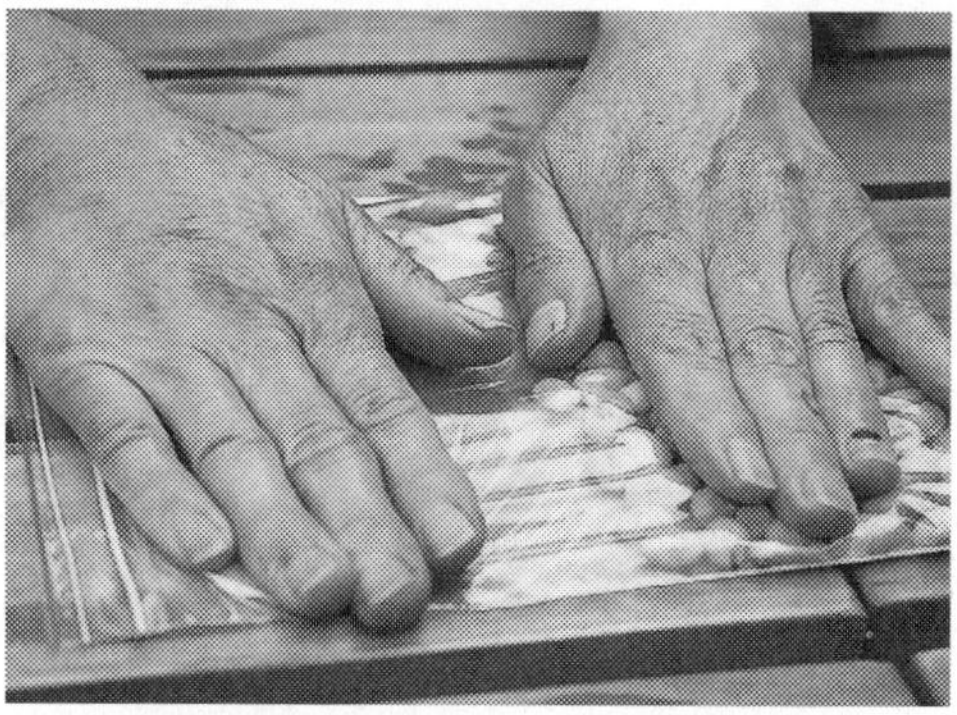

④冷凍用の袋に入れ、できるだけ薄く平らにする。厚さが薄いほど、凍結する時間が短くなる。時間が短いほど、細胞の内部の氷の粒が小さくなり、傷みが少ない。凍結がゆっくり進むと氷の粒が大きく成長し、組織が壊れる。

⑤ストローを使って中の空気を抜く。

プルーンはジャムにして冷凍

十五年ほど前から栽培をはじめたプルーンは、出荷できないはね品をジャムにしている。ジャムは、果肉が残ったプレザーブタイプ。完熟した実を皮のまま煮詰めて、「最高に美味しいもの」ができあがるという。

ジャムはびん詰めしてもいいが、冷凍保存のほうが簡単にできる。変質を少なくするには、凍結する時間をいかに短くするかだという。ゆっくり時間をかけて凍らすと、果肉のダメージが激しいが、短時間で凍らすとそれが少ない。

そのため、冷凍用の袋いっぱいに、薄く広げるように伸ばしていく。薄ければ薄いほど、凍る時間が短かくなる。

プルーン以外にりんごのジャムもつくっているが、同

プルーンの樹の前でご主人と一緒に。品種はサンプルーン、スタンレイ、プレジデントを栽培しているが、ジャムにするなら小粒でほどよい酸味のサンプルーンがいい。色も赤紫できれい

拓子さんの冷凍プルーンジャム。果肉の食感も楽しめる

じ方法で冷凍保存している。これらの冷凍ジャムは、三年たっても味の劣化が少なく、長期に保存できる。近所の人に分けてあげたら、最近ヨーグルトにジャムをのせる食べ方がはやっていて、とても喜ばれた。

凍らせるときは、冷凍用の袋に入れたジャムを、厚紙の上に置いてからストッカーに入れる。カチンコチンに凍ったら、取り出しやすいように、縦に入れる。

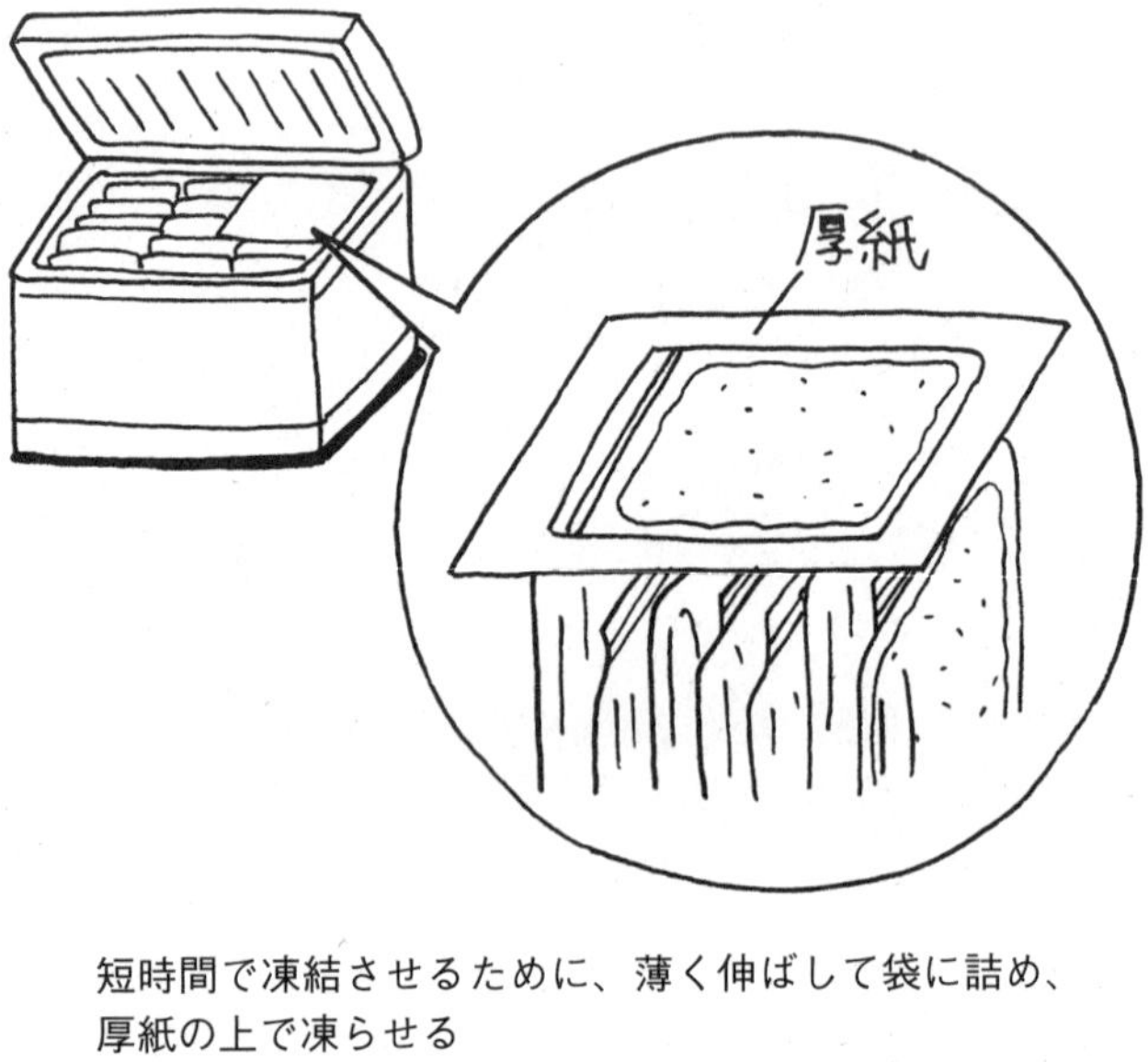

短時間で凍結させるために、薄く伸ばして袋に詰め、厚紙の上で凍らせる

生でも冷凍できる

プルーンやりんごは生のまま冷凍することもできる。ただ、そのときも極力平らに薄くして凍らすのがこつ。丸ごと冷凍すると凍結に時間がかかって、果肉がぼそぼそになってしまう。プルーンは完熟のものをおおまかに潰して、袋に入れて薄くのばす。りんごは薄く輪切りにする。

半解凍でシャーベット感覚のプルーンや、ひんやりとしたカチコチのりんご。子どもたちにも大人気である。

（文・編集部）

二〇〇七年八月号　とれすぎ夏野菜をおいしく冷凍／
二〇〇七年九月号　果物冷凍のコツは平らに薄く

冷凍の基本

急速凍結　食品の冷凍プロセスは、凍結曲線によくその特性が現われる(図)。食品の含水率は一般に70％前後であるが、種々の成分を含んだ溶液状態にある。この溶液状態のために氷結点は0℃ではなく、－1～－5℃の範囲であることが多い。この現象は氷結現象が進むにつれて溶液部で濃縮も進行し、さらに氷結点が低下することで説明される。この温度帯で氷結晶が生成されるため、最大氷結晶生成帯と呼ばれる。

生成された氷結晶の大きさが、食品を構成する細胞の大きさより十分小さい場合に、食品の凍結品質が良いとされる。また、最大氷結晶生成帯を30分以内で通過する場合に、急速凍結と定義される（高井、2002）。

冷凍保存の温度　食品の凍結率は、－18℃で90％前後になり、その変化率も少ないというデータが示されている（宝谷、1991）。すなわち、最大氷結晶生成帯を速やかに通過した食品は、おおむね－18℃以下まで過冷却および低温保管されることで、凍結前の品質を維持したまま長期保管できることになる。

（食品加工総覧第３巻　冷凍　谷山章より）

凍結曲線

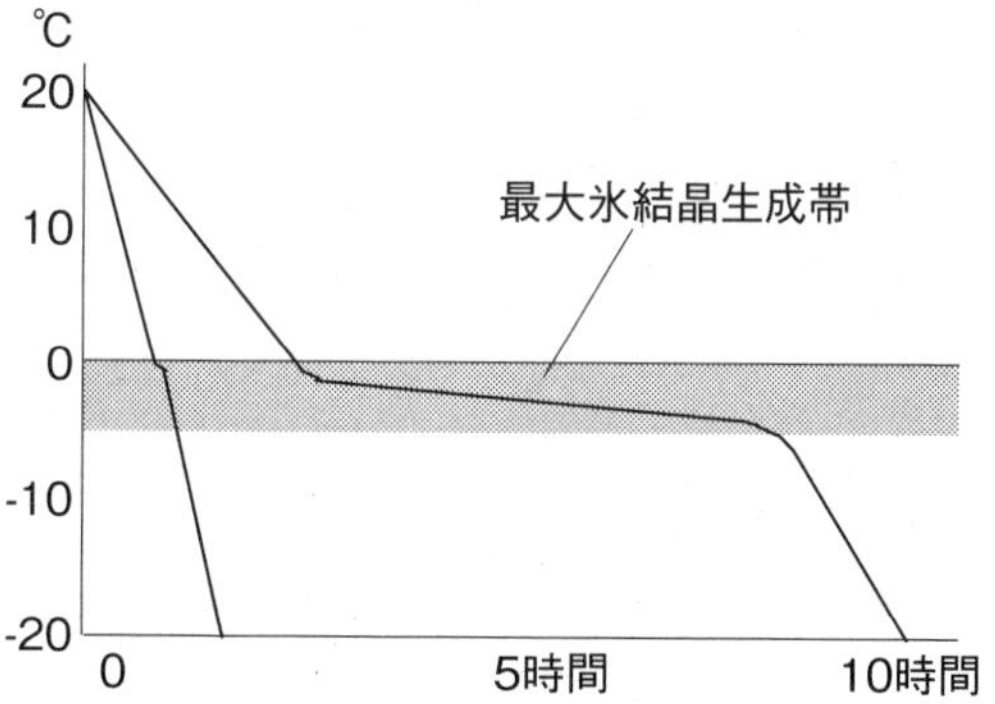

緩慢凍結では、結晶が大きく成長して組織が破壊され、解凍するとスポンジ状になる。急速凍結では、氷結晶が小さく、品質が保たれる

ブランチング（blanching）　野菜や果実に含まれる酵素を不活性化し、貯蔵中の品質の低下や変色を防ぐために、軽い湯通しを行なうこと。加熱の温度や時間は、野菜の種類や製品によって異なる。ほうれん草では1分程度、アスパラガスは2～3分といわれる。

果実の冷凍

果実の種類　ビワ、モモ、西洋ナシ、ミカン、オウトウ、カキ、パイナップル、バナナ、マンゴウ、ブドウ、リンゴ、ブルーベリー、ミキサーによるジュース原料用果実などがあげられる。

ブランチング　一般に90～100℃の熱湯または蒸気で処理する。加熱はできるだけ短時間に、熱が材料の中心まで通るようにする。必要以上の加熱は、成分の損失や品質、色沢を損なうおそれがある。

シュガリング　果実の凍結に先だって行なわれる糖分添加処理のことをシュガリングという。オウトウ、イチゴ、ベリー類など小果は粉砂糖をまぶして凍結する。モモ、スモモ、リンゴなどは適当な大きさにスライスしたのち、40％前後の糖液に漬けて凍結する。なお、酸化変色防止効果を高めるために、0.2～0.3％のアスコルビン酸を糖液に混合することがよく行なわれる。また、糖液中で25㎜Hg程度に減圧し、組織内に十分糖液を浸透させることも必要に応じて行なわれる。

凍結　冷凍貯蔵法は、必ずその組織内に氷の結晶が出来るのが特徴であり、果実類では細胞膜が損傷を受けやすい。そのため、急速凍結が重要となる。凍結方法は、①空気を－35～－40℃に冷し、風速3～5m／秒で冷気を吹きつけて急冷する方法、②液体窒素、液化炭酸ガスなどをノズルから噴射して冷却する方式などがある。

（農業野業技術大系果樹編第８巻　加工の基礎知識　伊藤三郎より）

私の冷凍保存術あれこれ

かぼちゃ

さわやかかぼちゃサイダー

蝦名みどり　青森県青森市

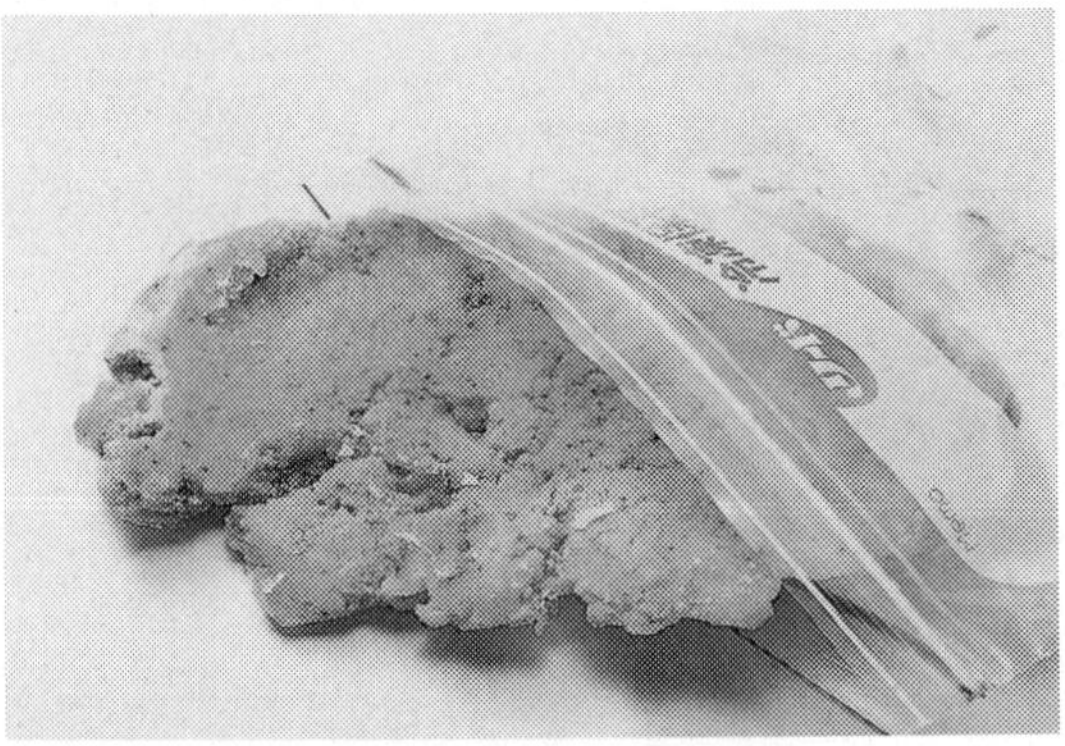

かぼちゃサイダー　かぼちゃのペースト、サイダー、牛乳の割合はお好みで。写真はかぼちゃとサイダーの組み合わせ
（撮影・調理　小倉かよ）

私も息子もコレステロール値が高いのですが、青汁を買って飲むよりも、自分でつくった無農薬野菜でミックスジュースをつくるほうが、美味しいと思って飲んでいます。

小松菜、りんご、セロリ、サイダーの組み合わせ、キャベツ、りんご、にんじん、バナナ、サイダーの組み合わせなどいろいろありますが、中でもかぼちゃと牛乳とサイダーを混ぜた「かぼちゃサイダー」が一番のおすすめです。かぼちゃは裏ごしして、冷凍したものをいつも使っていますので、ひんやりとしたジュースに仕上がり、夏にはぴったりです。

また、かぼちゃとサイダーと牛乳の分量ですが、若い人はシャキッとした味が好きなのでサイダーを多めにしたりして、好みで調節しています。

▼かぼちゃ・冷凍の手順

①かぼちゃを煮て、裏ごしする。
②冷凍袋に小分けして、冷凍。

トマト

煮詰めて冷凍、スープに

渡辺キイ　新潟県新発田市

トマトがいっぱいとれて食べきれないとき、そのまま放っておくと腐ってしまい無駄になるので、冷凍してとっておくことにしました。

生のトマトをそのまま冷凍するのではな

く、煮てから冷凍します。使うときは、凍ったまま鍋に入れて火にかけます。コンソメ味にして、玉ねぎ、ピーマン、コーン、豚肉などを入れてスープにして食べます。ケチャップや水煮トマトなどとは一味違ってトマトそのものの味が楽しめるので、私は大好きです。

いつでも食べたいときにトマトの味を楽しむことができるので、とても便利です。

▼トマト・冷凍の手順

①完熟トマトを湯むきする。
②一cmの厚さに切り、鍋に入れ火にかける。
③出てくる泡をよくすくいながら煮詰める。
④煮詰まったら、火からおろして冷ます。
⑤冷凍用の袋に小分けして冷凍。

きゅうり

塩もみして水を抜いてから

井開トシ子さん　新潟県長岡市

井開トシ子さんも、いっぱいとれた野菜は冷凍している。とくに「これはやっとくといいよー」と教えてくれたのが、きゅうりの塩もみ冷凍。

薄く切って塩もみしたきゅうりの水を、しっかり絞ってから冷凍しておく。完全に解凍するとくったりしてしまうが、溶けるか溶けないかぐらいで食べれば、シャキシャキしていて美味しい。塩で水分を引き出し、さらにしっかり絞るのがこつ。もし塩もみせずに生のまま冷凍すると、「きゅうりの身が悪くなる」とのこと。

また、解凍したきゅうりを水で洗って塩抜きして、酢と砂糖でもむのもいい。いつでもきゅうりの浅漬けが楽しめる。

井開さんは枝豆も冷凍しているが、莢つきで生のまま冷凍することが多い。解凍するときは、必ずカチンコチンに凍ったままの枝豆を熱湯に入れること。「よく冷凍庫から出した枝豆をそのへんにうっちゃっておいて、それから湯を沸かす人がいるけど、あれだとまあよくないね、味が悪くなる。味と香りを残したいなら、先にお湯を沸かしておいて、そこではじめて冷凍庫から取り出さないとだめだよ」。

▼きゅうり・冷凍の手順

①きゅうりを薄切りにする。
②どんぶりいっぱいのきゅうりに、ひとにぎりの塩を振り、よくもむ。
③出てきた水を捨て、きゅうりをよく絞る。
④冷凍袋に入れて冷凍。

（文・編集部）

オクラ

レンジで加熱して冷凍

奥良茂呂平（仮名）さん　鳥取県

「今、七五歳だけどね、心は六五歳よ」と豪快に笑う奥良茂呂平さん。その健康の秘訣を聞いてみると、年中食べているオクラとモロヘイヤのおかげだという。

奥良さんの自家菜園には二〇〇本ものオクラが植えてあるので、収穫時期ともなるとせっせと収穫し、せっせと冷凍している。冷凍する前には必ずレンジで加熱するのだが、これはあの独特の食感と栄養分を残すためだという。もどすときは、冷凍したオクラを自然解凍、もしくはレンジで解凍して、何も味付けせずにそのまま食べるが、ぬるぬるした食感は少しも失われていない。

もし茹でてから冷凍すると、オクラのぬるぬるが溶け出してしまうし、生のまま冷凍するとかさばって場所をとってしまう。だからやっぱりレンジ加熱が一番適していると奥良さんは考えている。

また、モロヘイヤも茹でると栄養分が逃げてしまうので、蒸してから冷凍することにしている。これは解凍して醤油とみりんで和えて、鰹節をかけて食べている。同じ方法で、ピーマンやブロッコリー、キャベツなども冷凍している。

▼オクラ・冷凍の手順

①へたを切り落とし、一〇本ずつをまとめてレンジで一分間加熱する。

②五〜一〇㎜の厚さに切り、冷凍袋に入れて冷凍。

オクラは、レンジで加熱してから冷凍すると、ぬるぬる感が失われない。ピーマン、ブロッコリー、キャベツも同様に

（文・編集部）

グリーンピース

しわしわにならない冷凍法

安藤信子さん　福島県桑折町

冷凍グリーンピースを料理したら、しわしわになっちゃう。そんな悩みを解決する方法を安藤信子さんが教えてくれた。

安藤さんによると、グリーンピースの皮がしわしわになるのは、茹でたものをすぐお湯から取り出し、それを冷まして冷凍するから。そうではなく、茹で終わった豆をしばらく鍋の中で浸しておき、お湯が冷めてからはじめて取り出すのがいいそう。夜茹でたものなら翌朝取り出し、水気をとって冷凍。これで、なんとグリーンピースがしわしわにならない。

安藤さんはこの冷凍グリーンピースを使って、お正月、おせちに飽きたときなどに、豆ご飯や豆スープをつくって楽しんでいる。ピカピカのグリーンピースで新年早々気持ちがいい！

▼グリーンピース・冷凍の手順

①グリーンピースの豆を莢から取り出す。

②五分ほど塩茹でする。

③茹でた鍋のまま一晩おく。

④翌朝ざるにあげて、水気をよく切り冷凍袋に入れて冷凍。

（文・編集部）

二〇〇七年八月号　私の冷凍保存術あれこれ

枝豆

保苅浩さん　新潟県新潟市

野菜の冷凍加工は家庭でもできる。新潟県の枝豆農家・保苅浩さんはホームページ『枝豆のマメ知識』で枝豆の上手な冷凍の仕方を紹介している。その一部を引用させてもらった。

野菜は収穫後も呼吸をしています。酵素の作用も継続しています。野菜に酵素が存在していると低温下においてもじわじわと品質の低下が起こります。

そこで中心温度を九〇℃以上に上げ（熱を通す）、酵素の作用を不活性にする作業が大切になります。この、ブランチング処理が美味しい冷凍の仕方に通じるポイントの一つであることを強調しておきます（枝豆のゆで加減は七〜八割、硬めに）。

この操作のこつは比較的多量のお湯を沸騰させて、野菜を入れることです。そして再度沸騰したところで九〇秒ほど煮立てます。これで酵素が不活性になり、冷凍後の品質低下を抑制します。湯通しをした後は、すぐ冷やすことが大切です。

冷凍食品を上手に作るこつの二つ目は、急速に冷やすこと。冷凍庫の中を広くあけておき、少量の野菜などを入れるようにして、なるべく短期間で一気に冷凍すること。

ゆっくりと凍らせるいわゆる緩慢冷凍では、野菜の細胞組織の中の水分が大きなブロック状になり、氷結します。そのため細胞膜が破壊されて、解凍したときに細胞液が流出します。いわゆる「ぐちゃぐちゃ」の冷凍食品ができるわけですね。

一方急速冷凍にしますと、細胞組織中の水分は微粒子に氷結し、解凍後もその細胞の状態は保たれています。したがって、細胞内の物質の流出がなく、香りと味が生鮮のものと同一に近いものに仕上がるわけです。

（文・編集部）

二〇〇六年八月号　家庭用冷凍庫で挑戦 枝豆冷凍のコツ

たけのこ

冷凍保存は砂糖をまぶして

岡田誠三　広島県三原市

たけのこを保存する場合、そのまま冷凍するとスカスカになるし、塩漬けや塩おから漬け、酢漬けや焼酎漬けなどにしてみても今度はそれを抜く場合どうしてもいくらか味が残り、料理に影響してしまう。むきになって抜こうとしても、たけのこ本来の味を損なうばかりで、苦労してきた。その点、砂糖をまぶして冷凍するようになってからは、解凍しそのまままますぐに料理に使えるのでらくちん。スカスカ感はまったくなし。たけのこの味も損なわないのが魅力である。

もともとはこのやり方、近所のご婦人に教わった。そのご婦人は道の駅のレストランで働いており、小鉢用の煮物をつくる際、季節によってはたけのこのない時期もあるので、砂糖に漬けて冷凍しているんだと教えてくれた。さんざんスカスカを経験してきたので、「どうせたいしたことないだろう」ぐらいの気持ちで試しにやってみたのだが、これが非常にいい。以来、たけのこを保存するときは必ず砂糖を使うようになった。

わが家では、料理に使う前日の夜、砂糖まぶしたけのこを冷凍庫から冷蔵庫に移して、解凍しておく。それをちらし寿司や稲荷寿司の具によく使い、残りを煮物や天ぷらにして

砂糖
アク抜きしたタケノコを5mmくらいの厚さに切る。料理にしたとき甘すぎないぐらいの砂糖をぱらぱらとかけ、よく混ぜる
ビニル袋に1回に使う量ずつ入れ、冷凍庫に入れておく
解凍して、そのまま料理に。味つけで砂糖を足すか足さないかはお好みで。とにかくスカスカしない！

食べる。まるで採れたてのような食感を味わえる。

　また、この方法なら、一年くらいは品質が保たれるので、正月用の煮物にわざわざたけのこを買わなくてもよくなった。

　以前、たまたま遊びにきていたおばに一〇か月前に冷凍しておいた冷凍たけのこを使った煮物を振る舞ったら、「上等上等」といいながら、鍋に残っているものまでそっくり持って帰ってしまった。後で聞いてみると、おば自身も砂糖まぶし冷凍にはまっているとのことだった。いい方法というものはすぐに広まるもので、近頃では、近所の人たちみんなやっている。

　どうして砂糖をまぶしてから冷凍するとスカスカにならないかははっきりとわからないが、野菜は冬になると、自分の体内の糖分を増やして凍るのを防ぐという話がある。そこから人間は、車などの不凍液を発明したと中学生の頃教わった。それを考えると、冷凍するとき砂糖を加えると、凍結によるダメージを抑えてくれるのかもしれない。理屈にかなった方法だと思う。

二〇〇七年五月号　たけのこ冷凍保存は砂糖まぶしがおすすめ

アスパラガス

八鍬利郎　元北海道大学

太くてたくましいグリーンの若茎がよい。しかも収穫開始初期のものが望ましい。収穫末期の若茎は糖分が少なく、繊維質となり、当然品質は不良となる。

　まず八〇℃くらいの熱湯で約五分間湯通しをしてから、冷水で冷却する。熱処理の温度と時間が適当でないと、色彩も品質も落ちてしまうので、原料が揃ったところでテストをして、その原料に最適の処理法を決めるのがよい。冷却後、三〇〇～四〇〇gを単位として袋に詰めて脱気し、口を密閉する。

　袋詰めの後、ただちに冷凍室内に入れて急速に凍結させる。品質を良くするためにはマイナス三〇℃以下の低温が望ましい（近年は液体窒素による急速冷凍が行なわれている）。凍結後の貯蔵温度も低いほうが望ましい。できればマイナス二〇℃以下とする。

　解凍するときは、袋から凍結したままの原料を取り出し、温湯の中につけて融解させる。

　出来の良い優れた冷凍アスパラガスを調理すると、畑からとりたてかと思うほどすばらしい風味を保持しているので驚いてしまう。しかし冷凍法が思わしくないと、繊維が目立ち、風味は落ちる。良い製品をつくるための要点をまとめると次のようになる。
①品質のよい新鮮な若茎を使うこと。
②湯通しの温度と時間が適当であること。
③冷凍前に脱気して空気を遮断すること。
④できるだけ低温で、急速に凍結させること。

食品加工総覧第十巻　アスパラガス

いちご

望月龍也　野菜・茶業試験場

　促成栽培の発達しているわが国では、いちご冷凍果実はあまり普及していないが、露地栽培主体のアメリカなどでは一般家庭でも冷凍果実が広く消費されている。へた取り・水洗後の果実をマイナス三〇～マイナス四〇℃で急速冷凍し、その後はマイナス一八℃以下で保存することにより品質劣化を防ぐ。冷凍に際して三〇％程度まで加糖する場合と無加糖の場合がある。家庭ではそのままデザートあるいはアイスクリームやケーキなどに利用されている。

食品加工総覧第十巻　イチゴ

しいたけ

大津盛雄さん　茨城県水戸市

しいたけは採ってすぐ冷凍庫に入れるのがいい。鮮度のいいことが最低条件だ。また菌床ものよりは、原木もの。もっといえば、四月発生の自然子が最高で、これならどんな素人がやってもうまくいく。また、食べたときの納得感では、どんこ系がいいだろう、とのことだ。

冷凍にかける際には、足を切って、ビニル袋に小分けして密閉する。箱に詰めたらいけない。冷凍庫は、大津さんによれば、一般のストッカーでもうまくやればできないことはない。が、本式にやるなら、やっぱり二〇℃までがーっと冷やせる冷凍庫があれば最高だ。というのも、この製法では、とりあえずマイナスの五℃までいかに早く冷凍できるかが、勝負なのだ。マイナス五℃まで冷やせればあとは早いのだが、肉の厚み、水分状態、季節条件などで温度調節の手加減がある。そこがまた技術にもなるわけで、そのためには専用冷凍庫が便利だ。大津さんは、星崎工業㈱製の二坪冷凍庫をもっている。

さて、そうして冷凍して約一週間から一〇日、かさの裏のひだ（胞子）が薄い黄色になってきたら、美味しくなったという印だ。変色、というのと違う、これが熟成の色だという。

（文・編集部）

一九九六年四月号　味が魅力、風味が魅力の冷凍シイタケ

ブルーベリー

伊藤三郎

ブルーベリーは、ふつうの冷蔵庫（四～六℃）で、二週間はよい状態で保蔵できる。温度を低くし、二～四℃で適熟果を貯蔵すると四～五週間貯蔵できる。

冷凍貯蔵は、最もすぐれた貯蔵法であり、加工原料の貯蔵に最適である。収穫されたブルーベリーはそれぞれの用途に加工されるまで、マイナス二〇℃で凍結される。冷凍ブルーベリーは糖あるいは糖液を入れることもあるが、ふつうは何も入れないことが多い。少なくとも一か年間は品質の変化がなく貯蔵できる。凍結に先がけて一分間蒸気ブランチング（かるく熱処理すること）すると、組織の木質化を防ぐだけでなく、香りやブルーベリーの嗜好性が高められる。

農業技術大系果樹編第八巻　ブルーベリー

柿

道の駅、信州新町地場産業開発センターの売店に面白いものがある。その名は「柿氷」。本名は冷凍久米路柿という。アイスクリームボックスに、とってきたばかりのような、きれいな柿の実がおさまっている。

信州新町は全国有数のわさび産地で、その茎などを加工するために農協に大きな冷凍施設がある。地場産業センターにも、おやき販売のために冷凍倉庫がつくってあった。これを活用して、試しに冷凍してみた柿が、結構美味しい。それで売り出しとなった。

この「柿氷」、すぐには歯が立たない。持ち帰って家につく頃（一、二時間後）に、ちょうど食べやすいシャーベットになるのだ。スプーンですくって食べると、生の柿とも干し柿とも違うさっぱりした食感で、後味もさわやか。少しおさえた甘さがヘルシーそのものという感じだ。まわりの人に試食してもらったら、「これはうまい」とすぐになくなってしまった。

（文・近藤泉）

一九九六年八月号　冷凍久米路柿は絶好調

柿　冷蔵保存で美味しくなる

小ノ上喜三　福岡県杷木町

お歳暮用に箱詰めされた冷蔵柿。ひとつひとつ包装するのがポイント

「秋の柿よりおいしい」

私が柿の冷蔵に取り組み始めたのは、昭和五十九年、共選を脱退したときだ。ときを同じくして、北九州の「鉄冷え」で注文が激減したので、売れ残った柿は仕方なく、友人の冷蔵庫に入れさせてもらった。

翌年の一月に小学校の子供たちへ、この冷蔵柿を給食にとプレゼントした。六年生よりお礼の手紙が届いたが、大半は「秋の柿よりおいしい」という内容だった。まさかと思って食べてみると、本当に秋のときより甘くなっている。これは果実が低温にあうと、凍るまいと自己防衛し、糖分を増すからである。甘みにもこくが出て、生果とは違った食味になる。

そのうえ、小玉のほうが甘かった。当時は大玉がいいとされていたので、まったく逆の、驚きの発見を子供たちから教えられたことになる。

しいたけ乾燥室を冷蔵庫に改造

翌年は二坪のプレハブ冷蔵庫を導入して、柿を三ｔ入庫した。二年ほどすると冷蔵柿への比率が高まり、もっと広い冷蔵庫が欲しくなった。調べてみると、いろいろな方法があることを知った。

それぞれ特徴はあるが、一般に多く見られるプレハブ式だとそれを覆う小屋が必要になる。プレハブ自体はそんなに高価ではないが、小屋の建設費を含めたら、決して安くはならない。それに断熱性もよいとは言えない。中古の海上輸送コンテナの冷蔵庫は安くて屋外の設置が可能だが、ファンの音が大きく、ドアが広すぎる。

また、ＦＲＰ（繊維強化プラスチック）素材と断熱材を組み合わせたＦＲＰ注入式は屋外設置が可能で、断熱性も高い。ランニングコストも少なくてすみ、移動もできる優れものである。ただし、少々価格が高い。

結果として、昔使っていたしいたけ乾燥室に断熱材を貼り付けるやり方にした。断熱性に優れ、経費が安くすむからだ。

五坪の部屋の内側に、発泡スチロール板（厚さ五〇㎜）を二重に張って四馬力の冷凍機を取り付けた。費用は約一〇〇万円ですんだ。

平成四年には、さらに冷蔵庫を増やした。

0℃で20日間冷蔵

小ノ上さんの冷蔵庫内。広さ15坪で50tの柿を貯蔵できる。冷蔵柿にする品種は「富有」。以前は「松本早生」も入れていたが、早く軟化してしまい冷蔵にむかないようだ。

収穫したらすぐに選果。傷のないもの、熟れ過ぎていないものを冷蔵柿にまわすようにする。全体の中で冷蔵柿が占める割合は、約6割で、少しずつ増えている。

選果を終えたら、必ず一晩寝かせる。そうしないと果頂が軟らかくなる「まんじゅう」果になってしまうのだ。そして翌日に自動の包装機で1つひとつポリエチレン包装する。コンテナに入れて、数日前から冷やしておいた冷蔵庫へ。設定温度は0℃にしてある。

冷蔵庫の中には20日間は置く。包装したときは果実の周りに少し空気が入っていたが、追熟してくると袋がぴったりとくっついてくる。小さい柿のほうがうまいし、しかも長持ちする。

（撮影　小倉かよ）

学校の校舎の古材を使って五〇坪の倉庫をつくった際に、一五坪分を冷蔵庫にしたのだ。庫内の高さが四ｍあり、コンテナが一一段積めるので約五〇ｔの収容能力がある。

冷凍機は、五馬力のものを九五万円で購入した。ドアが一五万、庫内のウレタンは業者に拭き付けてもらい四五万円かかったが、思ったよりずっと安くあがった。

注意した点は、庫内の床面を外部の高さに合わせることだ。リフトや台車の出し入れ可能で、荷の出し入れがスムーズになるからだ。ドアに関しては、プレハブ用の専用ドアが気密性に富むので望ましい。

断熱材の発泡スチロール板は、気密性を増すために、継ぎ目をずらして二重に貼る。外側と内側の接着には木工用ボンドを点付けし、竹釘（竹の箸でも可）を斜めに打ち込んで固定する。

内壁には、コンパネかベニヤ板（厚さ五・五㎜）を高さ一八〇㎝まで張っておくと、断熱材の破損を防げる。外壁には防水の対策をするとなおよい（私は木工用のボンドを塗布）。これで市販の五〇㎜厚さの壁のプレハブよりもずっと性能はよい。

冷蔵柿のほうが高く売れる

冷蔵柿のメリットは、生果と比べ一㎏あたり約一〇〇円高く販売できることである。当地方では業者に冷蔵を委託する生産者が多い。しかし、冷蔵代がかさむので、早期出荷を余儀なくされる。自分でつくっておけば、ランニングコストは電気代だけだ。

また、袋詰めの後、入庫までに時間がかからないのもメリットだ。忙しいのに業者の冷蔵庫まで荷を運び、入庫までしなければならないのは非効率である。その時間の短縮が、果実の日持ちにも関係するようだ。冷蔵庫つくりはまさに「案ずるよりつくるが易し」である。

私の仲間の一人は、新しく小屋から建てたら六〇万円（広さ四坪）で、もう一人は牛小屋を改造して三〇万円（広さ二坪）で冷蔵庫をつくった。施工は仲間数人で手伝ったので、人件費は含まれていない。私たちにはお金の余裕はないが、労力を融通し合うことはできるので、お互いに助かっている。

（福岡県朝倉郡杷木町大字松末一六九〇）

二〇〇〇年五月号　秋のカキよりもおいしい冷蔵カキで有利販売

入口に段差ができないようにする。ドアは、ゴムパッキンのついた専用ドアだと10万円もするので、アルミのドアに発泡スチロール板を貼り、その外側にコンパネを木工用ボンドで貼った

H59
H59
8
8
59
8
8
8

小ノ上さんの仲間の小島さんも、3坪の冷蔵庫をつくった。構造は下図のとおりで、小ノ上さんがこれまでの中で「最高傑作」と太鼓判を押した冷蔵庫。60万円でできた

小ノ上さん理想の冷蔵庫はこれだ！

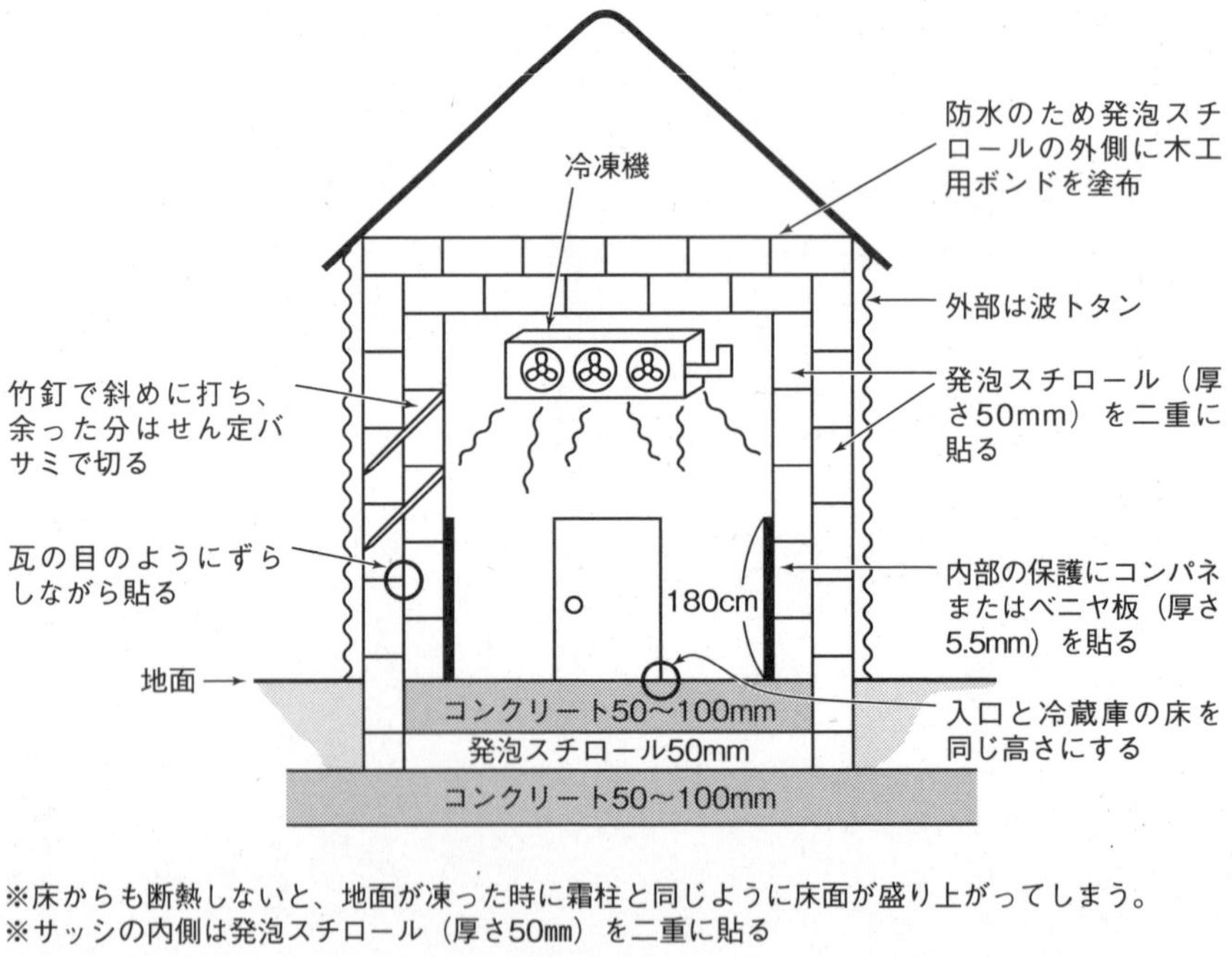

防水のため発泡スチロールの外側に木工用ボンドを塗布
冷凍機
外部は波トタン
竹釘で斜めに打ち、余った分はせん定バサミで切る
発泡スチロール（厚さ50mm）を二重に貼る
瓦の目のようにずらしながら貼る
内部の保護にコンパネまたはベニヤ板（厚さ5.5mm）を貼る
180cm
地面
入口と冷蔵庫の床を同じ高さにする
コンクリート50～100mm
発泡スチロール50mm
コンクリート50～100mm

※床からも断熱しないと、地面が凍った時に霜柱と同じように床面が盛り上がってしまう。
※サッシの内側は発泡スチロール（厚さ50mm）を二重に貼る

あっちの話 こっちの話

簡単・便利！冷凍パプリカ

中澤健司

「パプリカは冷凍できるのよ」というのは、神戸市西区押部谷町の上谷敬子さん。農協で直売するときに教えてあげると、みんなびっくりするといいます。

使うパプリカは、一部が傷んだようなものでも大丈夫。よく洗ったら、使い道を想定して、みじん切り、千切り、ぶつ切りと三種類に切り分け、水きりしてジッパー付きの袋に入れて冷凍庫に入れるだけ。

使うときはそのまま炒めれば青炒肉絲（チンジャオロースー）や酢豚、湯がけばサラダになったりと手間いらず。

赤、黄、オレンジ、色づく前の青い実と、四色にするのが敬子さん流。お弁当にもう一品、というときや、彩りが欲しいな、というときに、冷凍パプリカが助けてくれます。

二〇〇六年六月号

とれすぎたナスは蒸して冷凍保存

佐藤圭

最盛期のなすを食べ切れずに、もったいない思いをしていませんか？　岩手県二戸市の近藤静子さんの保存法はこうです。

収穫してきたなすを、皮のまま丸ごと蒸します。あら熱をとったら、ビニル袋に入れて冷凍庫に入れるだけです。

食べるときは、冷凍庫から出して自然解凍。皮をむいて、七味唐辛子、しょうゆ、化学調味料をかけて食べるのがいちばんおいしい食べ方なんだとか。また、皮をむかずに輪切りにして、おつゆに入れてもおいしいそうです。静子さんによると、「一度蒸したなすは、冷凍・解凍したあともトローッと柔らかくて甘くって、とにかくとってもおいしいのよ」。

トローリとろけるなすを、冬の間も楽しんでみませんか。

二〇〇四年八月号

栗を冷蔵すると甘味が三倍になる

湖梅園　小仲教示さん　兵庫県三田市

水田泰徳　兵庫県立農林水産技術総合センター

「湖梅園」の直売栗の荷姿。栗を約6ha、梅を3ha、柿を0.2ha経営

栗の販売価格が低迷して久しく、販売環境はいっそう厳しさを増しています。高価格で販売するためには、大きさだけでなく、食味も良好であることが求められています。

そんな中、「湖梅園」を経営する兵庫県三田市の小仲教示さんは、冷蔵によって糖度を上げ、高糖度の栗を販売してお客様に喜ばれています。単価も、市場出荷だと平均キロ五〇〇円前後のところ、小仲さんは一四〇〇円で販売しています。

〇℃、三〇～五〇日貯蔵で、甘味が三倍に

栗の冷蔵は当初、長期有利販売ができるよう出荷調整のために始めましたが、当センターが開発した技術を参考に、糖度を高める目的も併せて行なっています。

栗は鬼皮があり、雑な扱いをされがちですが、とくに八～九月の気温が高い時期に、収穫した栗を常温のままおくと、乾燥や病害虫の被害が進み、品質が急速に低下します。そこで、収穫調製後はすみやかに冷蔵することが重要です。

その際、貯蔵温度を〇℃程度にすると、三〇～五〇日間の冷蔵で、でんぷんがショ糖に変化して甘味が三倍程度になります（図）。

冷蔵には、改造した海上輸送用の中古コンテナを二台導入して使っています。一か月の電気代は平均一万五〇〇〇円程度で、メンテナンス費用を含めると、年に約一二万円必要になりますが、海上コンテナは使い勝手がよく、また採算性もよいと感じています。

郵便はがき

おそれいりますが切手をはってお出し下さい

3350022

（受取人）
埼玉県戸田市上戸田2丁目2－2

農文協
読者カード係 行

◎ このカードは当会の今後の刊行計画及び、新刊等の案内に役だたせていただきたいと思います。　　はじめての方は○印を（　　）

ご住所　（〒　　－　　） TEL： FAX：	
お名前　男・女　歳	
E-mail：	
ご職業　公務員・会社員・自営業・自由業・主婦・農漁業・教職員（大学・短大・高校・中学・小学・他）研究生・学生・団体職員・その他（　　）	
お勤め先・学校名	日頃ご覧の新聞・雑誌名

※この葉書にお書きいただいた個人情報は、新刊案内や見本誌送付、ご注文品の配送、確認等の連絡のために使用し、その目的以外での利用はいたしません。

● ご感想をインターネット等で紹介させていただく場合がございます。ご了承下さい。

● 送料無料・農文協以外の書籍も注文できる会員制通販書店「田舎の本屋さん」入会募集中！
案内進呈します。　希望□

■毎月抽選で10名様に見本誌を１冊進呈■（ご希望の雑誌名ひとつに○を）

①現代農業　②季刊 地 域　③うかたま

お客様コード | | | | | | | | | | |

お買上げの本

■ご購入いただいた書店（　　　　　　　　　　書店）

●本書についてご感想など

●今後の出版物についてのご希望など

この本をお求めの動機	広告を見て（紙・誌名）	書店で見て	書評を見て（紙・誌名）	インターネットを見て	知人・先生のすすめで	図書館で見て

◇新規注文書◇　郵送ご希望の場合、送料をご負担いただきます。

購入希望の図書がありましたら、下記へご記入下さい。お支払いはCVS・郵便振替でお願いします。

（書名）	（定価）¥	（部数）　部
（書名）	（定価）¥	（部数）　部

かび、温度むらに注意

　栗の貯蔵は、乾燥を防ぐために厚さ〇・〇三〜〇・〇五㎜のポリ袋（約二四kg入り）に入れて入庫しますが、すぐにポリ袋に入れると栗が結露し、かびが発生します。そこで裸のままみかん用のコンテナに一〜二日入れ、露が消えてからポリ袋に詰め替え、ポリ袋ごとコンテナに入れて入庫しています。

　冷蔵にあたっては、コンテナを積み上げたときの、庫内の温度むらに最も注意が必要です。また、実炭そ病や実腐れ病などの果実が混じると、一袋ごと捨てることになるので選別が大切です。

　品種によって貯蔵効果に差があり、丹沢や石鎚《いしづち》はよいようですが、もともと甘い利平は劣るようです。また、丹沢や銀寄は品質には変化はありませんが、つやがなくなります。そのいっぽうで、果実は大きいけれど品質面では劣るといわれる国見は、貯蔵することで食味が良好になります。

二〇〇五年一月号　クリを冷蔵！三倍甘くなってキロ一四〇〇円

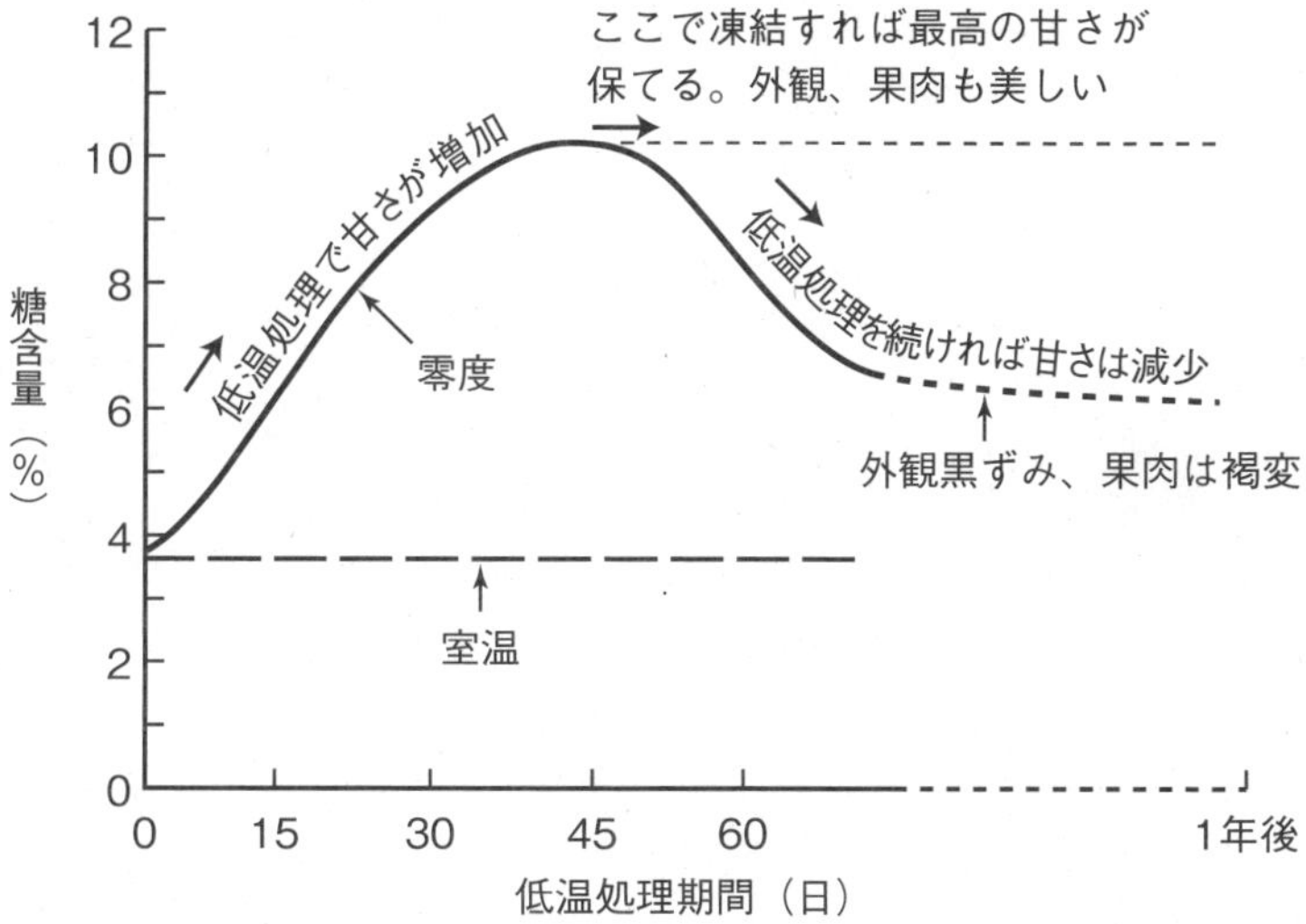

45日間の低温処理（0℃）によって甘味が増す（兵庫県立農林水産技術総合センター）

小仲さんが貯蔵に使っている海上輸送用の中古コンテナ

コンテナ内の様子。庫内の温度むらをなくすために、入り口にビニルカーテンをつけ、ファンの噴き出し口に風向板をつけて風がまんべんなく循環するようにしている

ドライアイスで栗の殺虫&貯蔵

吉松敬祐さん　山口県阿東町（元山口県農業試験場）

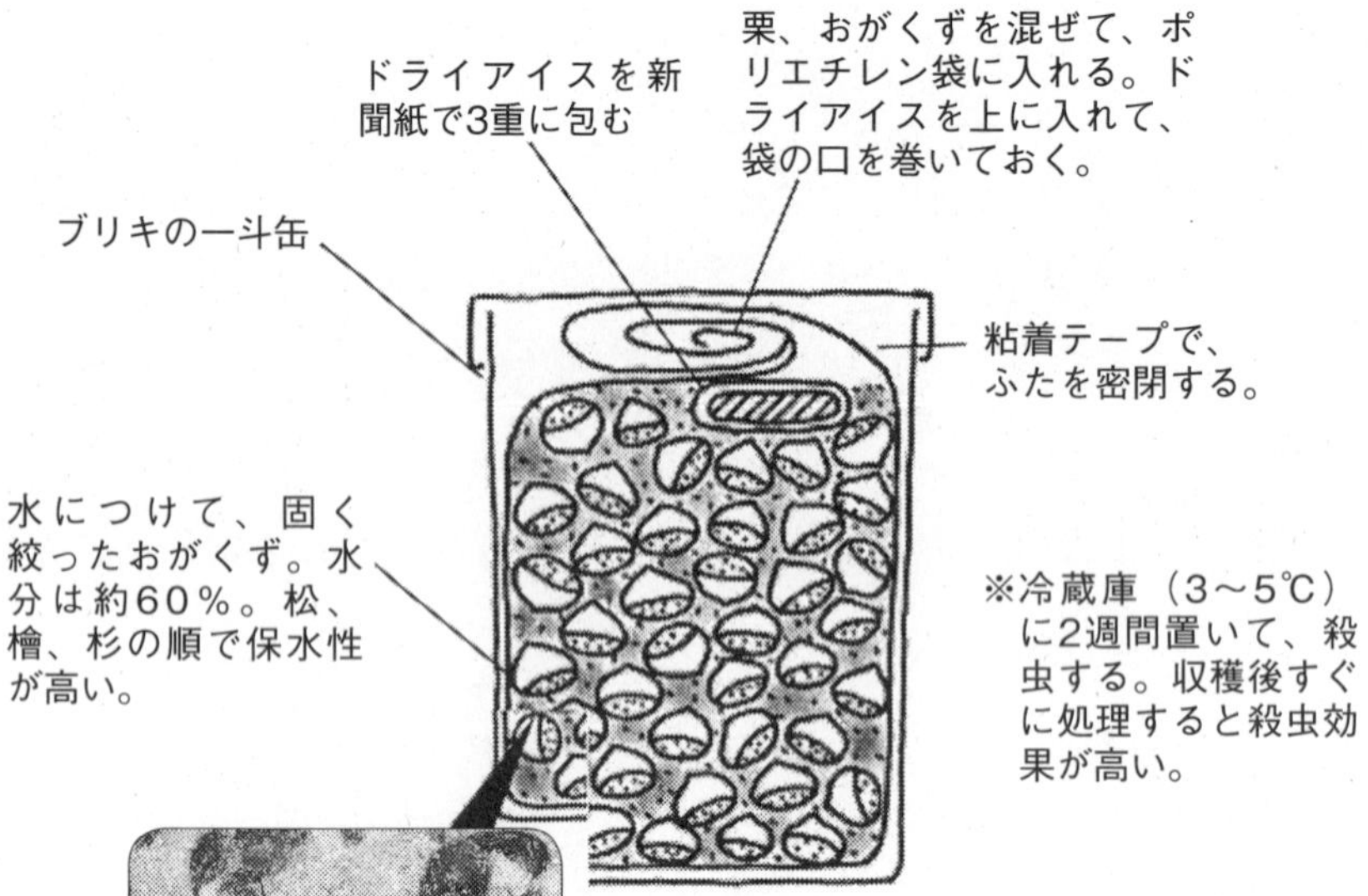
ドライアイスを新聞紙で3重に包む
栗、おがくずを混ぜて、ポリエチレン袋に入れる。ドライアイスを上に入れて、袋の口を巻いておく。
ブリキの一斗缶
粘着テープで、ふたを密閉する。
水につけて、固く絞ったおがくず。水分は約60％。松、檜、杉の順で保水性が高い。
※冷蔵庫（3～5℃）に2週間置いて、殺虫する。収穫後すぐに処理すると殺虫効果が高い。

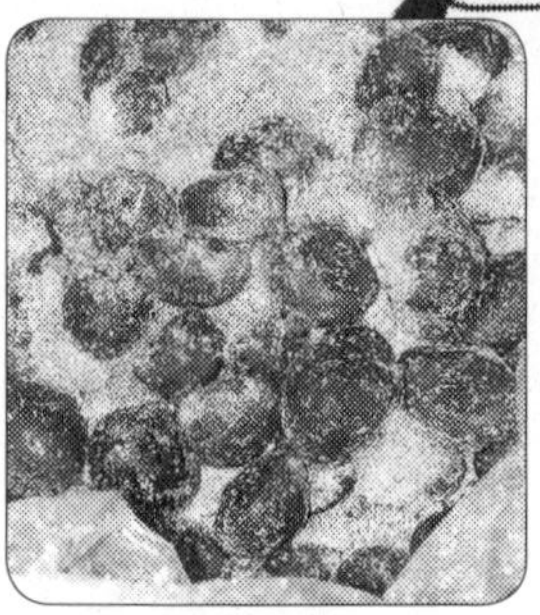

用意するもの

・栗	10kg
・おがくず（水分60%）	4kg
・ドライアイス	500g
・ブリキの一斗缶	
・ポリエチレン袋（厚さ0.05mm）	
・粘着テープ	

貯蔵中の栗には、クリシギゾウムシなどの害虫がつきます。従来は臭化メチルなどによるガスくん蒸が行なわれてきましたが、近年では臭化メチルに代わる安全な処理法として、炭酸ガス（二酸化炭素）による殺虫法が開発されています（山口県農業試験場）。

炭酸ガスによる殺虫処理法は、一〇〇%炭酸ガスの中に、栗を二週間入れておくという方法です。常温で処理しても効果は同じですが、栗に発酵臭がつくので五～三℃の温度で処理するのがよいようです。使われる容器は、ブリキの一斗缶、濃縮ジュースを輸入するときのドラム缶、気密性の高い冷蔵庫などです。

炭酸ガスによる殺虫法は、少量の栗ならドライアイスで代用できます。

栗は乾燥に弱いので、保湿剤として湿らせたおがくずと一緒に、一斗缶に入れて冷蔵庫で保存します。落葉果樹の栗と腐朽菌が異なるのか、おがくずは檜《ひのき》、松などの針葉樹がよいようです。ドライアイスから発生した炭酸ガスは、おがくずと栗に吸収され、容器は膨張しません。収穫後、すぐに処理すれば、一月半～二か月保存できます。

また、加工原料の栗の場合は、流水に浸けておく方法もあります。水温が高いと萌芽する心配があるので、山の冷たい水がよいでしょう。ただ、この方法で保存できるのは一か月。それ以上つけておくと、栗が紫色に変色します。

（文・編集部）

二〇〇四年十一月号　ドライアイスで栗の殺虫＋貯蔵

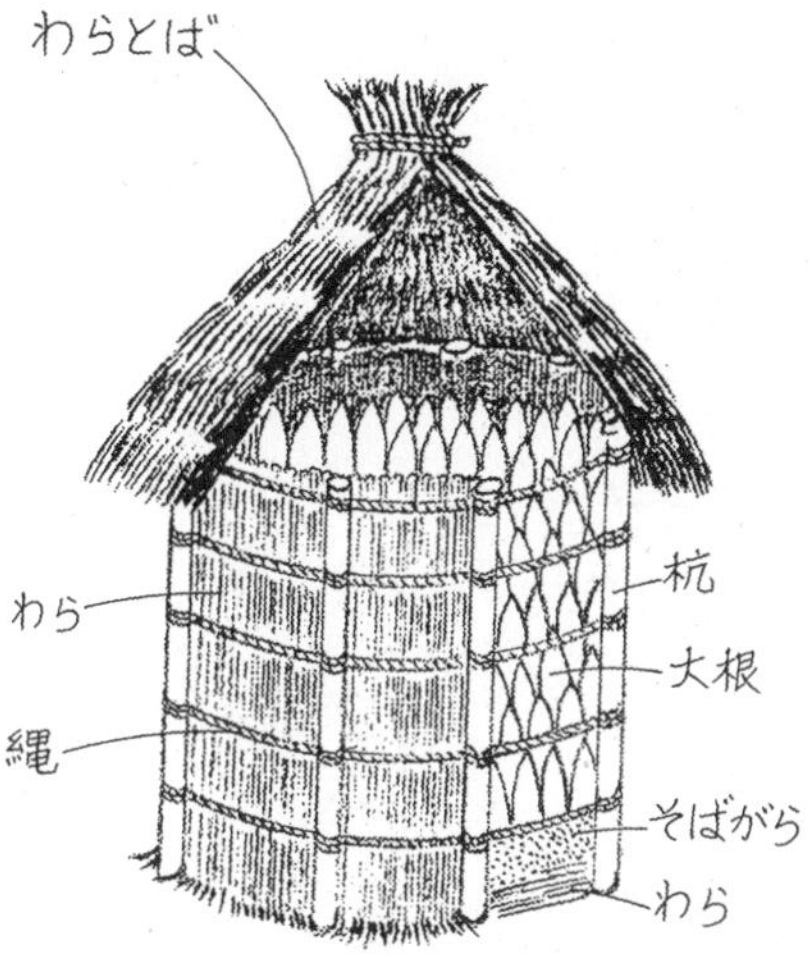

だいこ（大根）だて

だいこだてから大根をとり出す（北魚沼郡川口町　撮影　千葉寛）

魚沼は平地が少ないので、畑も広くない。季節に合わせていろいろの野菜をつくるが、なんといっても大事なのは大根である。大根はそのまま煮ものや大根おろしに、たくあんなどの漬物になるほか、かて飯の材料として葉も根も両方とも利用する。大根かて飯は、うまいまずいは別にして、米を食いのばす重要な手段である。くず米を利用するあんぶの中にも、大根葉が入る。

この何よりも大事な大根と大根葉は、年間を通して利用できるように、その貯蔵に、いろいろのくふうがこらされている。「だいこだて」は大根を貯蔵する方法の一つである。玄関近くの屋外に八本くらい杭を打ちこんで、杭の間を縄で巻き、その内側にわら束を立てかけて側壁とする。底にもわらを敷いて大根を頭を下にして入れていく。屋根はわらとば（わらとま）でふいておく。大根を出すときは、雪を掘って、立てかけたわら束の間に手を入れて一本ずつとり出す。

雪が消えかかるころ、だいこだての中に残った大根をとり出して干し大根をつくる。四つ割りにしてから薄く切って、むしろの上にひろげ、強い春の日ざしで乾かす。煮ものや汁の実として使う。『聞き書　新潟の食事』より

雪室りんご

天然の冷蔵庫で春まで貯蔵

鈴木茂さん　山形県大江町

名前で惹かれ、食べて納得

寒さがゆるみ、雪がとけ始める三月になると、なじみの温泉の売店から「そろそろりんご持ってきてよー」と声がかかる。鈴木茂さんのそのりんごは、三月から五月の連休にかけて売られている。

ポップには「大江町産　雪室りんご」の文字。お客さんに試食してもらうと、「あら、さすが雪室ねー」という言葉が返る。秋に収穫され、春までおかれたりんごは味がぼけてくるはずなのに、そのりんごはパリパリとして、味がぼけることなく酸味もきいている。

最初は、「雪室」というめずらしい名前に惹かれて試食したお客さんが、「なるほど」とその味に納得して買っていく。試食しないで買っていった人も、家に帰って食べて納得、すぐまた買いに来る。そんなわけで、鈴木さんのりんごはよく売れる。

新鮮で味もしっかり

それはまったく怪我の功名だった…。鈴木さんは自宅に加工場を持ち、りんごを生果だけでなくジュースにして売っている。そして、近隣の農家から頼まれて、ジュースにする受託加工も多い。

そのため、十二月から二月くらいまでの間、加工場の中はお客さんの原料りんごとジュースでいっぱいになる。自分のりんごは、毎年三〇〇ケースほどを屋外で雪の中に置かざるを得ない。翌春の三月に雪の中から掘り出しみると、りんごは傷むどころか、まるでとりたてのままの新鮮さを保ち、味もしっかりしていた。

一昨年、イベントでりんごを売っていると

きに、「雪室りんご」のネーミングがひらめいた。鈴木さんのりんごはそれ以前から日持ちがいいと評判だったのだが、その名前をつけた途端、売れ行きが一段と伸びた。

自然と風土を活かした貯蔵法

そんな鈴木さんの雪室貯蔵はこんなぐあい。

十一月に収穫、選果をしたら、贈答用のりんごを作業場の中に入れ、それ以外のりんごは庭に置く。庭の通路部分に、コンテナのまま二列に五段積み、その上からブルーシートをかぶせる。

基本的にはコンテナにシートをかぶせたら、それっきり三月の初めまで何もしない。

雪が降り始めたら、除雪機で庭の雪かきをするときに、ついでにコンテナの上に雪をかけるが、その後は雪が積もって自然に雪室をつくってくれる。

三月になって暖かくなってきたら、りんごをもう一度ジュース用と直売用に選果する。直売用のりんごは乾燥防止のためにビニル袋に包んでコンテナに入れ、冷蔵庫にしまっておき、五月の連休まで温泉の売店などで売っていく。

（鈴木茂さんの住所＝山形県大江町本郷丁二一一―一）

（文・編集部）

二〇〇六年十一月号　雪室リンゴ

りんごの搾り粕でつくったボカシ肥。味も香りもよくなった（撮影　赤松富仁）

鈴木茂さん、れい子さん。りんご、さくらんぼ、ぶどう、山ぶどう、洋なしなどを栽培している。ジュースにも加工

雪室でじゃがいもを貯蔵

甘くなって、電気代もかからない

森浦農場　北海道芽室町

文・中田浩康

雪室貯蔵庫。3月だが奥に雪が見える

美味しいじゃがいもを届けたい

「秋にとれたじゃがいもを貯蔵して越冬させると、でんぷんが糖に変わるので甘みが増し、ほくほくしたじゃがいもになる…」

早くからじゃがいもの産直を行なってきた芽室町の森浦農場は、お客さんを満足させるために、研究を重ねてきた。現在、森浦農場では、手作りの雪室でじゃがいもを貯蔵し、翌年の夏まで美味しいじゃがいもを届けられるようにしている。

雪室内は理想的な温度と湿度

低温貯蔵庫がなかった時代は、みんな土中貯蔵をしていた。雪が降り始める前に土に穴を掘って、じゃがいもを埋める。土の中は冬でも凍らないので、鮮度が保てる。しかし、じゃがいもは、気温が上がってくるといっせいに芽を出してしまうので、貯蔵できるのは春先までだった。

そこで目をつけたのが、北海道では邪魔もの扱いされている雪。この「天然の資源」をうまく活用しようと、倉庫として使っていた建物に断熱ウレタンを吹きつけ、雪室に改造した。

十二月に雪が降り始めたら、倉庫の奥から四分の一ほどのところまで、集めた雪を高く積み上げる。

「じゃがいもは低温下でも、わずかに呼吸している。そのときに出る熱と、積み上げた

森浦政明さん

雪の冷気のバランスで、常に理想的な温度を保つことができる。また、雪がゆっくりとけて、湿度も最適になる。それでいて、電気代もかからない」

　また、三月の雪解け直前に、倉庫内に雪をいっぱいに入れて、夏まで貯蔵できるようにしている。

　ただ、現在使用している倉庫では、どうしても温度むらができるという欠点があった。冷たい空気が、低いところだけにたまってしまうようなのだ。

　そこで、今年は新しい雪室を別につくった。冷気が下降し、さらに倉庫内をむらなく循環しやすいように、雪を入れる格納部分を高いところに設置したのだ。「これでまんべんなく冷気が伝わるはず」と雪を入れるのを楽しみにしている。

ホッカイコガネなら糖は約一〇倍に

　森浦さんは、雪室貯蔵に適した、じゃがいも品種の選定にも力を入れている。

　今、一番注目しているのは「ホッカイコガネ」。でんぷんが多く、ベイクドポテトやフライドポテトに向く品種だ。晩生種なので、早生のメークインのあとにうまくつなぐことができ、十勝の土壌にも適した最高の品種だそうだ。また、栽培方法にも大変気を使っており、化学肥料や農薬の使用を少なくしている。

「収穫したての新じゃがも美味しいけど、雪室貯蔵した越冬いもも美味しいので、ぜひ試してください」と話す森浦さん。今では東京の高級レストランにも卸すほど、人気になっている。

（ライター）

二〇〇六年十一月号　雪室貯蔵でとっても甘い「寒熟」ジャガイモ

じゃがいもの性質と貯蔵

　じゃがいもの原産地は、アンデス・チチカカ湖周辺の、標高四〇〇〇mの高山地帯といわれている。気温は年間を通じて安定し、日中は二〇℃、夜間は〇℃前後で涼しい。高山のため日照はきわめて強く、雨季と乾季がある。

　雨季に生長したじゃがいもは、地中に塊茎をつくる。塊茎は乾季の間は休眠して、萌芽しない。休眠の期間は品種によって決まっており、二か月～四か月ほどである。この期間を過ぎると自動的に休眠が破れ、雨季の始まりにあわせるように萌芽が始まる（十月）。休眠の仕組みには、植物ホルモンが複雑に作用していると考えられており、人為的に休眠を延長して萌芽を抑えるのは困難である。

　休眠期間中のじゃがいもの貯蔵は容易で、光が当らないように箱や袋に入れて、涼しいところに置いておけばよい。しかし、休眠期を越えて、生のままで貯蔵するのは難しい。そのため、アンデスでは、「チューニョ」という凍結乾燥法が発達した。

　休眠が破れても、二℃程度の低温下で、かつ適度な湿度があれば、芽が生長しない状態をある程度は維持することができる。北海道の産地では、大型の恒温庫内にじゃがいもを貯蔵して、安定供給を可能にしている。

（本誌・本田進一郎）

じゃがいも雪室貯蔵で糖度が一六倍に

遠藤千絵　北海道農業研究センター

雪や氷の冷熱エネルギーは、環境に優しいエネルギーとして、農業分野を中心に活用されている。北海道においても、農作物の貯蔵等への利用が広がっている。ここでは北海道でのじゃがいもの雪・氷室貯蔵について、また、低温貯蔵したじゃがいもが甘くなる仕組みについて簡単に紹介する。

温度二〜四℃、湿度八〇〜九〇％以上

北海道産のじゃがいもは、一般にはいもが休眠期に入る秋に収穫され、休眠明け後も低温に貯蔵することで強制的に休眠を延長できる。そのため翌年の三月頃まで長期にわたって供給されることが多い。とくに生食用じゃがいもは、萌芽・減耗抑制を目的に二〜四℃付近の温度、八〇〜九〇％以上の湿度で貯蔵するのが望ましいとされている。

しかし、この温度域で湿度を高く保つことは、とくに大型の貯蔵施設になればなるほど、技術・コストが必要となる。

この点、雪氷の利用は、消費電力の節減だけでなく、湿度コントロールの面からも有利である。さらに、冷熱源が〇℃であるため、庫内が氷点下になりにくく、凍害の危険が少ないことも利点として挙げられる。

やり方やネーミングもさまざま

雪室、氷室貯蔵といっても、実際にはその形態、規模等は地域や取り組む生産者によりさまざまである。豪雪地帯では、大型コンテナに雪を詰め、これを貯蔵庫に設置して利用する場合が多い。十勝地方などの、雪が少ないかわりに温度が十分下がる地域においては、水に雪を入れて凍らせた「雪氷」を作り、これを貯蔵庫に設置する方法や、通常どおり低温貯蔵したいもを翌三月頃から畑に集めた雪中に保存する方法など、さまざまな取り組みがなされている。

こうして貯蔵されたいもは、「雪中じゃが」「雪冷じゃがいも」「氷室じゃがいも」「雪夏稚君のじゃがいも」など、その貯蔵法をアピールするネーミングがなされ、通常貯蔵いもとの差別化をはかっている。

四か月で糖度が一六倍

当研究センターのある芽室《めむろ》町に、既存の貯蔵庫（DA型・約七〇坪）を改良し、雪室貯蔵をしている森浦農場がある。バックヤード部から雪をスノーブロワーで投入するとともに、雪の少ない十勝地方でおこりがちな雪不足を補完するため、天井部に製氷機を備え、

年間を通して庫内を温度〇〜三℃、湿度九〇〜九五％に保つ工夫をしている。

当農場の森浦政明氏はここで数種のじゃがいも品種の長期貯蔵試験をしており、筆者もそれらじゃがいもの品質について解析させていただいている。

図1に森浦氏の雪室貯蔵と、筆者らの研究グループのプレハブ型恒温室で貯蔵したメークインの糖含量を示す。雪室、二℃貯蔵ともに、低温での貯蔵は六〇日後には糖含量が貯蔵前の約一三倍、一二〇日後には約一六倍と顕著に増加していることがわかる。

森浦農場の雪室貯蔵庫。9月なのにまだ雪が残っている

図1　低温貯蔵したジャガイモ（メークイン）の糖含量（mg/g生重量）

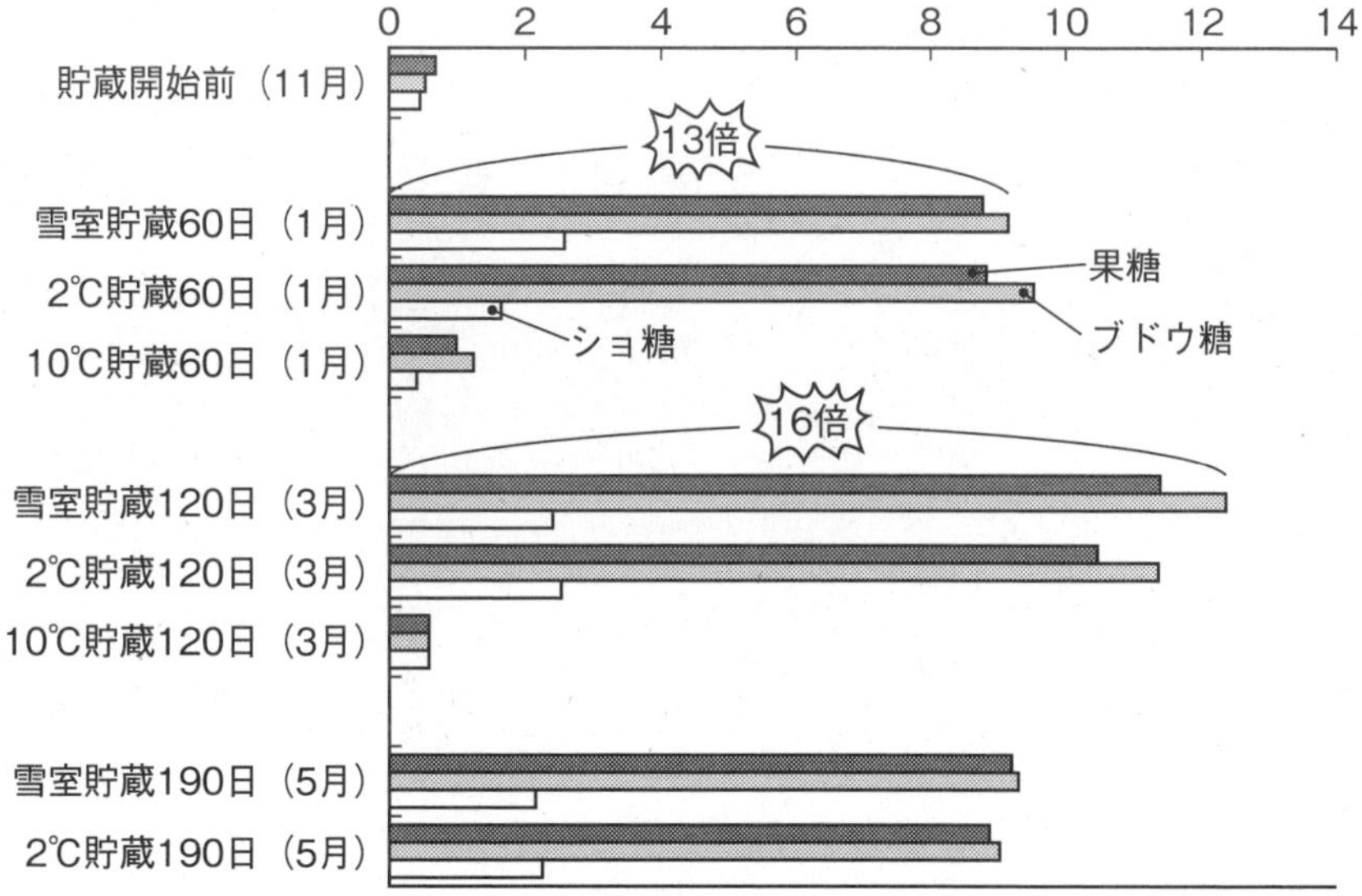

「低温糖化」―酵素の力ででんぷんが糖に分解

ところで、低温貯蔵でじゃがいもが甘くなることは、学問的にもよく知られた現象で「低温糖化」と呼ばれている。が、その詳細なメカニズムはまだ解明されていない。わかっている部分を簡単に説明する。

図2はじゃがいも塊茎の細胞ひとつを模式的に示している。圃場で生育中、地上部の茎葉で光合成された糖は、塊茎に運ばれでんぷんとして蓄えられる。でんぷんはブドウ糖が鎖状に数十万個つながった高分子で、塊茎の細胞内にでんぷん粒として十数個存在する。

収穫したじゃがいもは、糖分はほとんどでんぷんとなっており、遊離糖（水溶性の糖の意。じゃがいもではブドウ糖、果糖、ショ糖の三種）は極めて低濃度である。

これを低温で貯蔵すると、でんぷんのごく一部がブドウ糖に分解される。その一部は果糖に変わり、その後ブドウ糖と果糖が結合してショ糖となり、ショ糖は液胞と呼ばれる細

図2　ジャガイモの細胞の中で糖が増える仕組み

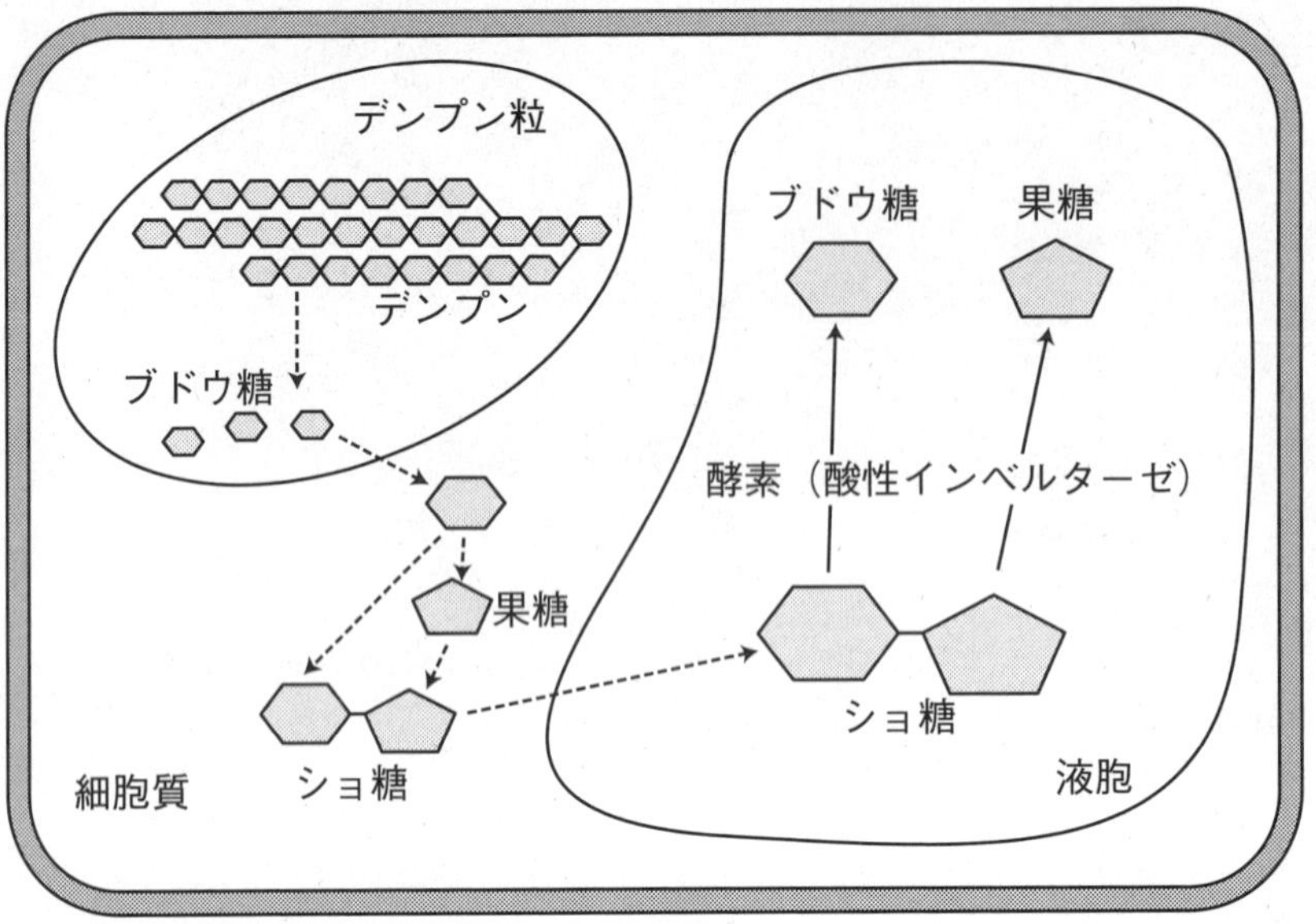

胞内の小器官に入って、酸性インベルターゼという酵素によって再びブドウ糖と果糖に分解される。こうして低温貯蔵中にブドウ糖と果糖が増加していく。

品種によって糖の増加程度が異なる

筆者らは、品種によってこの低温での増糖の程度や様式が異なることを明らかにしてきている。

図1に示したメークインは、低温での糖の増加が大きい品種である。これに対し、ポテトチップスなど、油加工専用に開発された「トヨシロ」「スノーデン」などの品種は、糖の増加程度が小さい。増加した糖は油で揚げたときにアミノ酸と反応して焦げ色や苦み成分を生成し、製品にマイナスとなるため、焦げ色のつきにくい品種育成を行なってきたからである。

また、最近、良食味で注目を浴びている品種「インカのめざめ」は、低温貯蔵によってブドウ糖、果糖ではなくショ糖が特異的に増える特殊な品種であり、この品種では図2に示した酵素（酸性インベルターゼ）が低温貯蔵で働いていないことも明らかにした。

このように、低温貯蔵はじゃがいもの糖度を増加させる。雪・氷室貯蔵はこのじゃがいもの特性を最大限引き出すだけでなく、高湿度が保たれるため減耗も少なく、一年以上の長期貯蔵も品種によっては可能となる。しかし、長期貯蔵では貯蔵中の腐敗、倉庫出し入れ時に光に当たることによるえぐ味成分の生成など、クリアすべき問題点もたくさんある。

適正な栽培管理と収穫調整に加え、規模にあった保存方法、品種の特性・用途把握、出荷時期戦略など、これからの工夫でさらに付加価値の高い良質な雪・氷室じゃがいもの普及が可能であり、筆者らも微力ながら研究を進めてゆきたいと考えている。

（北海道農業研究センター）

二〇〇六年十二月号　雪室貯蔵でジャガイモの糖度が十六倍に！

あっちの話こっちの話

雪がつもる前にもみがらを被せる

瀬戸和弘

冬になると雪が降って、自家用畑は大根も白菜も雪に埋まってしまう。こういう地方では、雪の中から野菜を少しずつ掘り出して食べます。秋田市濁川の船木元子さんは、五、六年前からおもしろいやり方をしています。簡単に言えば、雪が積もる前に野菜をもみがらで覆ってしまうのです。

田んぼの仕事が一段落した頃、時期を見て元子さんはもみがらを畑へ持って行き、野菜に被せます。大根だったら葉っぱが全部隠れてしまうくらい、ねぎだったら土寄せした根元を十分に覆うように被せるのです。こうしておけば雪が積もってもらくに掘り出せるし、傷みも少ない。

春がくるとそのまま耕すので、土の中にもみがらがたくさん混ざります。耕す頃のもみがらは、だいぶペシャンコになっているそうです。

元子さんの畑は以前田んぼだった所なので、畑にした頃は、土が固くて石みたいにゴロゴロしていました。それが近頃は、もみがらのおかげでずいぶん軟らかくなり、仕事もしやすくなったとか。耕した後はうねを立てて、今度はうね間にもみがらを敷く。これで草は生えない。困っていたスギナも、いつの間にかなくなったといいます。

元子さんの家では、もみがらはほとんど自家用畑に入れてしまうそうです。

一九九二年十二月号

ねぎはお酒のケース、大根は袋で春まで貯蔵

島津由美子

富山県婦中町（富山市）の石塚朝子さんの、ねぎ貯蔵法を紹介します。お酒のケース（ビールケースでも可）の底に浅く土を敷き、穫ってきたままのねぎを数本束ねて新聞紙でくるみ、そこに挿しておくのです。一升ビンのケースなら六つ、ビールケースなら一二個と、マスが小分けされているので、ねぎが立てやすいそうです。これで春まで新鮮なねぎが食べられます。

さらに朝子さんは、大根の保存にもひと工夫。畑からとってきて葉を落とし、きれいに洗ったら、育苗培土の空き袋に大根を立てて入れ、口をひもでぎゅっとしばっておけばいいのです。これで大根も春までいきいき！　だそうです。

二〇〇五年二月号

氷《ひ》室《むろ》

一年を通して無添加の漬物ができる

金子幸江　美唄自然エネルギー研究会

石蔵倉庫を氷室に改造したJAびばい氷室貯蔵研究所

一年中活用できる氷室

伝統的な貯蔵施設である雪室の中は、温度〇℃、湿度九九％に保たれ、農産物の保存環境としてとてもすぐれています。雪は、積雪二〇～四〇cmで断熱効果を生みます。北海道では雪室は、冬の凍結から農産物を守る「温蔵庫」として利用されてきました。

この雪室の環境を、雪を保存することで夏季に再現し、冷蔵庫代わりとして用いたのが氷室です。

ちょうど、取り壊し寸前のJA美唄所有の石蔵倉庫（石の厚さ三〇cm）を、氷室に改造することができました。これがJAびばい氷室貯蔵研究所です。倉庫の壁、床、天井に断熱材のスタイロフォーム（ポリスチレン発泡体）を張り巡らし、庫内に雪を入れれば低温を維持することができるようにしました。この氷室は、電気をほとんど使用しないにもかかわらず、夏は冷蔵庫、冬は温蔵庫として一年を通して利用できます。

うま味が増し低塩無添加の漬物が

天然の雪を活用した氷室では、電気冷蔵庫では再現できない環境が実現できます。さらに、低温・高湿度の環境は農産物の鮮度保持だけでなく、食味向上の効果も期待できます。氷室の中は、有害微生物や病原性細菌を減少させながら、味や風味を向上させる酵素、酵母、乳酸菌などが十分活動できる環境なのです。

一般の漬物は、腐敗を防ぐために塩分を多くしたり（通常、夏場は塩分二〇％）、防腐

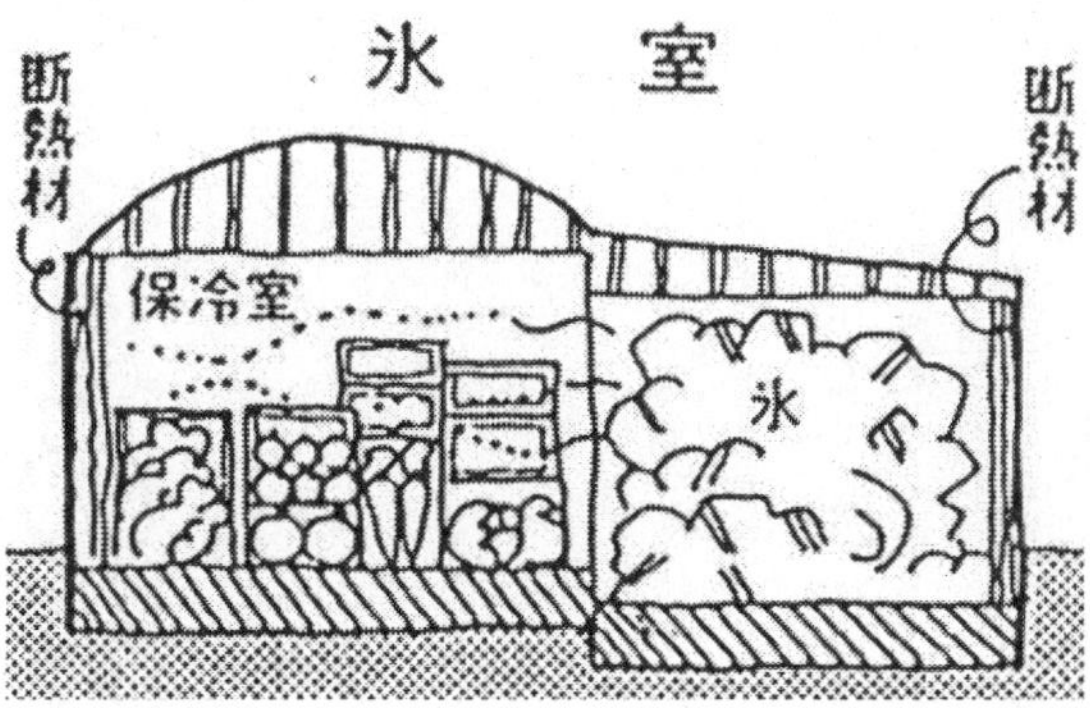

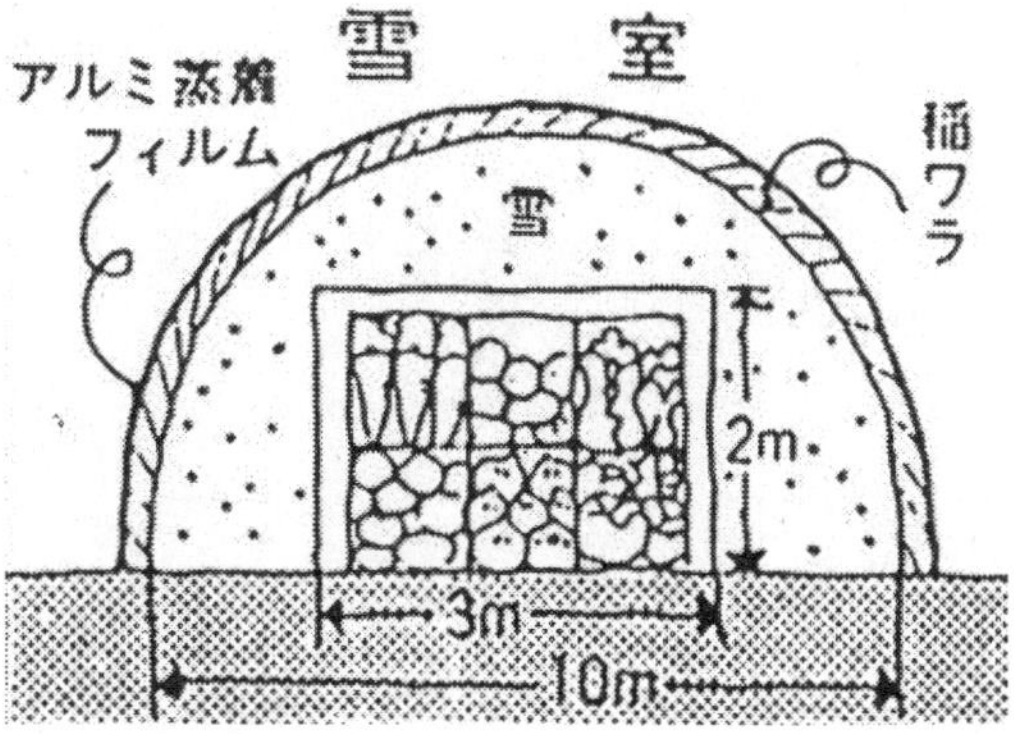

剤などの添加物を使用します。しかし、氷室の中の低温環境では、腐敗の原因となる細菌が制御され、鮮度も長期間保つことができます。このため、塩分二～五％という極端な低塩でも、防腐剤を使用しない無添加の漬物がつくれます。

しかも低温で熟成が進むため、うま味と甘味に関与するアミノ酸やアスパラギン酸などが増大し、逆に苦味に関与するイソロイシンなどのアミノ酸が減少するため、野菜本来の歯ごたえや風味が成熟時に向上します。

昔から伝承された技法に寒ざらし、寒仕込み、寒発酵等があります。これは大寒時にじっくり低温で酵母や乳酸菌の発酵を進め、うま味をだしたものです。氷室ではいつでも、このような寒を活かすという伝承技法を使うことができるのです。

古漬けも塩分五％でできる

氷室での通年を通した安定低温環境を活用し、研究会では美唄独自ブランドの漬物の開発を試みました。

きゅうり、なす等の旬の野菜、流通にのらないB品や規格外品を集め、低塩で漬け込みました。材料野菜の重量に対し一〇％から徐々に塩分を減らし、最終的には塩分三％にまで減らすことができました。浅漬けなどは三％とし、古漬けや奈良漬けなど、本漬けを要するものは五％の塩分にしました。

古漬けや奈良漬けは通常二〇％の塩分で下漬けし、野菜の水分を抜いたところで、今度は水にさらして塩分を抜き、本漬けに入ります。このとき、塩分が高いために野菜の水分と一緒にうま味も抜き取られ、さらに、水にさらして塩抜きをすることで、再びうま味が流れてしまいます。そればかりか、流れたうま味の後に水が浸入し、腐りやすくしてしまいます。こうなると、防腐剤や発色剤、調味料が必要になってしまいます。

その点、氷室の中で五％の塩分で漬けると、右記のような塩抜きを行なわずにすむので、そのまま本漬けを行なうことができます。塩分二％は漬け床に流れ、漬物本体には三％の塩分が残り、野菜のうま味を生かした低塩での本漬けが可能になるのです。しかも添加物は不要です。

※美唄自然エネルギー研究会事務局　美唄市西三条南一丁目一番一　美唄市役所商工交流部産業振興課内

二〇〇〇年十二月号「温泉漬け」を開発中！

寒冷地の野菜貯蔵法

印東照彦　北海道立中央農業試験場

積雪寒冷のために野菜を露地で栽培できない期間が数か月もつづく北国では、秋どり野菜の貯蔵は大きな課題である。厳寒期の野菜貯蔵は保温貯蔵が基本であり、凍結防止に工夫をこらした種々の方法が考案されている。ここでは自然界にある材料と自然条件を活用した保温貯蔵法について述べることにする。

野菜の貯蔵条件

①温度　葉・根菜類の長期貯蔵には、一般に凍結しない範囲でできるだけ低い温度＝〇℃ていどの低温が最適である。キャベツなど多少は凍結しても解凍すればもとにもどる野菜は、マイナス二℃ていどまで冷却して結球の外側を凍結させると、緑色を長期間保つことができる。白菜は凍結にはきわめて弱いので、〇℃以下にしてはならない。大根は白菜よりは低温に耐えるが、凍結させてはならない。また、かぼちゃの貯蔵適温は一〇℃±二・五℃で、七・五℃以下では腐敗しやすい。

②湿度　相対湿度（以下単に湿度という）が低すぎると、葉菜類はしおれ、根菜類はしなびてしまう。逆に湿度が高すぎると腐敗が進みやすくなり、萌芽や発根が生じる。

貯蔵に適した湿度とは、しおれ、しなびと腐敗とが最小になる湿度であり、換気と冷気循環が行なわれる場合には、〇℃で九〇％前後が適当である。かぼちゃは一〇℃で七〇～八五％、玉ねぎは〇℃で七〇％が適湿である。一般に葉菜類はしおれによるよりも腐敗によって調製歩留りが低下しやすいので、湿度は低めにしたほうが安全である。湿度を高めるためには、雪の搬入やプラスチックフィルムによる包装や被覆が有効である。

③換気と通風　同じ温度、湿度でも換気および通風（冷気の循環）がないと腐敗が進みやすい。野菜の長期貯蔵においては、過湿防止のために換気と毎秒〇・三mていどの通風が望ましい。とくに白菜のように多量の水分を放出する野菜を大量に貯蔵するときには、貯蔵開始前に風乾して水分を減らしておく必要がある。

野菜の貯蔵適温、適湿度は品目によって異なるから、多種の野菜を同じ場所で貯蔵するときには適条件が一致する品目を組み合わせなければならない。

貯蔵用野菜の栽培基準

野菜は一般に過熟なものほど貯蔵性が低くなる。したがって、貯蔵用野菜の栽培にあたっては高貯蔵性品種を選び、貯蔵性を高めるように栽培し、適期に収穫しなければならない。凍結防止と作業上の都合を考えて、可能なかぎりおそく収穫時期を定め、その時期が収穫適期になるように逆算して播種時期を決定するとよい。大根（耐病総太り）の場合は、発芽してから収穫するまでの積算温度が一二〇〇℃ていどになるように播種すると貯蔵性の高いものを収穫できる。

トレンチ（溝）貯蔵

図1のように圃場に溝を掘り、野菜と土が接触しないように麦稈（稲わらは不適当）を敷きつめ、野菜を並べる。保温は積雪と土によって行なう。野菜の上部は、キャベツならば外葉をかぶせるていど、白菜ならば麦稈をのせる。土はかぶせない。

トレンチ貯蔵は、土壌凍結がなく、根雪が早くて積雪量の多い地域に適している。溝を掘る場所は、融雪水が野菜にふれないように排水のよいところ、貯蔵中および掘上げ時に凍結しないように風が当たらないところ、積雪期間を長くするため日陰になるところを選ぶ。

トレンチ貯蔵をするときには、保温のほかネズミが侵入しないように注意する（麦稈の中にひそんでいることがある）。

キャベツ　多少の凍結は心配ないので比較的容易に貯蔵できる。病害虫の被害がなく、枯死部のない健全な外葉を数枚つけて結球をくるむようにし、溝にすきまなく並べ、上に健全な外葉をのせる。根は切らない。

白菜　凍結にきわめて弱いので、注意が必要である。健全な外葉を数枚つけ、根つきのまま縦に並べ、上を麦稈で覆う。

大根　葉つきのまま縦にすきまなく並べる。

図1　キャベツおよび白菜のトレンチ貯蔵

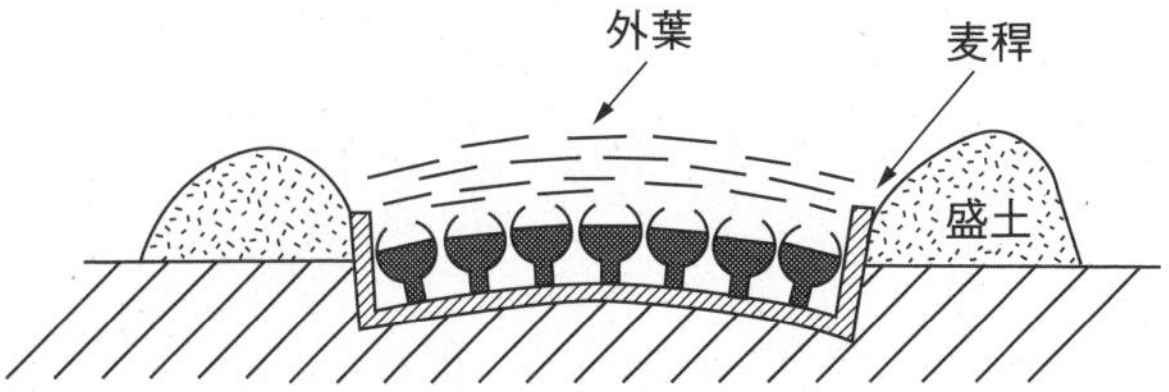

表1　トレンチ内の気温（キャベツ）

	最　高	最　低
～11月28日	5℃	－0.5℃
～12. 13	2	－6.0
～ 1. 10	1	0
～ 2. 12	0	0
～ 3. 10	2	0

注　最高最低温度計（U字計）、11月15日設置

埋土貯蔵

トレンチ貯蔵と基本的に同じだが、異なるのは凍結防止のために、並べた野菜の上を土で覆って保温する点である（図2、図3）。覆土は最低気温により異なるが、二〇cm前後必要である。貯蔵量が多いときは換気のための工夫をすることもある。

掘上げ時に土がつくので、洗浄出荷する大根などの根菜類、じゃがいもなどの貯蔵に利用される。

図2　大根の埋土貯蔵

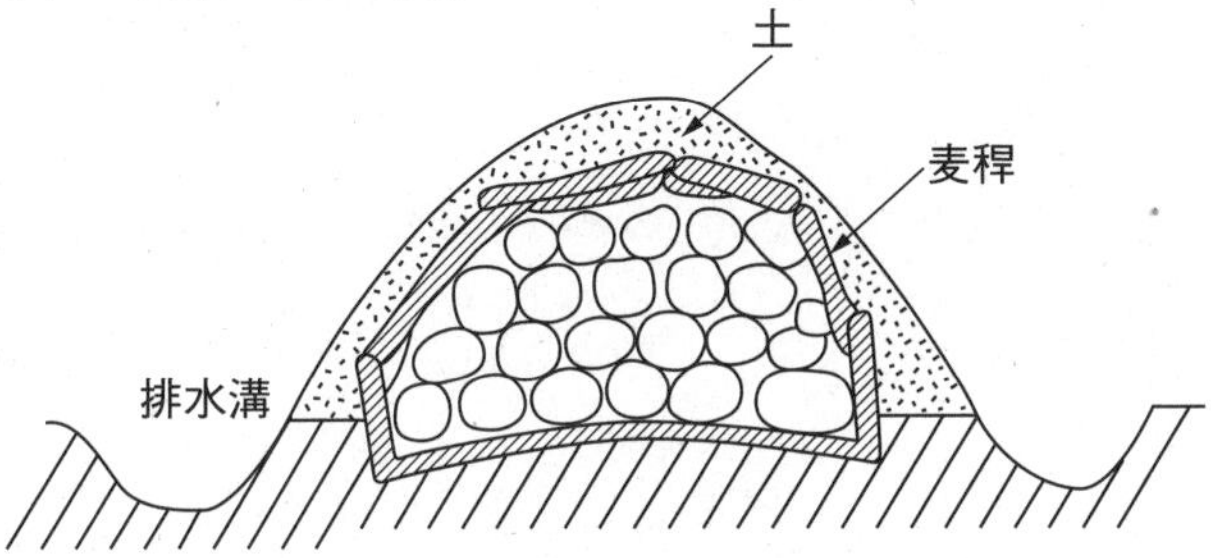

雪中貯蔵

雪中貯蔵は北海道和寒《わっさむ》町でキャベツの貯蔵法として考えだされたものである。圃場にキャベツを並べ、積雪を待つだけであるが、

図3　大根の埋土貯蔵例

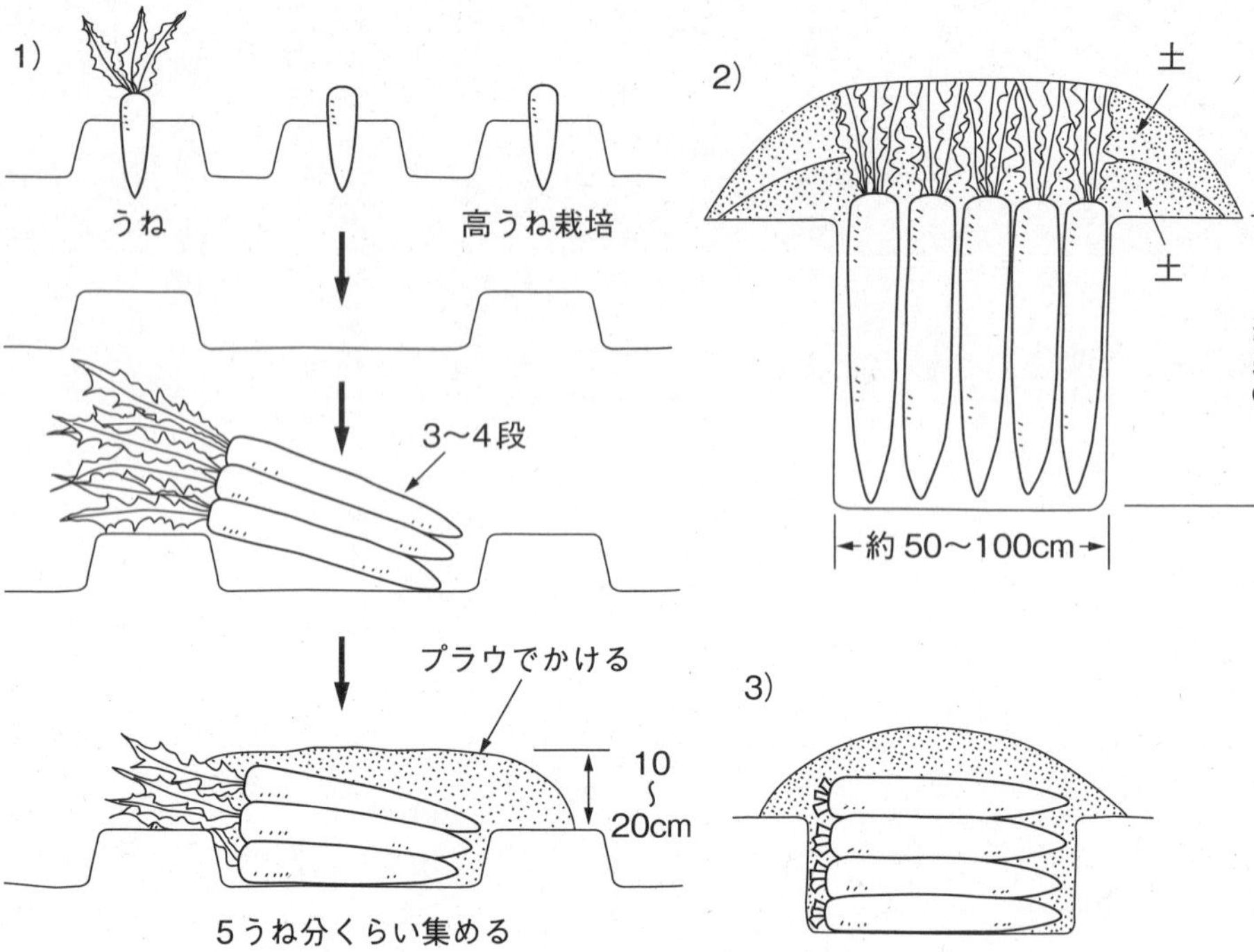

キャベツの並べ方、開始時期、栽培などに工夫がこらされている（図4、表2）。

　この方法は十一月上旬に三〇cm以上の積雪がある豪雪地帯でなければ利用できない。

　士別地区農業改良普及所で調製法、堆積法について詳しく検討した結果によると、下段四～五球、上段三～四球の二段積み法が適当で、外葉を四～五枚つけ、根は切除し、結球頂部を上に向けて並べるとよい。二段積みの上段のほうが傷まない。下段は土に接触したり、上段の根があたったりした部分が腐敗しやすい。

図4　キャベツの雪中貯蔵（末永）

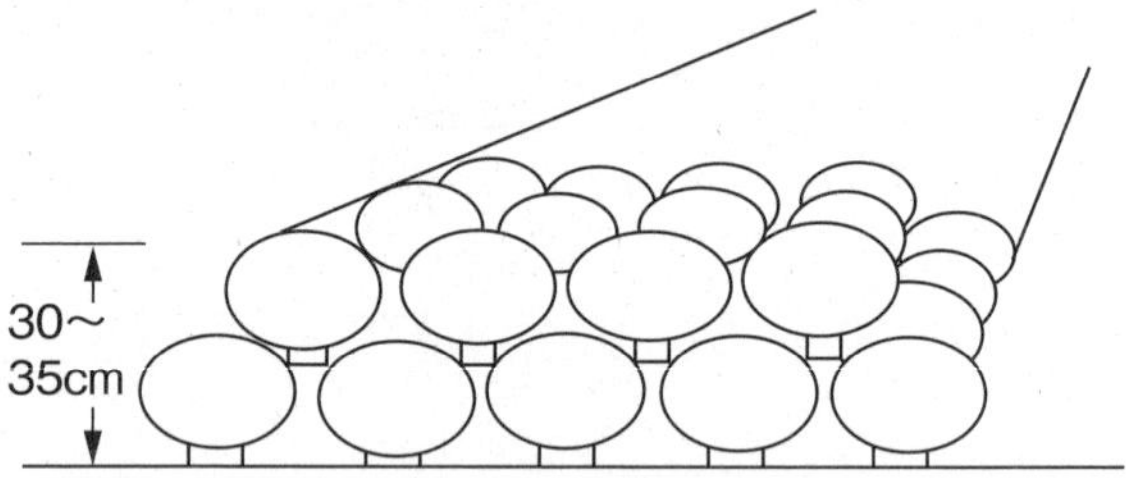

・排水のよい場所に2段に堆積しておく（11月上旬、下段4～5球、上段3～4球）
・11月上旬に30cm以上積雪がある地域に限られる

表2　出荷までの作業順序

時期	11月上中旬	11月下旬～4月上旬		
作業	収穫 → 堆積	堆積うねの除雪、搬入 →	凍結戻し →	調製・包装
内容	根切り 外葉を4～5枚つけておく 14うね分 2段堆積 （第9図参照）	出荷1週間前に除雪し、キャベツを作業場に搬入する	室温5～10℃で外葉の凍結戻しをする	調　製 10kgポリ袋に包装する

春掘り

長芋、ごぼうなどは、秋に収穫しないで土中で越冬させ、融雪後に掘り上げる「春掘り」が行なわれる。

アイスシェル貯蔵

アイスシェルは、東海大学粉川助教授が考案した氷のドーム状構築物である（図５）。これは本来は貯蔵庫として考えられたものではないが、条件にめぐまれればキャベツなどを貯蔵することが可能である。

厳寒期に雪をかためて土台をつくり、半球状にふくらましたテントの表面に、雪と水を散布して結氷させてドームをつくる。ドームが完成したらテントは除去する。ドームの上に雪が十分積もらないと保温性がなく、マイナス三℃前後まで温度が下がる。内部に照明をつけると透過光によってドームが明るくうかびあがるので、イベント等に利用することが可能である。

収穫したキャベツを仮貯蔵しておき、厳寒期にアイスシェルをつくってキャベツを入れ、三月中旬まで貯蔵するというような利用の仕方が考えられる。

図５　アイスシェルの構造

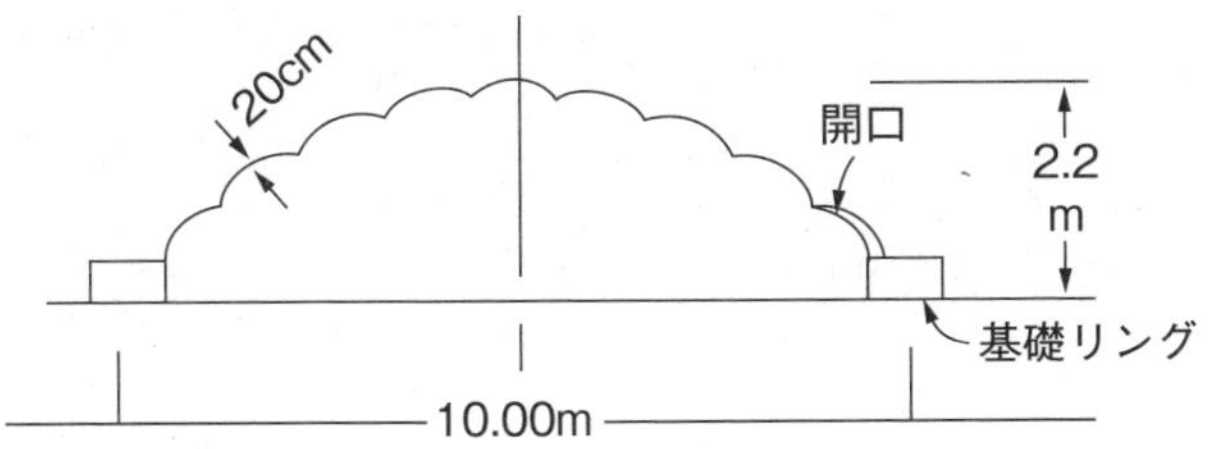

空調式簡易貯蔵庫

図６のように、断熱材を使用して簡単な構造の貯蔵庫をつくる（既存の倉庫や納屋を改造してもよい）。

庫内温度を下げるための空調装置をつける。これは、吸気口から外部の冷たい空気を

図６　空調式簡易貯蔵庫

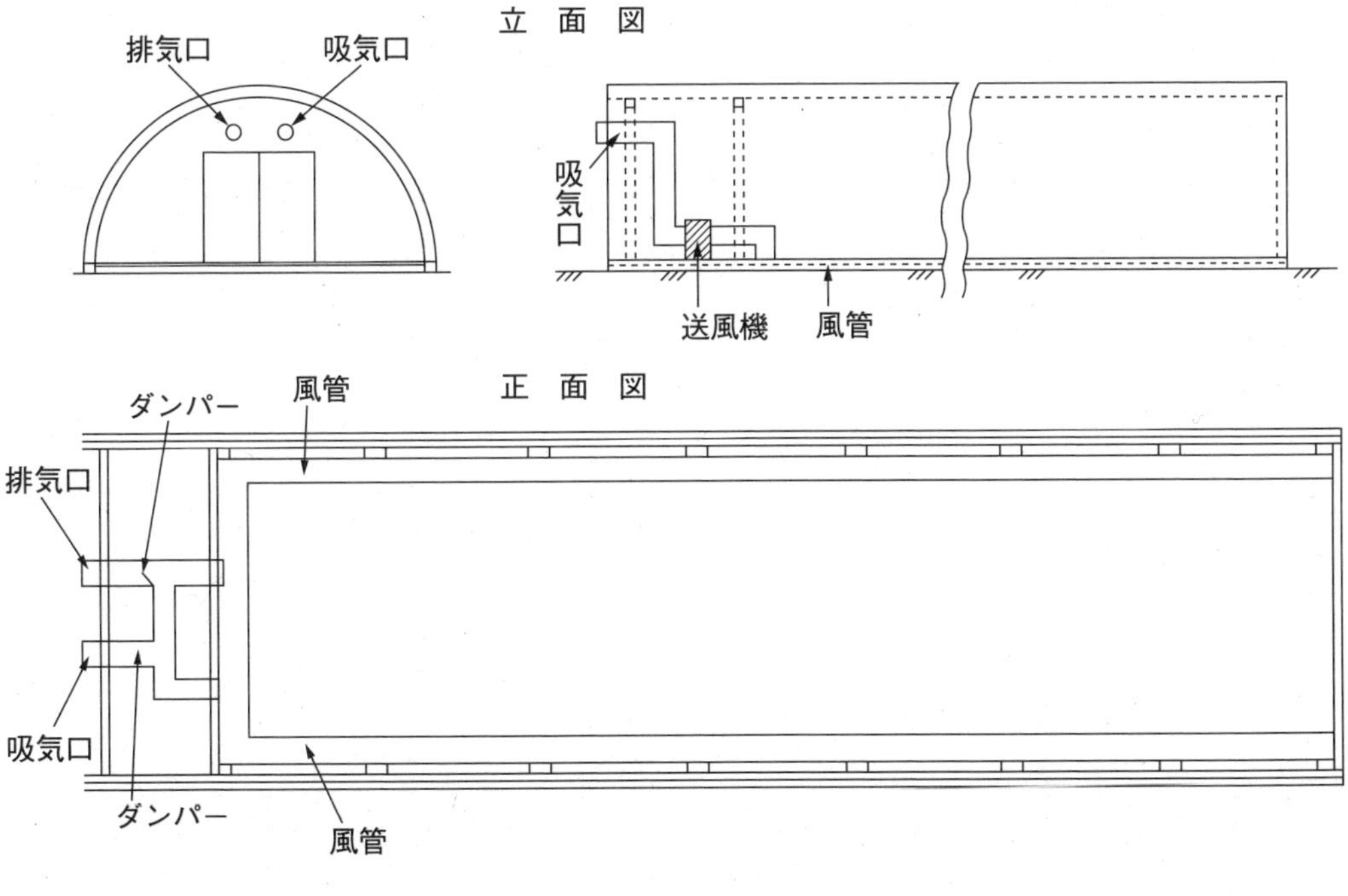

導入して、同時に庫内の暖かい空気を外部に排気する仕組みになっている。外気導入と排気は、ダンパーの開閉により自動的に行なう。

また、凍結しない最低温度を確保するための保温は、野菜の呼吸熱と電熱ヒーターを利用する。

庫内気温は、外気の最低気温ちかくまで下げられるので、札幌市周辺であれば十二月初めから二月末まで、正確に〇℃を保つことができる。寒冷地の冬期専用貯蔵庫としては最も低コストで比較的大量の野菜を貯蔵できる。ただし、外気導入により冷却するため、収穫・入庫時期である十月下旬から十一月下旬までと、三月以降の庫内温度は貯蔵適温より高くなる。

図7　氷室の構造

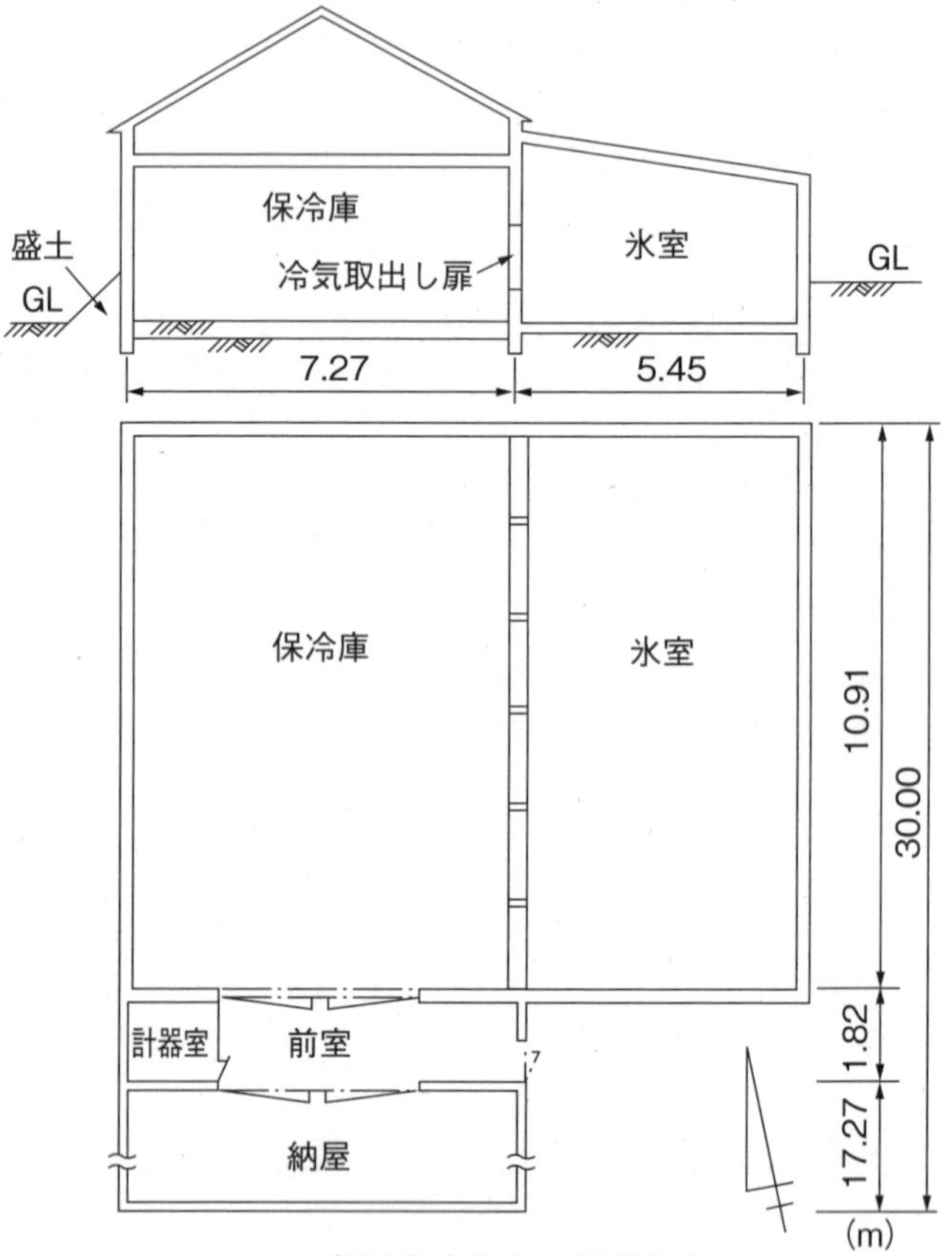

実証実験用氷室型貯蔵庫

この貯蔵庫では、外気導入・排気により完全な換気が行なわれること、また外気導入・排気を行なわないときは常時庫内空気を微風速で循環させることにより、長期貯蔵が可能となる。温度むらもほとんど生じない。キャベツ、白菜、大根、にんじんなどの数十tの貯蔵に適している。

キャベツ　健全な外葉を数枚つけ、根は切除してポリコンテナやすかし木箱などに入れて積み上げる。ばら積みでは五球以上重ねると荷重により下の球がいたみやすい。しおれがみえてきたら、厚さ〇・〇二㎜ていどのマルチ用ポリエチレンフィルムで積み上げた箱全体を覆うとよい。入庫直後からフィルムをかけると過湿になりやすい。ビニルフィルムや〇・〇五㎜以上のポリエチレンフィルムは不適当である。

白菜　外葉を数枚つけてポリコンテナまた

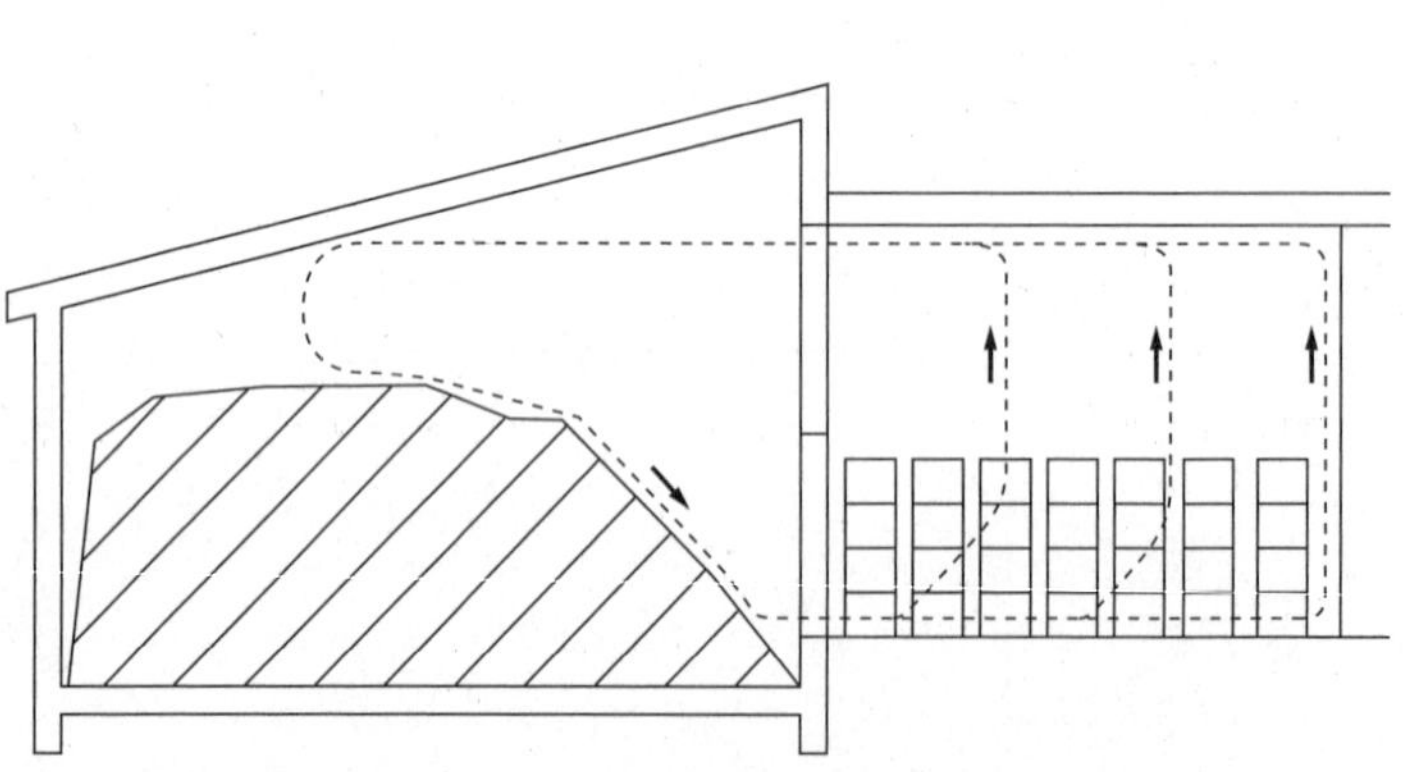

予冷室内の自然対流の流れ（2時間後）

はすかし木箱に立ててつめ、積み上げる。フィルムがけは行なわない。

大根、にんじん　生長点が残らないように茎葉を切除する（肩まで切らないように注意し、五㎜ていど残すこと）。厚さ〇・〇三～〇・〇五㎜のポリエチレン袋につめて口を折り返しておくと、長期貯蔵が可能である。袋詰めしたものを箱に入れて積み上げる。

氷室《ひむろ》

氷室は氷を使用する冷蔵庫である（図7）。氷は、雪氷変換機（SIC）という機械によって、雪に高圧をかけて押しかため成形してつくる。貯蔵庫の片側を氷を入れる区画とし、他の側に野菜を貯蔵する。断熱が十分で氷を大量に入れれば、夏でも二～三℃を保つことができる。氷を入れる区画と貯蔵室の間の仕切りを工夫し、氷のとけるスピードを調節する。

氷室の最大の特徴は、湿度が一〇〇％近くになるため、しおれやしなびが非常によく抑制されることである。長芋など根菜類の長期貯蔵に適している。キャベツは年内出荷のための短期貯蔵ができる。夏期にはほうれん草の少量の予冷、葉菜類の保冷にも利用できる。

貯蔵庫そのものは既設の倉庫や納屋を改造してつくってもよいし、廃トンネルを活用することも可能である。氷は、入手可能であれば池などの天然氷や流氷でもよい。

その他

その他、納屋の一部を利用した貯蔵、室貯蔵などの方法もある（図8、図9）。

農業技術大系野菜編　第十二巻　積雪寒冷地の野菜貯蔵法　一九八九年より

図8　納屋を利用した貯蔵（赤井川村）

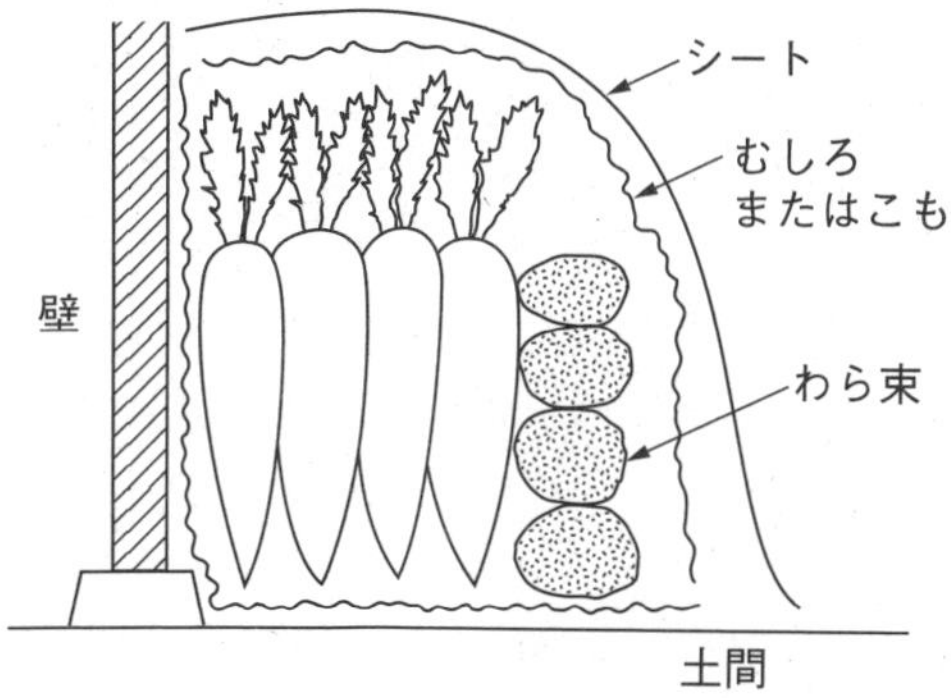

図9　全地下式貯蔵庫（松本）

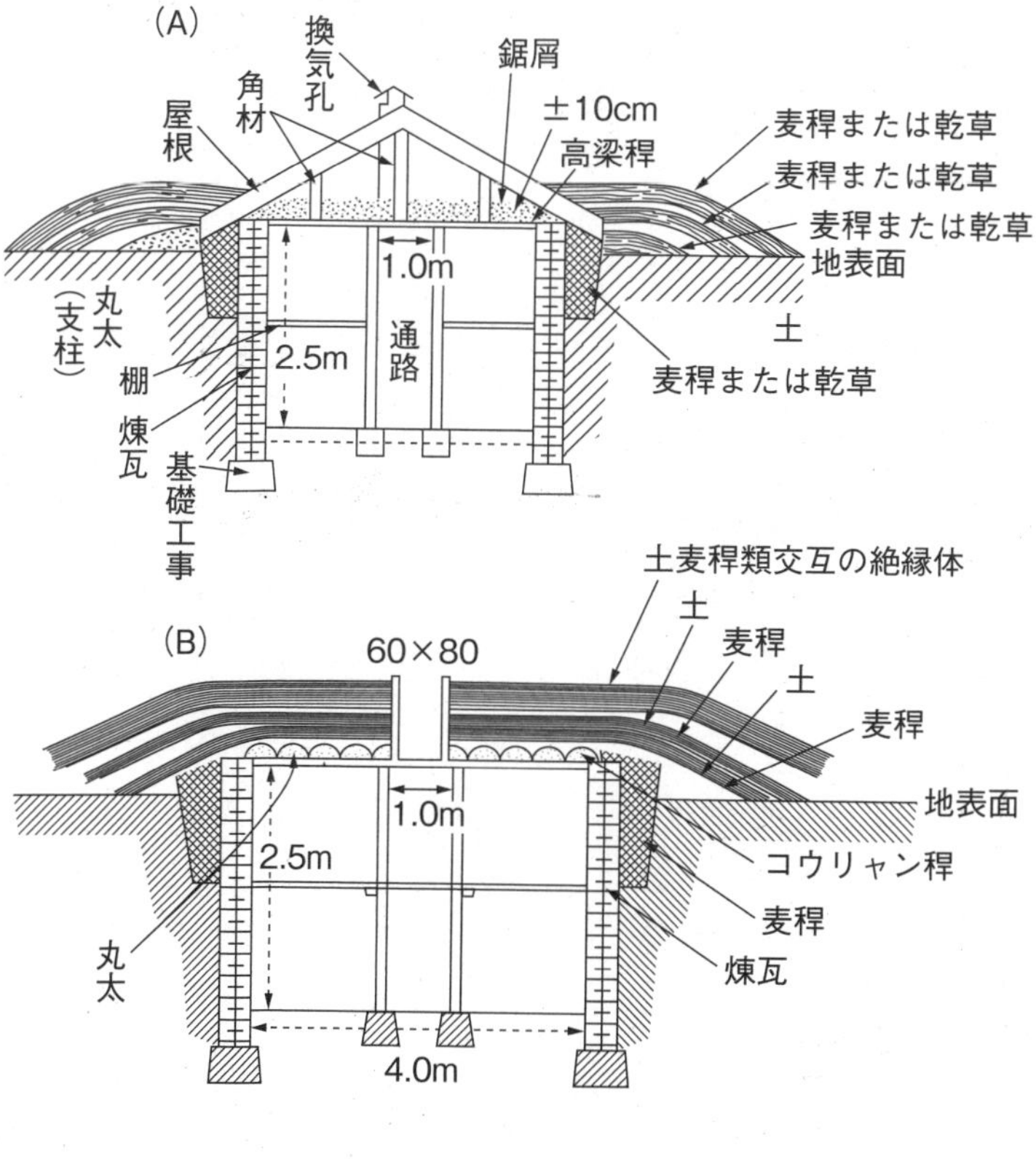

土室の上手な使い方

細井千重子さん　長野県南相木村

細井千重子さんの土室（撮影　赤松富仁）

野菜貯蔵の主役は土室

長野県の南相木村では、冬の寒さが厳しい。もっとも寒い時期には、マイナス二〇℃まで気温が下がる。自家消費用の野菜をすべて栽培している細井さんだが、厳寒期に野菜を収穫することは難しく、もちろん露地栽培はできない。

そこで、秋に収穫した野菜を、春まで保存、貯蔵することが、とても重要なことなのだ。細井さんは、家を新築したときに、野菜を貯蔵するための専用の部屋をつくった。その貯蔵室は、台所から廊下を隔てた北側に設けられている。

この貯蔵室の主役が「土室《つちむろ》」だ。土室は、貯蔵室の床の一部を掘り下げてつくられている。大きさは、一・八×〇・九m（半坪）、深さ約六〇㎝あり、一般の家庭のものとしてはかなり大きい。このあたりでつくられる土室は、掘り下げた底の部分は土にして周囲をコンクリで固める方式が多いが、細井さんのは周囲も土のまま。そのほうが、保存性がいいようなのだ。

土室の中に埋めて貯蔵するのは、大根、にんじん、山いも、じゃがいも、ビート、百合根、ごぼうなど、根菜類が中心である。

また、土の仕切り板の上に、貯蔵用の発泡スチロール箱（通気口付き）が置かれている。じゃがいも、りんご、長芋などを紙袋に入れて、この発泡スチロール箱の中に保存する。

大根は逆さに立てる

ほかの人とはちょっとやり方が違うのが、大根を逆さに立てて保存すること。よく「野菜は畑でとれたときと同じ姿勢で保存したほうが、ストレスがかからず長持ちする」などといわれる。しかし、細井さんの家では、昔から大根を逆さにして保存していた。じっさいに、どちらがいいか比べてみたが、逆さにしたほうが芽が出にくく、「す」も入りにくかった。

それに、大根の先の部分が土よりちょっと出ているので、それが目印となって取り出しやすいそうだ。

土の入れ替えを忘れずに

貯蔵中に土の中で腐った野菜があると、土が腐敗しやすくなるので、春、野菜を食べ切ったら、中の土を全部出して畑にもどす。

そして、秋に再び貯蔵するときに、太陽の光が十分に当った土を使う。土室に入れる土が古いと、野菜が長持ちしないという。

※細井さんの著書『寒地の自給菜園十二カ月』（農文協）にも、冬の間に上手に野菜を食べ続けるためのこつがいっぱい載っています。

（文・編集部）

二〇〇四年十一月号　土室ではダイコンをさかさに

土室貯蔵のこつ

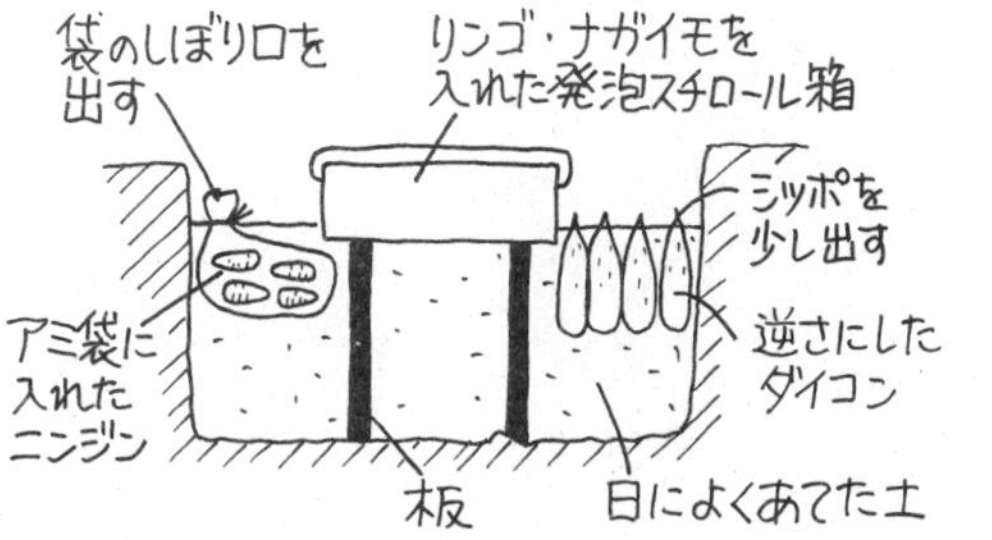
袋のしぼり口を出す
リンゴ・ナガイモを入れた発泡スチロール箱
シッポを少し出す
アミ袋に入れたニンジン
逆さにしたダイコン
板
日によくあてた土

●大根の葉を切り落とす。大根を逆さにして、すき間なく並べる。取り出しやすいように、先の方を少し土の上に出す。

●にんじんは網袋に入れて、袋の口を土の上に出して埋める。土室に入れるのは翌年3月までに食べる分。4〜5月に食べる分は網袋に入れて畑に埋め、4月上旬に土室に移すと芽の出るのが遅い。

白菜の貯蔵法

白菜の根を切って収穫する。切り口を日光に当てて、7〜10日干す。新聞紙を2〜3枚重ね、白菜をしっかり包む。ダンボール箱に立てて入れ、貯蔵室に置く（土室には入れない）。

もみ殻で活ければ、ねぎが凍らない

室井雅子さん　栃木県那須塩原市

もみ殻を使ったねぎの貯蔵法

畑に深さ30㎝、幅10㎝（鍬の幅）の溝を掘る。幅が広いと、並べたときにねぎが倒れやすいので、あまり広くしない。

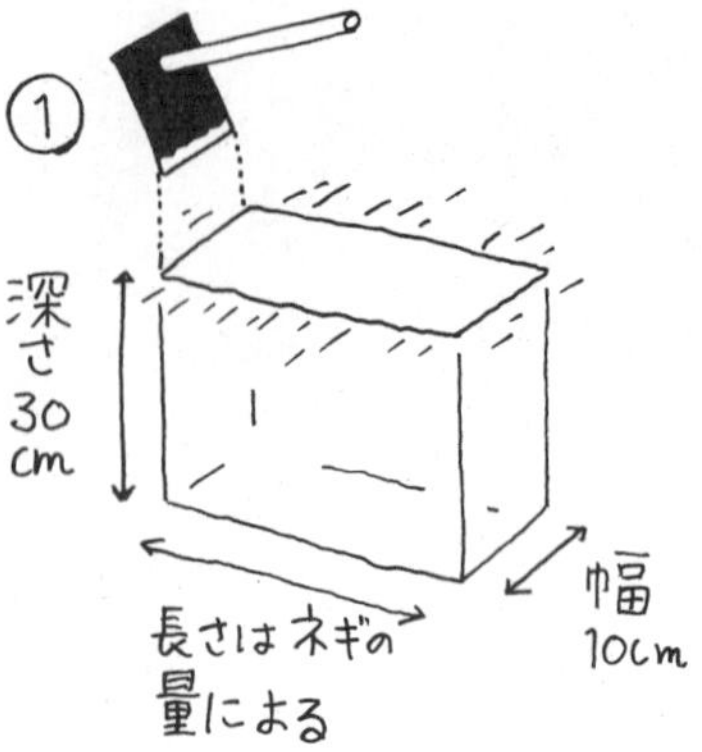
①
深さ30cm
幅10cm
長さはネギの量による

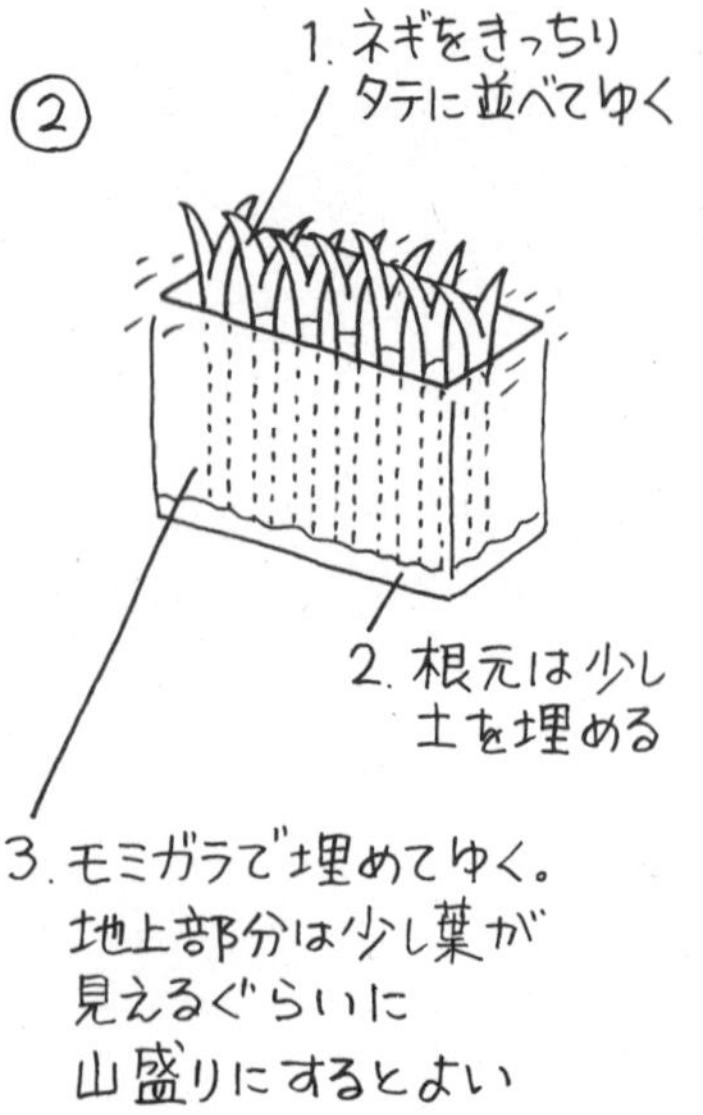
②
1. ネギをきっちりタテに並べてゆく
2. 根元は少し土を埋める
3. モミガラで埋めてゆく。地上部分は少し葉が見えるぐらいに山盛りにするとよい

もみ殻で埋めたねぎ。土が凍らず、すっと抜ける

室井雅子さんは、毎年冬になると、ねぎを畑の土に活けて保存してきた。しかし、那須地方では冬の寒さが厳しく、ねぎを掘り出そうとしても、土が凍っていて抜けないことがしょっちゅうあった。

そこで、昨年から、土の代わりに、もみ殻の中に、ねぎを埋めるようにしている。もみ殻は凍って固まることがないので、長いねぎも簡単に抜ける。また、もみ殻を盛り上げるように積んでおけば、葉のほうまで寒さから守られる。

ねぎを活けるときのポイントは、ねぎの根が、土と接していること。ねぎが生きた状態なので、春までおいても乾燥してしおれることはない。

さらに室井さんは、「大根やにんじんでも同じようにできないか？」と考えている。

（文・編集部）

二〇〇四年十一月号　モミガラで凍らないネギ

あっちの話こっちの話

生姜を腐らせない土中貯蔵法

瀬戸和弘

生姜は低温や乾燥に弱いので、冬の間腐らせないで貯蔵するのはかなり難しい野菜です。校長先生を退職してから、野菜作りに精を出している茨城県茨城町のKさんは、園芸試験場で聞いたやり方を応用して大成功したそうです。

まず畑を一・五mくらい掘って、玉ねぎの出荷用ネットを入れます。こうしておけば、取り出すときに便利です。その中へ、生姜と赤土を交互に重ねていきます。畑の土ではなく赤土を使うのは、有機物が少なく腐りにくいからです。Kさんは、畑の深いところから掘り出した赤土を使っています。最後に赤土でふたをしてから、その上にたっぷりと稲わらを入れておきます。こうすると、穴の中は、冬でも一〇℃以上に保たれて、生姜が腐らないそうです。

冷え込む時期には、穴の上に板をのせて密閉し、さらにその上に土を盛って、保温に努めます。逆に、暖冬や暖かい時期は、シートも板もとっておきます。生姜は一八℃くらいで芽が出てしまうからです。また、適度な湿度が保たれるように、雨が多いときはビニルのシートをかけ、乾燥するときははずして雨にあてます。

一九九一年十月号

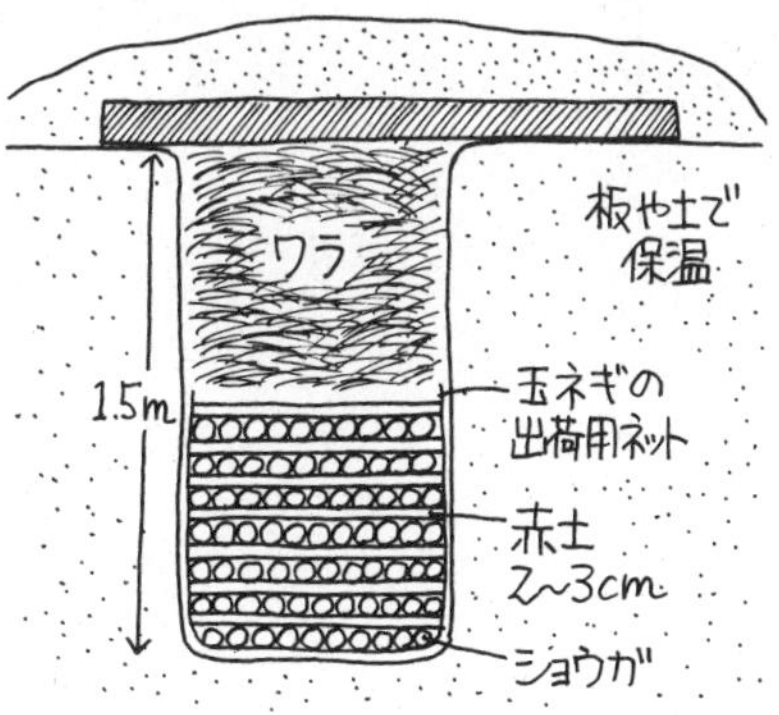

里いもに、正露丸のっけて安心貯蔵

酒井晃

現代農業読者の方ならすでにご存知の、「正露丸でモグラ退散」の話。これの応用編を埼玉県岡部町（深谷市）の山口セツさんに聞きました。

正月の縁起物として、無いと寂しい里いも。しかし里いもを長く貯蔵するのは、凍らないようにしたり、ネズミにかじられないようにしたりと、案外やっかいなものです。

山口さんは一度に全部掘りとったりしません。茎だけ切り落とし、いもは土の中へ残したままにしておきます。その茎の切り口に、一株あたり五、六粒の正露丸を置くのです。そして、落葉とか稲わらをたっぷりかぶせ、さらにビニルで覆うと完成。こうしておけば、里いもは一冬凍ることもなく、ネズミにかじられることもありません。利用するときは、食べる分だけを掘り起こします。

一九九一年十一月号

野菜の加工法と貯蔵法

岩城由子　京都府福祉部

野菜の種類と加工用途

葉菜類

葉緑素を多く含む緑黄色野菜の代表格で、一般に軟弱ものといわれる。あくの強いものは漬物に向かない。アブラナ科植物は一般に、辛味と特有のからし香を有する。茎の固いものは、塩をふって手もみしてから漬ける（表1）。

根菜類

根菜類の大半が漬物に向き、歯切れのよい素材である（表2）。

果菜類

つぎつぎに収穫期を迎えていく果菜類は、加工適期をみはからって収穫し、加工する（表3）。

野菜の栄養成分

野菜に含まれる栄養価は何といってもビタミン類。とりわけ緑色や赤色の濃い野菜にはカロチンが多く含まれていて、体内でビタミンAに変化する。

これらの野菜は、サラダのように生で食べるより、おひたしや炒め物、煮物など、加熱する料理に合うものが多い。

ビタミンB_1、B_2は生野菜には比較的少ないが、ぬか漬にするとぬかの中のビタミンB_1、B_2を吸収できる。

ビタミンCはどの野菜の中にも含まれているが、時間とともに

表1　葉菜類の加工用途

属する野菜	適した加工
ホウレンソウ	漬物には適さない。乾燥
タイサイ	塩漬、ぬか漬
ヒロシマナ、コマツナ	塩漬、ぬか漬
キョウナ（ミブナ、ミズナ）	塩漬、ぬか漬、醤油漬、こうじ漬
カラシナ	塩漬、こうじ漬、ぬか漬、醤油漬
キャベツ	塩漬、甘酢漬、ぬか漬、醤油漬、朝鮮漬、サワークラウト
ノザワナ	塩漬、ぬか漬、みそ粕漬、三五八漬、醤油漬
タカナ	塩漬、醤油漬、ぬか漬、乾燥ふりかけ
ハクサイ	塩漬、ぬか漬、朝鮮漬、梅酢漬
ミツバ	からし漬、みそ漬
セロリ	粕漬、からし漬、みそ漬、三五八漬、梅酢漬、ピクルス、葉はつくだ煮
ニラ	塩漬、醤油漬
シソの葉	塩漬、梅酢漬、みそ漬、砂糖漬、飲料、乾燥
シソの実	塩漬、みそ漬、醤油漬、つくだ煮
菜の花	塩漬、うの花漬、みそ漬

減少する。野菜が収穫されてから食べられるまでの流通や店頭での扱われ方、家庭での保存、料理のしかたなどで、五〇％くらい消失する。したがって、収穫後すみやかに食するのが最適である。

また野菜は、カルシウム、カリウム、鉄分などのミネラルを豊富に含むアルカリ性食品である。人間の血液や体液は、pH七・二～七・五程度の微アルカリ性のほうが健康によいとされるので、食物も酸性に片寄らないようにする必要があるといわれている。したがって、血液を酸性にする肉類とともに野菜を食べると、健康によいとされる。

さらに、食物繊維が多いので、整腸作用を助ける働きもあり、野菜はアルカリ性健康食品の代表である。

表2　根菜類の加工用途

属する野菜	適した加工
ダイコン	塩漬、ぬか漬、たくあん漬、べったら漬、三五八漬、調味液漬、醤油漬、朝鮮漬、干しダイコン、葉の乾燥ふりかけ
カブ	塩漬、こうじ漬、みそ漬、酢漬、からし醤油漬、すぐき漬、乾燥ふりかけ
ゴボウ	みそ漬、酢醤油漬
ショウガ	梅酢漬、甘酢漬、砂糖漬、つくだ煮、焼酎漬、乾燥
タマネギ	粕漬、みそ漬、ピクルス、甘酢漬、ジャム、乾燥
ニンニク	醤油漬、はちみつ漬、焼酎漬、梅酢漬、みそ漬、酢漬、オイル漬、乾燥粉末
ニンジン	塩漬、みそ漬、三五八漬、からし漬、酢漬、乾燥ふりかけ
ミョウガ	梅酢漬、甘酢漬、みそ漬、粕漬、しば漬
ラッキョウ	甘酢漬、梅酢漬、醤油漬、みそ漬
レンコン	醤油漬、ピクルス、砂糖漬

表3　果菜類の加工用途

属する野菜	適した加工
オクラ	うの花漬、みそ漬、粕漬、醤油漬、からし漬
カボチャ	塩漬、みそ漬、こうじ漬、甘酢漬、乾燥
カリフラワー	甘酢漬、梅酢漬、レモン漬
キュウリ	塩漬、うの花漬、みそ漬、からし漬、梅酢漬、ピクルス、粕漬、醤油漬、朝鮮漬
白ウリ	塩漬、粕漬、三五八漬、みそ漬、甘酢漬
青トマト	粕漬、ピクルス
赤トマト	ジャム、ジュース、水煮、ピューレ、ケチャップ
ブロッコリー	塩漬、醤油漬、うの花漬、乾燥ふりかけ
青トウガラシ	塩漬、粕漬、うの花漬、みそ漬、葉はつくだ煮
赤トウガラシ	粉末にして七味唐辛子、ラー油、唐辛子みそ
ナス	塩漬、からし漬、醤油漬、三五八漬、みそ漬、粕漬、しば漬、干ナス、砂糖漬
ピーマン	粕漬、みそ漬、塩漬、オイル漬
ハヤトウリ	塩漬、みそ漬、粕漬
ユウガオ	干してかんぴょう
ニガウリ	みそ漬、印ろう漬、乾燥

加工用野菜の旬

大根　品種によって季節が異なる。漬物用には、秋（十一月）ころから出回るものを使う。おもに長い大根を使う。丸い大根は水分が多いので煮物に適す。

かぶ　千枚漬にする聖護院のほか、スグキも野沢菜もヒノナもかぶの一種。各地に大小いろいろの品種があるが、十二～一月が旬。大根より肉質が密で、甘味と特有の芳香がある。
白菜　固い結球型と、ややゆるんだ半結球のものなどがあるが、漬物用には固く結球したものが適する。最近では一年中白菜が出回っているが、十一～二月ころが旬で味もよい。
からし菜、高菜など　同系統のものとして各地に多くの品種があり、収穫期も地方によって異なるが、大体三～四月ころに漬ける。
キャベツ　多くの品種があって年中収穫されている。ふつうは春と秋が旬。春もののほうが一般に緑葉で太い軸がある。漬物には秋に出回る白くて柔らかいもので、固くしっかり巻いたものがよい。

土穴貯蔵（ダイコン、ニンジン）

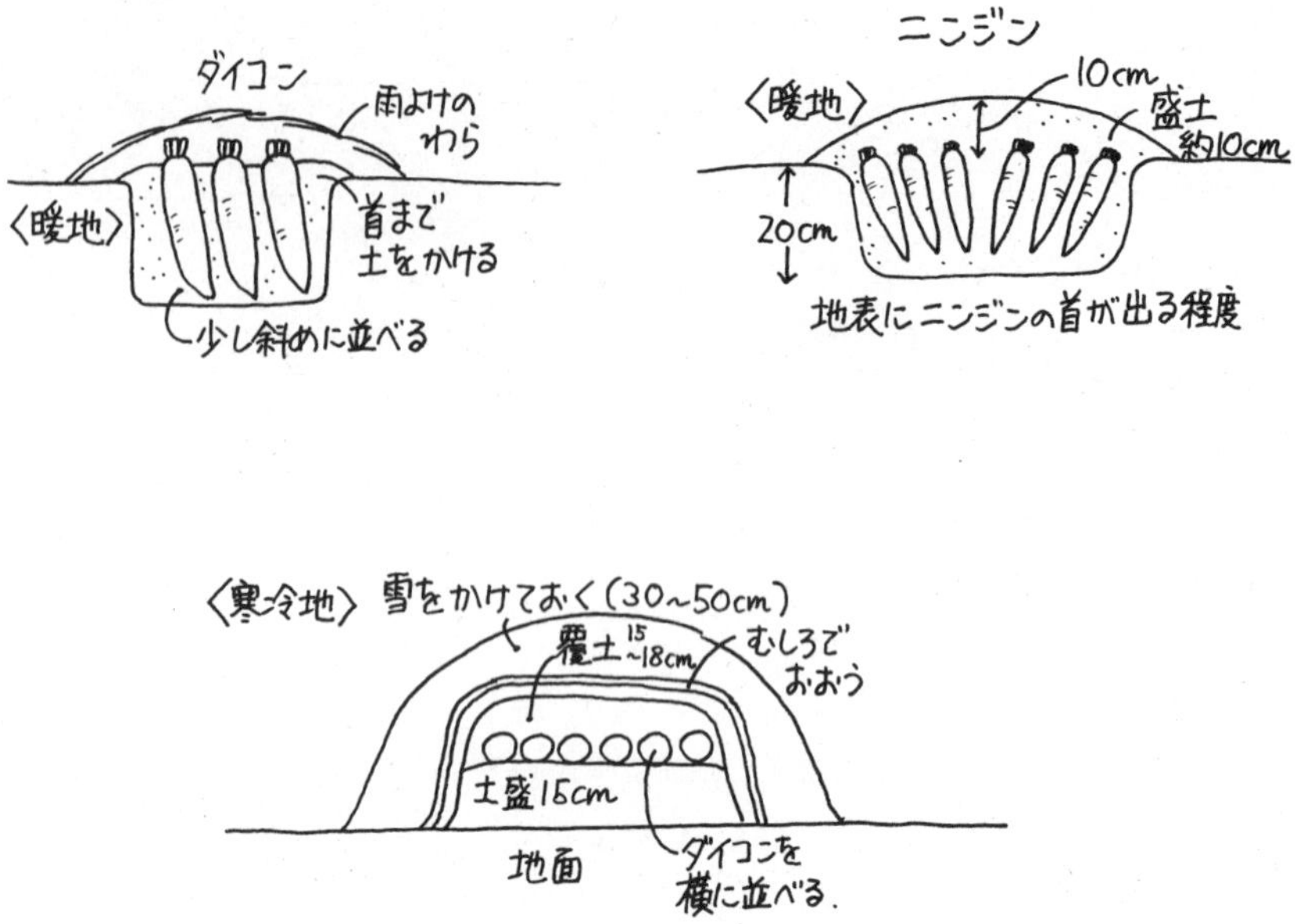

土穴貯蔵（ショウガ、ネギ、ゴボウ）

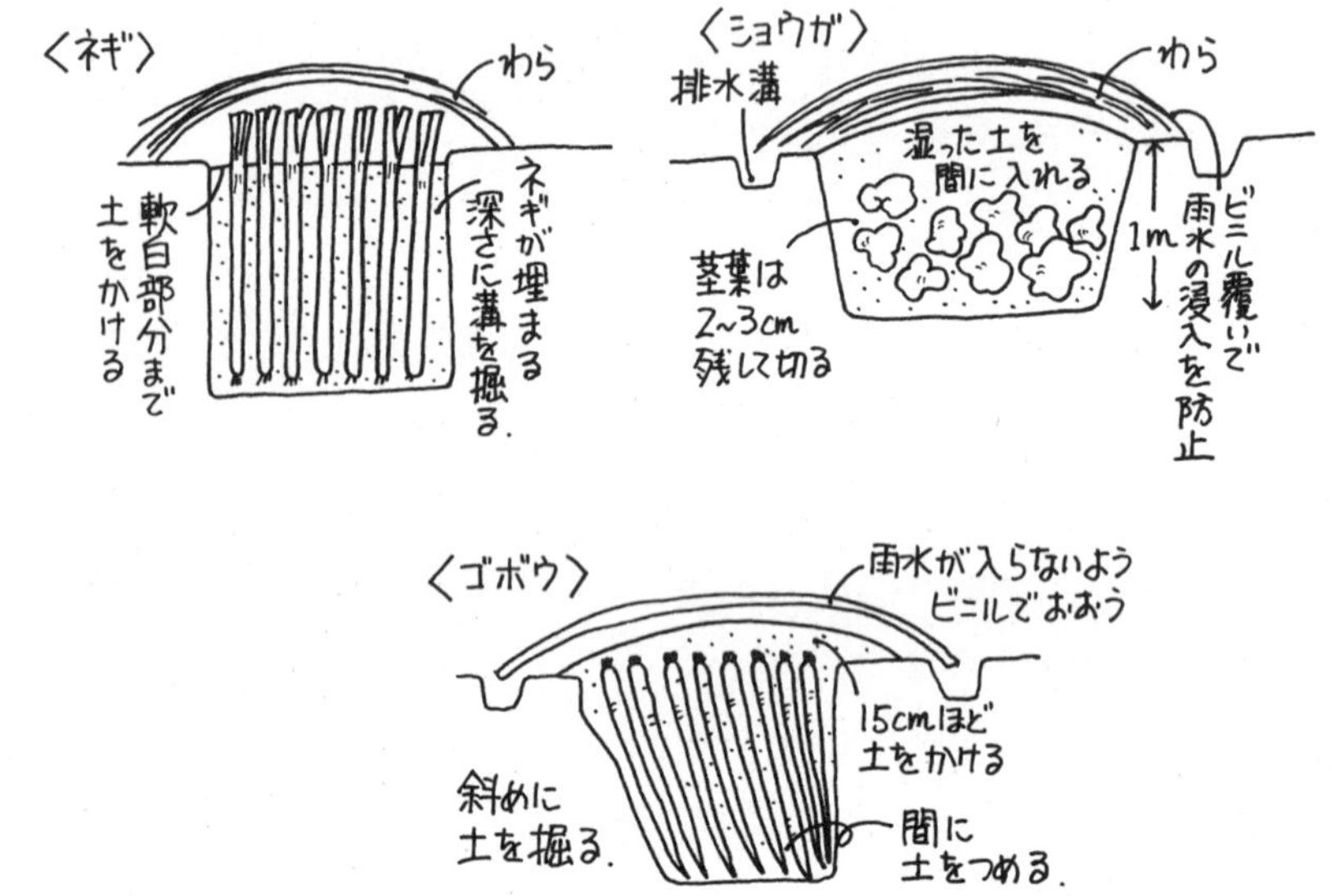

きゅうり　夏きゅうり、秋きゅうりに分けられ、品種も多い。漬物用には夏きゅうりが適している。
なす　地方によって特徴あるものが多い。露地栽培なすの出盛りは七～八月ころ。紫色の濃い若なすのほうが美しく仕上がる。秋なすは肉もしまって、からし漬に向くが、やや皮が固いので塩もみをていねいにする。
うり　実の色から、白うり、青うり、縞うりに区分する。白うりは奈良漬用、青・縞うりは浅漬用に向く。奈良漬には過熟のものでは肉質が柔らかくなるので、完熟より二～三日前に収穫し、すぐに塩漬する。収穫期はおもに七～八月ころ。肉が厚く、皮の柔らかい形の整ったものが漬け上がりの味も歯切れもよい。

新鮮な野菜の見分け方

葉もの　葉が黄色になったも

のや根っこに打ち傷のあるのはよくない。

白菜　表面の葉が緑色で固くしまって重たいものが新鮮。古い葉をとった跡のあるものや、黒斑のあるものはよくない。

大根　白くはりがあって、つやのあるものがよい。

きゅうり　緑色の濃いものが味もよい。いぼがとがっているもの、花がらがついているものは新しい。

なす　紫色が濃く、はりとつやのあるものが新鮮。

野菜の貯蔵法

野菜をじょうずに貯蔵するには、それぞれの特性を知り、貯蔵の適温を考え、貯蔵のポイントを覚えて、地域の気候・風土に合った方法で保存する必要がある。

土穴貯蔵（前頁の図参照）

温暖地、寒冷地、雪の多い地域で、地下水位が低く、雨水の流れ込まない場所に適する。土穴は湿度を一定に保ち、温度変化も少なく、凍結を防ぐこともできる。とくに根菜類やいも類の貯蔵に適している。

にんじん、大根　収穫後、土をつけたまま茎葉を根元から切り落として、土に埋める。貯蔵温度は〇℃前後。貯蔵期間は二か月ぐらいが限度。

生姜　寒害による腐敗防止のため、茎葉が枯れる前に収穫し、茎を二～三cm残して切り取り、四～五日間陰干ししてから、土中に埋める。湿度は高いほうがよく、貯蔵適温は一二～一五℃ぐらい。貯蔵期間は約半年。

ねぎ、ごぼう　乾燥させないこと。土つきのまま溝に入れて埋める。ねぎは立てたまま軟白

土間や納屋での貯蔵—根菜類

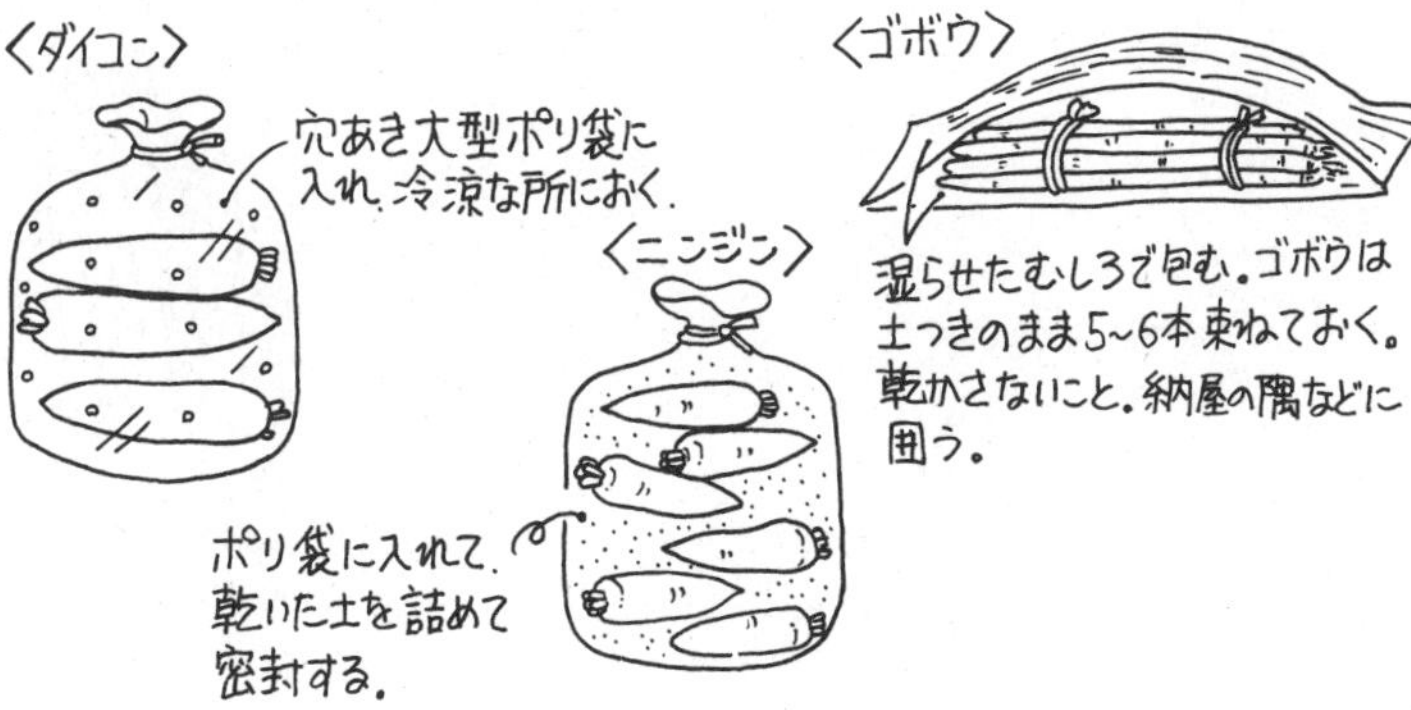
〈ダイコン〉
穴あき大型ポリ袋に入れ、冷涼な所におく。
〈ニンジン〉
ポリ袋に入れて、乾いた土を詰めて密封する。
〈ゴボウ〉
湿らせたむしろで包む。ゴボウは土つきのまま5~6本束ねておく。乾かさないこと。納屋の隅などに囲う。

土間や納屋での貯蔵—タマネギ、ニンニク

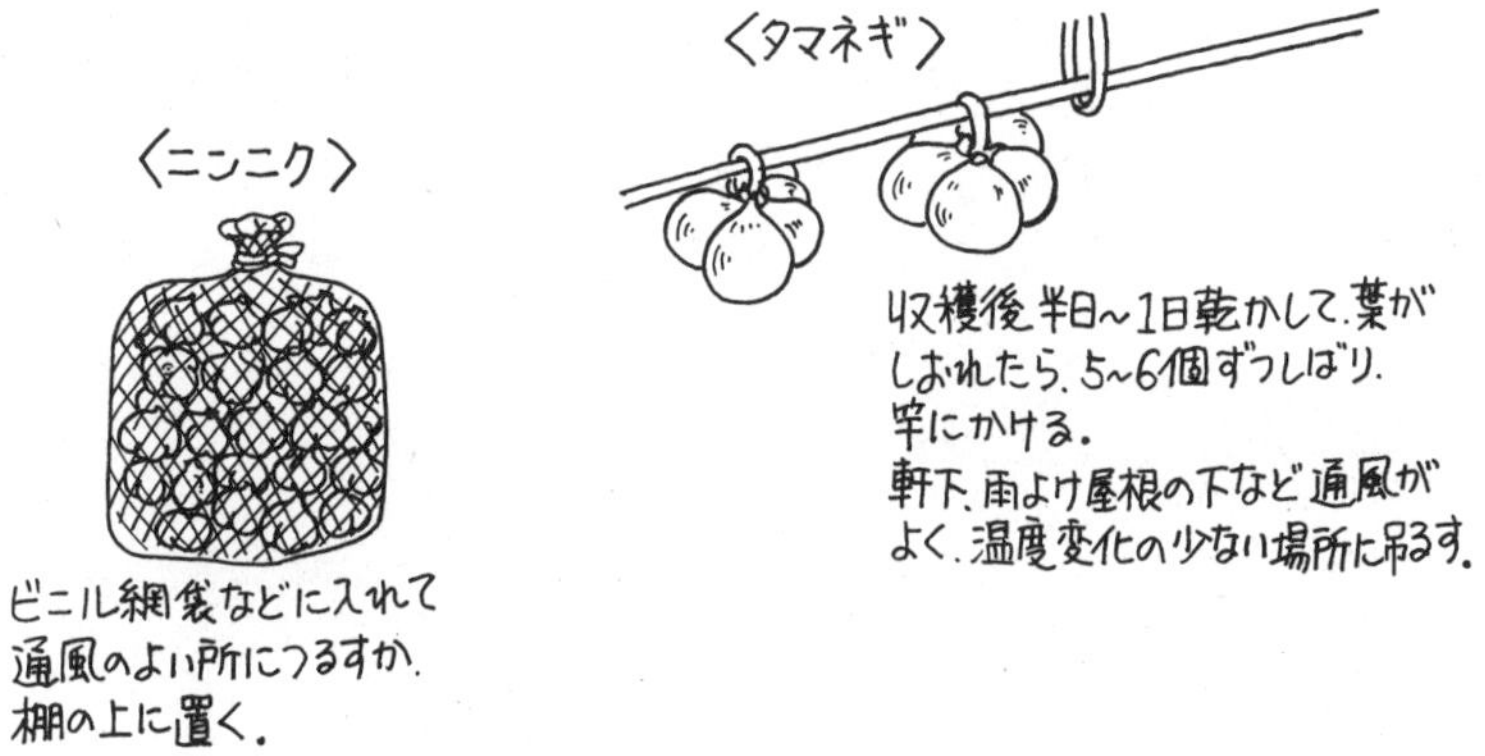
〈タマネギ〉
収穫後半日~1日乾かして、葉がしおれたら、5~6個ずつしばり、竿にかける。
軒下、雨よけ屋根の下など通風がよく、温度変化の少ない場所に吊るす。
〈ニンニク〉
ビニル網袋などに入れて通風のよい所につるすか、棚の上に置く。

土間や納屋での貯蔵—果菜類

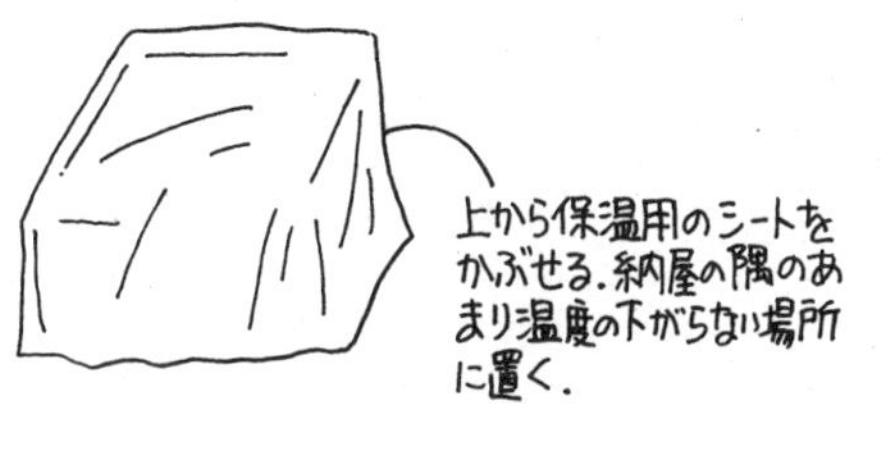
上から保温用のシートをかぶせる。納屋の隅のあまり温度の下がらない場所に置く。

〈ピーマン〉
モミガラか川砂
10℃前後で貯蔵
ポリエチレンシートを段ボールの中にしき、ピーマンを並べる。
ピーマンのヘタを長めに切る。

部分まで土をかけ、ごぼうはあいだに土を詰めて乾燥させないようにする。貯蔵適温は〇℃前後、湿度九〇%。貯蔵期間は二～三か月。

土間や納屋での貯蔵—葉菜類

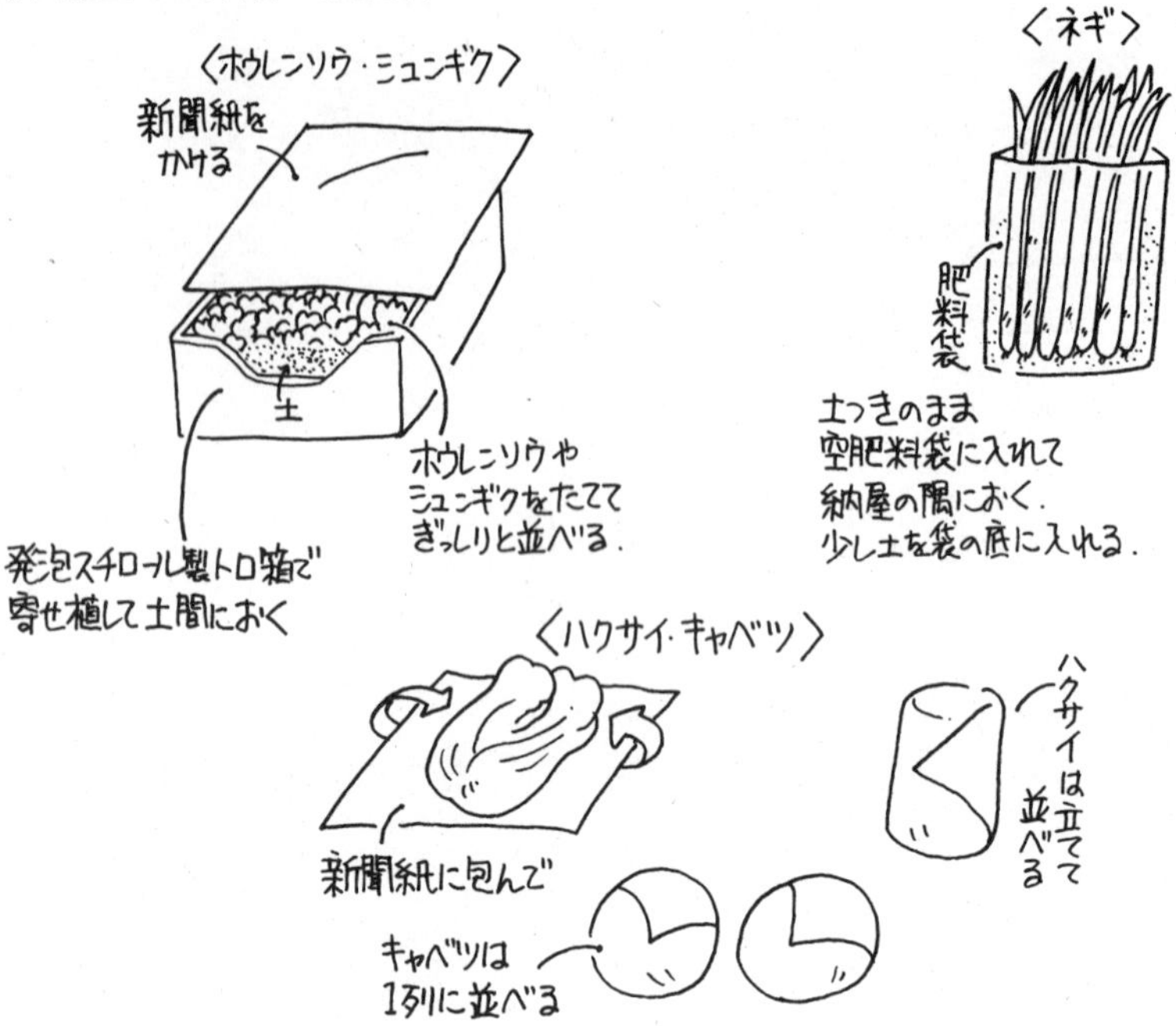
〈ホウレンソウ・シュンギク〉
新聞紙をかける
土
ホウレンソウやシュンギクをたててぎっしりと並べる.
発泡スチロール製トロ箱で寄せ植して土間におく
〈ネギ〉
肥料袋
土つきのまま空肥料袋に入れて納屋の隅におく.少し土を袋の底に入れる.
〈ハクサイ・キャベツ〉
新聞紙に包んで
ハクサイは立てて並べる
キャベツは1列に並べる

庭や畑での貯蔵

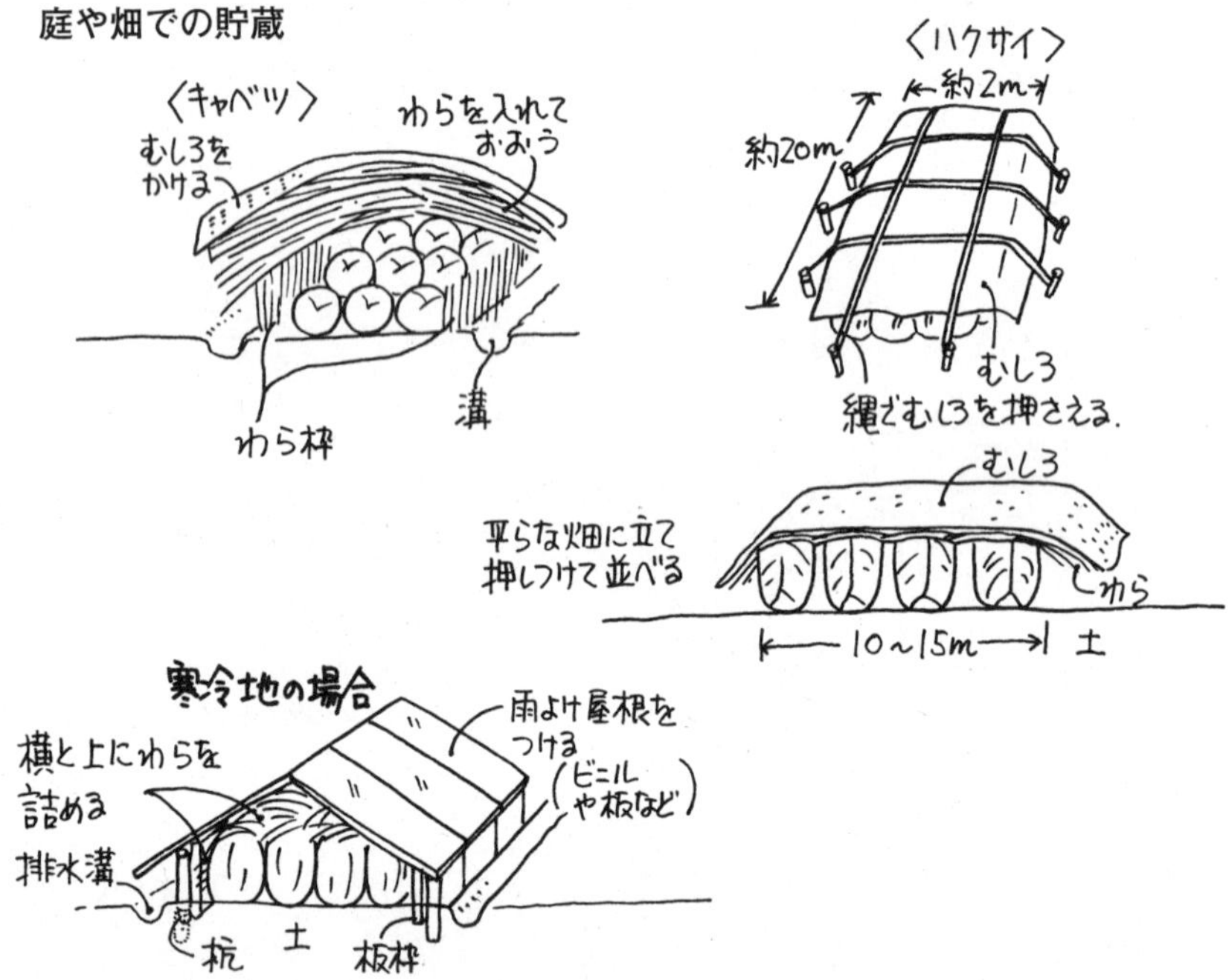
〈キャベツ〉
むしろをかける
わらを入れておおう
わら枠
溝
〈ハクサイ〉
約2m
約20m
むしろ
縄でむしろを押さえる.
むしろ
平らな畑に立て押しつけて並べる
わら
10～15m
土
寒冷地の場合
雨よけ屋根をつける
(ビニルや板など)
横と上にわらを詰める
排水溝
杭
土
板枠

土間や納屋での貯蔵（図参照）

比較的温暖な地、寒冷の地域に適する。野菜によって、地域によって、貯蔵のしかたや貯蔵期間などは異なるが、温度変化の少ない場所を選び、寒気が強くなるときはある程度の保温をすること。通風をよくして湿気がこもらないようにすることなどに心がける。

根菜類　ビニル袋などに入れる。貯蔵期間は大体一か月。

玉ねぎ、にんにく　茎葉の枯れる直前に収穫し、乾燥した通風のよいところにつるす。貯蔵期間は大体六か月。

果菜類　段ボールや木箱、発泡スチロールなどに、もみがらや川砂などと一緒に詰める。貯蔵期間は大体一か月。

葉菜類　貯蔵期間は大体一か月。

庭や畑での貯蔵（図参照）

降雪の少ない暖かい地域に向く貯蔵。大量に、しかも簡単な寒さよけと雨よけだけで、畑地にそのまま貯蔵できるのが利点。貯蔵期間は大体一か月。

白菜　よく結球した白菜の外葉をしばり、立てて並べ、わらや落葉でおおい、むしろをかけておく。とくに寒さの厳しい地域では、回りを板枠で囲い、ビニルをかけておく。

キャベツ　よくしまった玉を選び、白菜と同じように貯蔵する。貯蔵適温は〇℃前後。貯蔵期間は大体一か月。

雪中貯蔵（図参照）

雪の中は〇℃前後で湿度も九〇％程度。ほうれん草や小松菜などの緑黄色野菜の貯蔵に適す。新聞紙でくるんでからビニル袋などに包んで雪を十分かける。

地下トンネル貯蔵（図参照）

温暖地で地下水位の低い、土の固いところでは、地下穴や横穴式のトンネル貯蔵庫が、半永久的に利用できる。

夏の暑さに対する貯蔵

高温になると葉菜類は早くしおれて、黄葉になってしまう。水で湿らせた新聞紙一枚でほうれん草を一束ずつ包んでポリ袋に入れ、八～一〇℃の冷蔵庫内で貯える。この状態では三～四日間、鮮度が保たれる。

スイートコーンや枝豆、グリーンピースなどは、もぎたてのものほど甘みもあっておいしい。時間経過とともに甘みも半減するので、ポリ袋に入れ冷蔵庫内で保存する。

『こだわり食品②　野菜』（農文協）より

雪中貯蔵

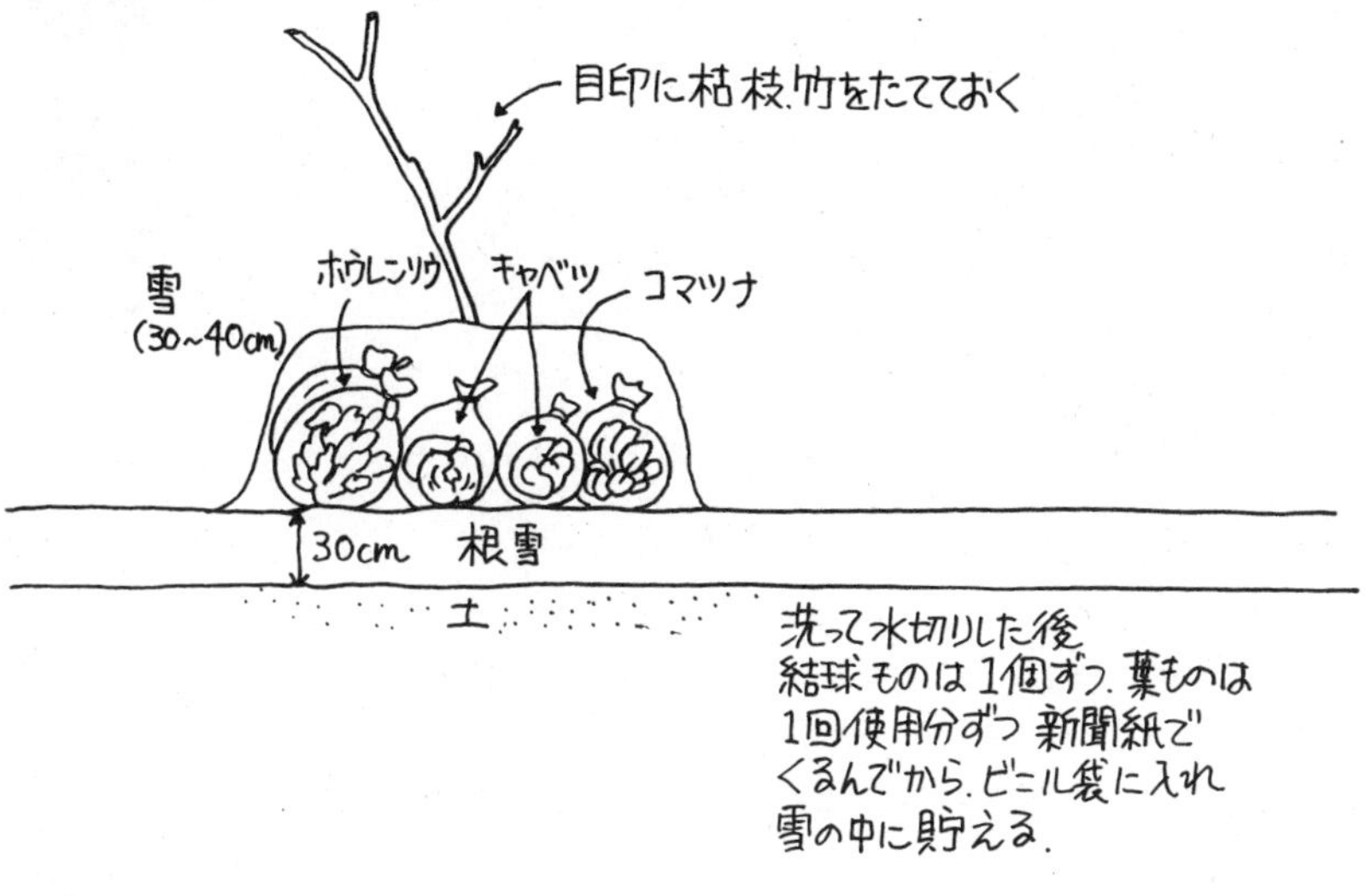
目印に枯枝、竹をたてておく
雪
(30~40cm)
ホウレンソウ
キャベツ
コマツナ
30cm
根雪
土
洗って水切りした後
結球ものは1個ずつ、葉ものは
1回使用分ずつ 新聞紙で
くるんでから、ビニル袋に入れ
雪の中に貯える。

トンネル貯蔵

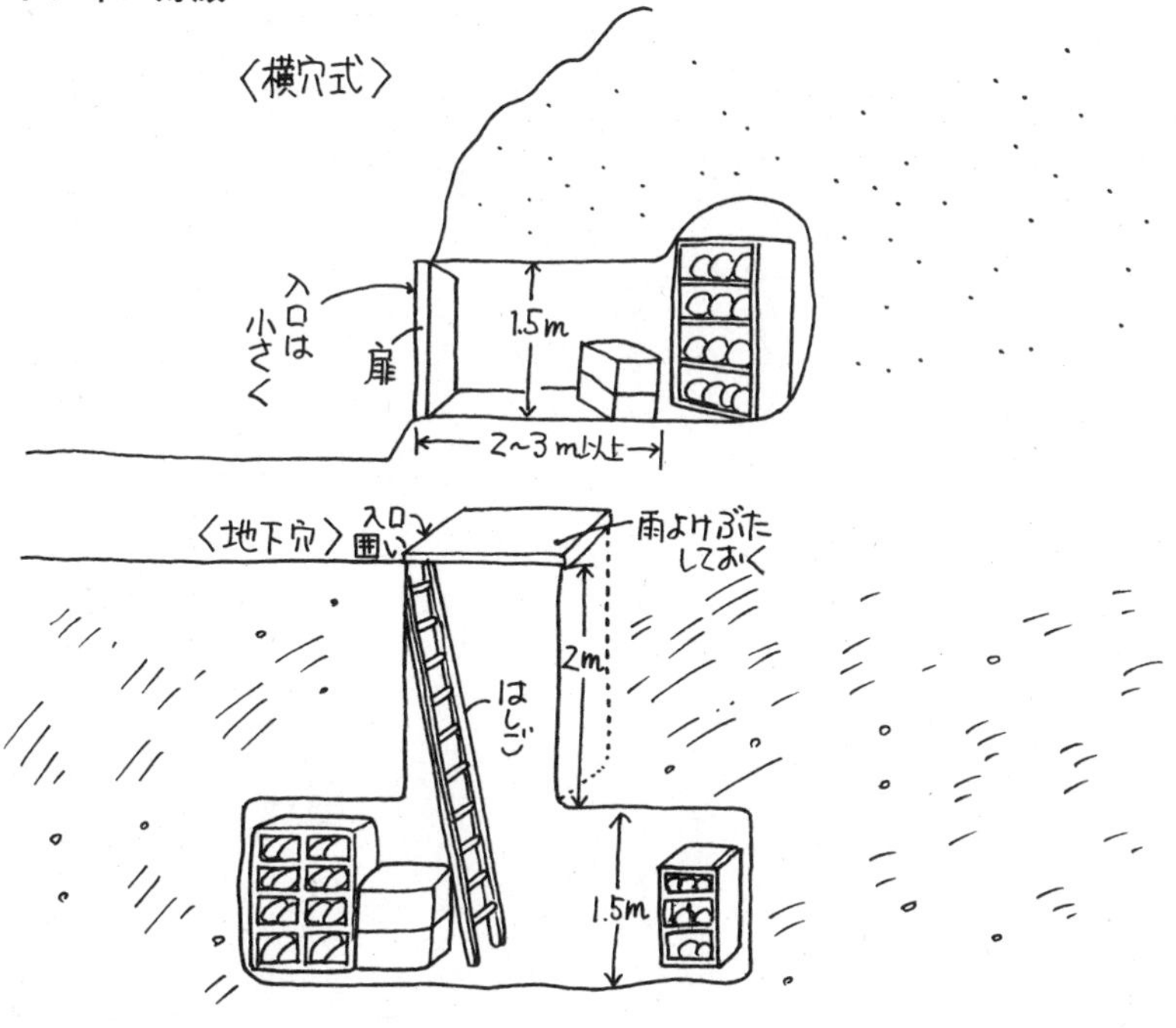
〈横穴式〉
入口は小さく
扉
1.5m
2~3m以上
〈地下穴〉
入口囲い
雨よけぶたしておく
2m
はしご
1.5m

根菜の土中貯蔵

新堀二千男　千葉県農業試験場

土中貯蔵が行なわれているのは、貯蔵が比較的容易なさつまいも、里芋、ごぼう、生姜などである。地方によっていろいろな形態があるが、大別すれば、溝式、丸壺式、積上式、深穴式などがある。

溝式貯蔵

設置場所は畑地の一隅で、地下水位が低く、降雨による雨水などが流入しない南面がよい。大きさは随意であるが、火山灰土地帯では次のように行なう。

さつまいも　溝は深さ九〇～一二〇cm、幅六〇cmていどとし、長さは貯蔵するいもの量によって決める。

掘り取ったいもは、病気や傷のついたものを除き、成り首につけたまま、五kgていどに束ねて溝に入れる。直接冷気や雨水が溝に入らないように、もみ殻、稲わらとビニルで覆い、いもの呼吸熱が落ちつくまで約二週間放置する。寒さの厳しい地方では土壁との接触面にもみ殻、稲わらなどを入れて保温するが、九州地方ではなんの措置も施さない。

その後換気口を設けて覆土する。そして、寒さが強くなるにつれて覆土量を増し、十二月中旬ころには換気口を閉じて密閉する。その後は温度一三℃、湿度八五～九五％を保てばよいわけであるが、それでも一〇～二〇％の腐敗による損耗は覚悟しなければならない。とくに、連作圃場や野菜作跡地など窒素の多い畑地で栽培したいもには腐敗が出やすい。また、溝穴でのさつまいもの貯蔵限界は四月末までである。

里芋　溝の深さ五〇～六〇cm、幅九〇～一〇〇cmていどが管理しやすい。この溝に、株ごと根を上にして順次積み上げる。

貯蔵温度を適温に保つためには、溝の深さと覆土の厚さで加減する。気温の比較的高いところでは、最初は覆土を薄くして、しだいに厚くしていく。最終的には三〇～四〇cmの高さに盛る。関東以北の寒気の強い地帯ではさらに覆土を厚くするなどの工夫が必要である。

逆に、覆土が厚すぎると高温になり、貯蔵中に芽が伸びて品質が低下する。とくに貯蔵初期は気温が高く、呼吸も旺盛で発熱量が大きいので、いもの上に稲わらなどをかぶせ、雨水の流入を防ぐためにビニルで覆っておく。気温の低下にしたがって、覆土量をふやしていくようにする。翌年の三月から四月までは貯蔵が可能である。

生姜　幅六〇～七〇cm、深さ一八〇～二〇〇cmの溝式貯蔵法が行なわれている。一般に生姜の収穫適期は、初霜後の茎葉部が枯死したころとされているが、貯蔵するばあいはやや早めがよい。地上部が枯死するまで放置すると、塊茎が寒害を受けやすい。とくに芽が傷むと種生姜にはならないので、十月下旬から十一月下旬の降霜の前には収穫をすませるようにしたい。

収穫した生姜の茎を一～二cm残して切り取り、溝穴のはじからていねいに傾斜をつけてならべ、土と生姜を交互に入れて積み上げる。土の量と生姜の量は、半々ぐらいがよい。詰込みは地表下五〇cmほどまでにして、その上にもみ殻を入れ覆土をし、ビニルなどで雨水の流入を防ぐ。

この方法は、土中の保温性を利用した貯蔵であるが、低温が厳しい年や反対に暖冬のばあいには、低温による枯死、腐敗や高温による発芽などの品質劣化をあるていど覚悟しなければならない。また、五月以降まで貯蔵するばあいも同様で、外気温の影響を受けやすく、不安定である。

丸つぼ式貯蔵

直径一〇〇cm、深さ一二〇～一八〇cmの丸穴をつくり、溝式と同様にいもをつめる。その上に、稲わらを立ててかぶせ、覆土する（図1）。土地の寒さの程度に応じて覆土量を多くする。

穴をやや深くし、いもを穴全体に入れず、上層に多少の空間をおき、地表面には横木を渡して屋根を設け、その上に稲わらなどを置いて保温する地方もある。この方式は、空間によって、温度および湿度の調節ができるので比較的安全な貯蔵法である。

積上式貯蔵

排水のよい畑地の一隅に、直径二〇〇～二五〇cm、高さ一〇〇～一五〇cmくらいに、円錐形にいもを積み上げる方式である。まず、地面に稲わらや乾草などを敷き、その上にもみ殻を一〇～二〇cmの厚さに入れる。その上にいもを積み上げる。図2のように、中央には幅二〇～三〇cmの排気孔をつける。いもの上を稲わらなどでかるく覆い、その上から盛土をして、さらに稲わらなどで雨よけをつくる。

この方法は、寒冷地では保温性に問題があり、安定した貯蔵ができないという欠点がある。低温に弱いさつまいもの貯蔵には向かない。里芋については、北陸地方で「土まんじゅう貯蔵法」といわれ、広く実施されている。排水のよい畑地に、子いも、孫いもがついたまま積み上げて約二週間風乾し、その後盛土と覆いをする。

農業技術大系野菜編　第十二巻　土中貯蔵　一九八九年より

図1　丸つぼ式貯蔵（鹿屋市）

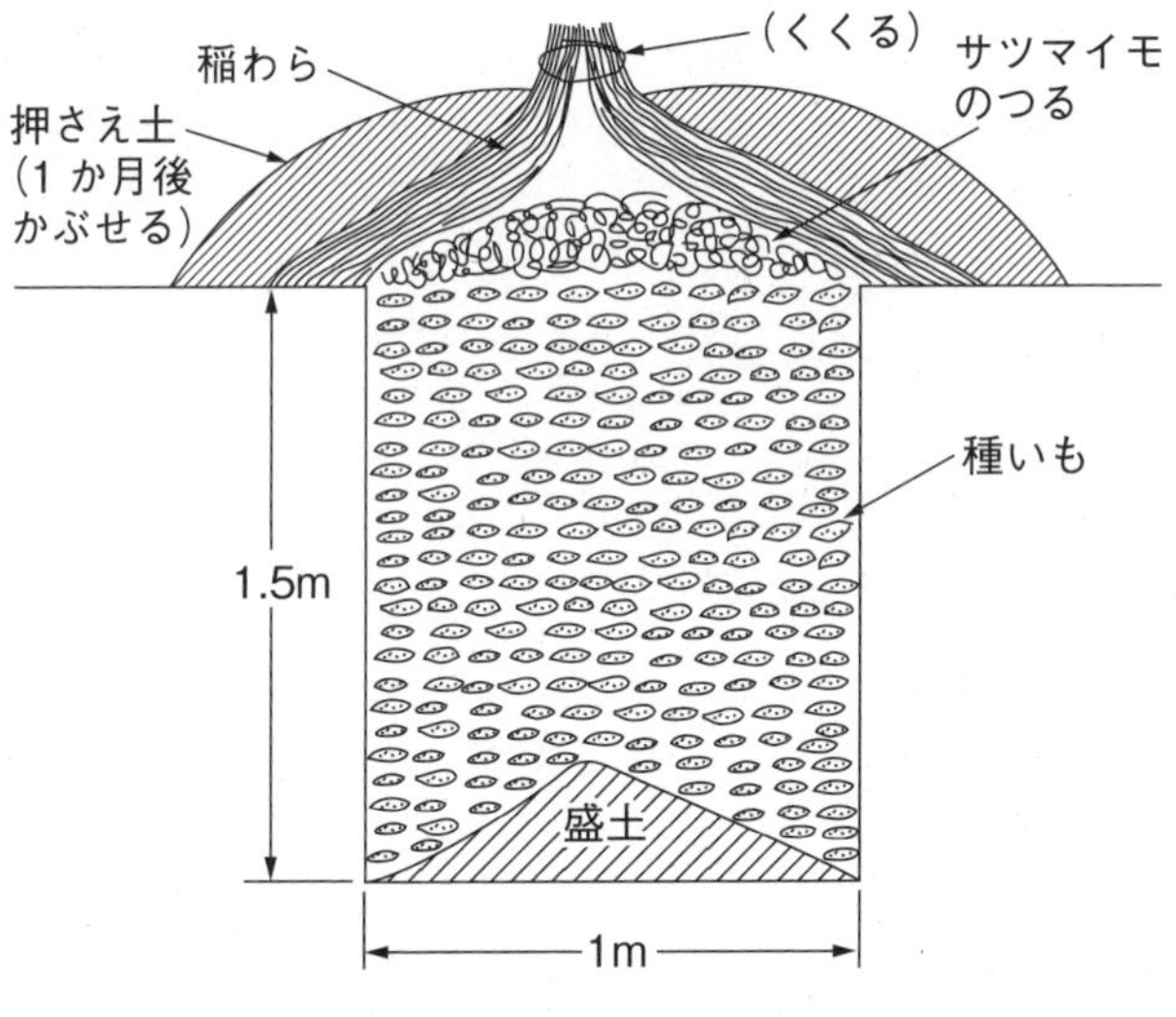

図2　土まんじゅう貯蔵法

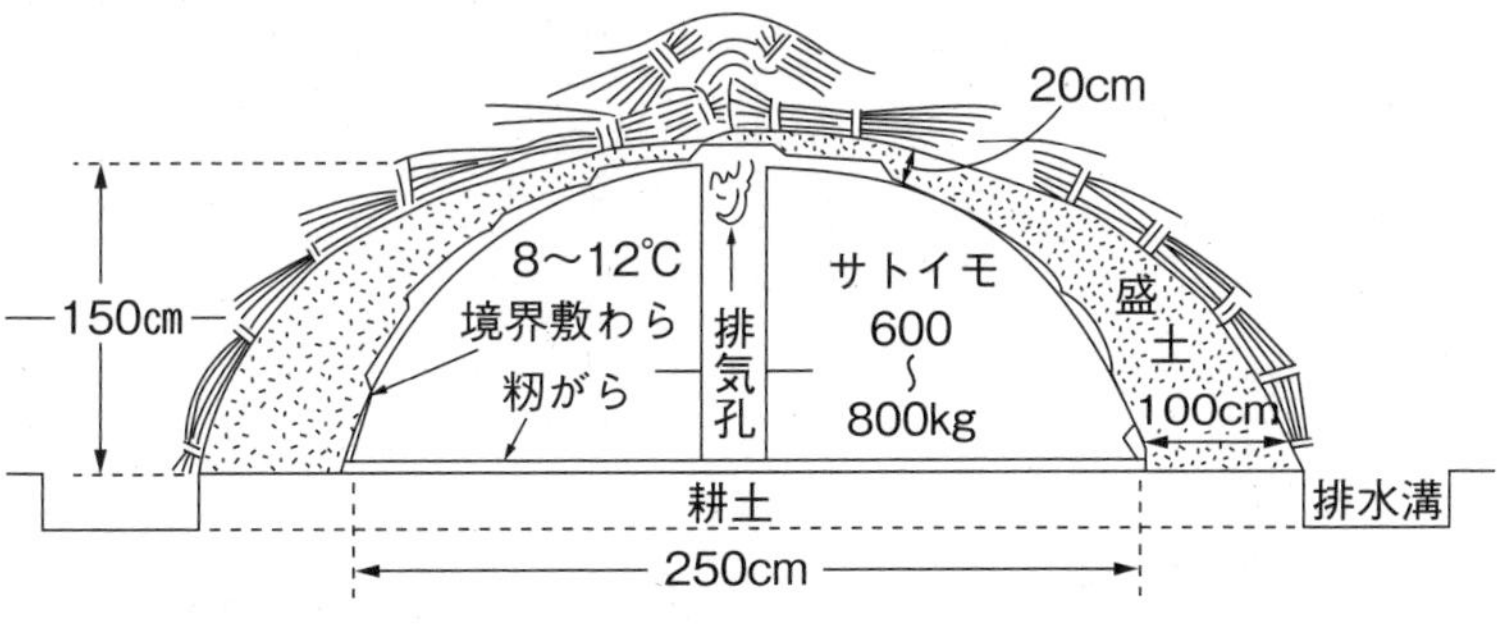

白菜を吊るして保存

早戸広美さん　島根県奥出雲町

①
収穫は晴れた日がよい。根を切らずに残しておく。軒下など雨のあたらないところに並べて、外側の葉の水分が抜けるまで数日干す。
②
新聞紙で包んで、根の部分にひもを結ぶ。土蔵の梁に竿をわたし、白菜を吊り下げる。
高さ2mちょっと
根の部分
③
白菜を食べるときは、柄の長い鎌などでひもを切り、落ちてくる白菜を受けとめる。

奥出雲町は山間の町。冬は寒く雪も深い。せっかく栽培した白菜も、そのまま畑に置いておけば、凍みてしまう。土の中に埋めておけばいいのだが、雪の下になると掘り出すのが大変。

そこで、早戸さんの家では土蔵の梁に竿を渡し、そこに白菜を吊るしている。昔からお姑さんがやっていたやり方で、近所でも同様にやっている人がいる。

白菜が床と接しているとそこから傷み始めることがあるが、吊るしておくとそういうことがない。収穫したときとほとんど同じ状態で春までもつという。

それに置く場所にも困らない。七人家族が春まで食べる白菜は、かなりの量になる。もし床に置いたら場所をとって仕方がない。高いところに吊るしておけば、まったくじゃまにならないそうだ。

なお、根の部分にひもを結んで吊るすので、収穫する際は根を残しておくのを忘れずに。

（文・編集部）

二〇〇四年十一月号　ハクサイは吊るすに限る！

かぼちゃも軒下に吊るす

福岡県杷木町のAさんのところでは、「冬至にかぼちゃを食べると元気に過ごせる」といわれている。だが、秋にとれたかぼちゃを十二月まで保存するのは、なかなか難しい。

そこでAさんは、かぼちゃを風通しのよい納屋のひさしの下に吊るして、かびや腐れを防いでいる。収穫のときにかぼちゃの頭のつるを長めに残しておき、そこにひもを結ぶとよい

もものジャムとシロップ煮　食品をびん詰して保存する方法が発明されたのは、今から200年前である。1804年にフランス人のニコラ・アッペールが、ガラスびんの中に食物を入れてコルク栓で密封し、加熱殺菌する方法を考案した。1810年には、ガラスびんの代りに、ブリキなどを利用した缶詰がつくられた。

栄養たっぷり
野菜ふりかけ
京都市左京区久多《くた》町
山菜加工研究会 足立良一さん
(絵) 近藤 泉
ダイコンの葉は みかんより ビタミンが ある
安全な食品．昔ながらの手づくりの味を届けたいわ。
ダイコン葉 野沢菜．春菜 カブの葉
たくあん
山蕗しぐれ
梅みょうが
野菜ふりかけ
久多特産
野菜ふりかけ
久多の幸
とったらその日のうちに．きれいに洗って湯通ししておく．
調味して乾燥させる．
(保存)
細かくする．
ジャコ ゴマ をいれる
子どもにも好評です。
ふりかけの材料になる乾燥野菜
ふりかけ
おにぎりに
あついごはんに
お茶づけに
塩蔵フキ
昔ながらの方法で漬けたタクアン
製品は生協におろしたり，消費者まつりなどの催物で即売．販路もひろがっています。
きれいな水がいくらでも使えるのも．山村ならではの有利さです．

わが村の特産物
山村の利を生かす
山菜加工品
山に自生する
フキ、サンショウ、
タケノコは無尽蔵
地域に安定した産業、
職場をつくっていかなくては。地域の収入を増やしたい。
シソ、ミョウガはたくさんとれる。
クリタケ、シイタケ、ヒラタケの
栽培にもむいています。
休耕田を利用して
フキやサンショウを植え、収穫
しやすくしました。
原料は旬に穫って
塩蔵、乾燥などで
保存します。
冬できる作業もふえました。
シイタケをつくる人、クリタケをつくる人、
パートで働く人……
無農薬、低農薬でダイコンなどつくる人、
地域で仕事がひろがります。
淡竹しぐれ
茎若竹の子
しい茸しぐれ
ひら茸しぐれ
スモモジャム
花山椒
実山椒
ビンづめをつくる器具
回転釜、脱水機、乾燥機
農協などの補助で機械も
はいりました

の酢漬

青森県八戸市
山田フジア
（紹介者）
上田節子

③ ナガイモを水洗いしてよく水を切る。

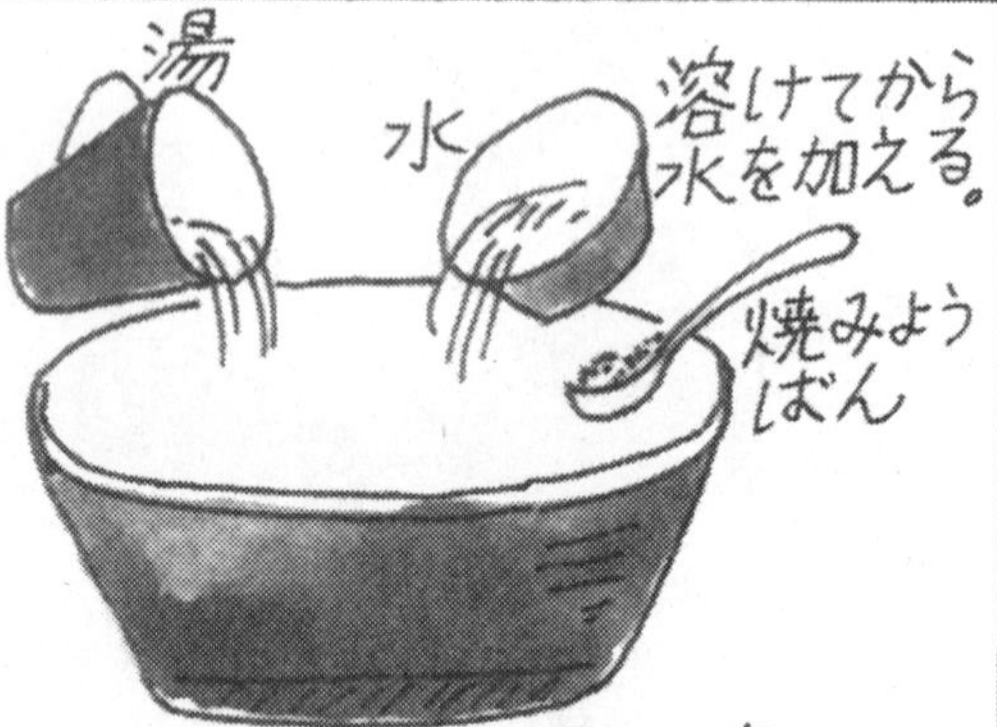
湯
水
溶けてから水を加える。
焼みょうばん

④ 焼みょうばんを湯で溶かしさらにナガイモがひたひたになるくらいの水を加えて、みょうばん水をつくる。

⑤ みょうばん水にナガイモを4時間くらいつける。

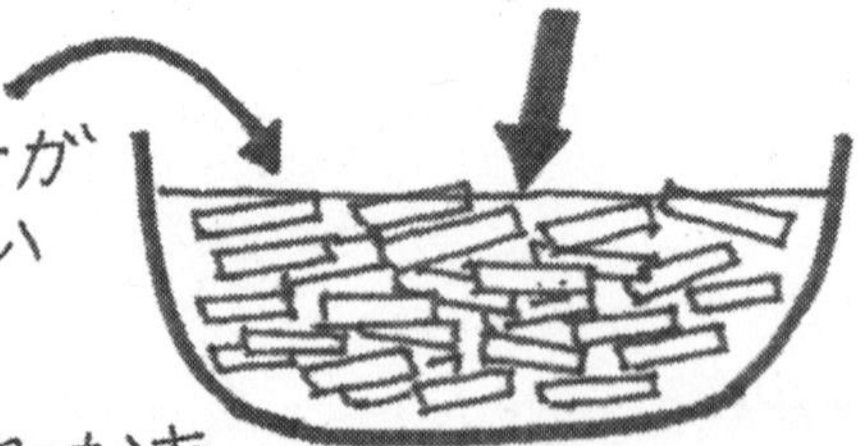

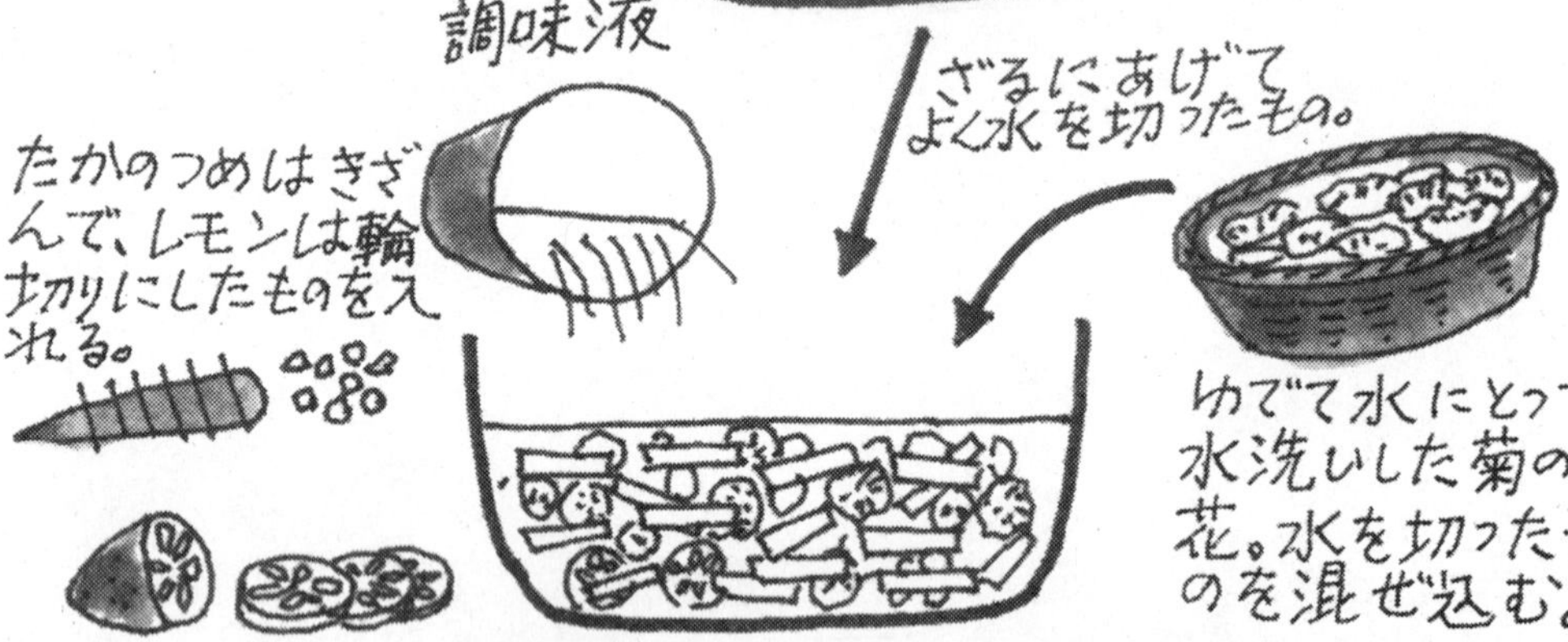
調味液
ざるにあげてよく水を切ったもの。

たかのつめはきざんで、レモンは輪切りにしたものを入れる。

ゆでて水にとって水洗いした菊の花。水を切ったものを混ぜ込む。

⑥ 調味液にナガイモ、菊の花をつけ込む。2日くらいすれば食べられる。重石はいらない。2カ月くらいは保存できる。

漬け物お国めぐり　ナガイモ

ナガイモをたくさんいただくことがあるが、そのナガイモを何か加工して保存できないかと考えて研究したのがこの「ナガイモの酢漬」です。

ナガイモのぬめりがとれて、さっぱり、パリパリとした食感で、誰にでも喜ばれます。栽培農家ではくずもののナガイモもたくさん出るのでこれを漬け物にすることで消費拡大にもなります。

〈材料〉

- ナガイモ ―― 1Kg
- 菊の花 ―― 1パック
- 調味液
  - 塩 ―― 小さじ2
  - 酢 ―― 1カップ
  - 酒 ―― 1カップ
  - たかのつめ ― 2本
  - レモン ―― 1/2コ
- 焼みょうばん ― 大さじ6
- 湯（40度）― 2カップ
- 水

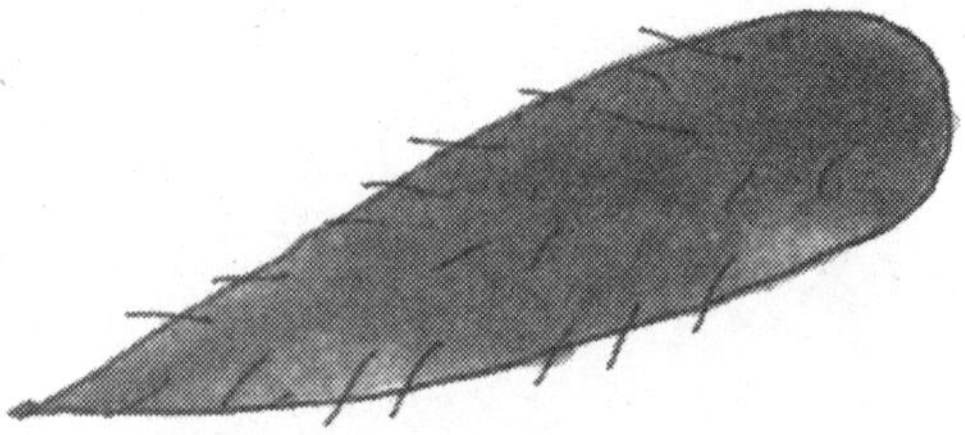

① ナガイモの皮をむき拍子切りする。

② 切ったナガイモを2%の塩水に一晩つけておく。（重石は軽く）

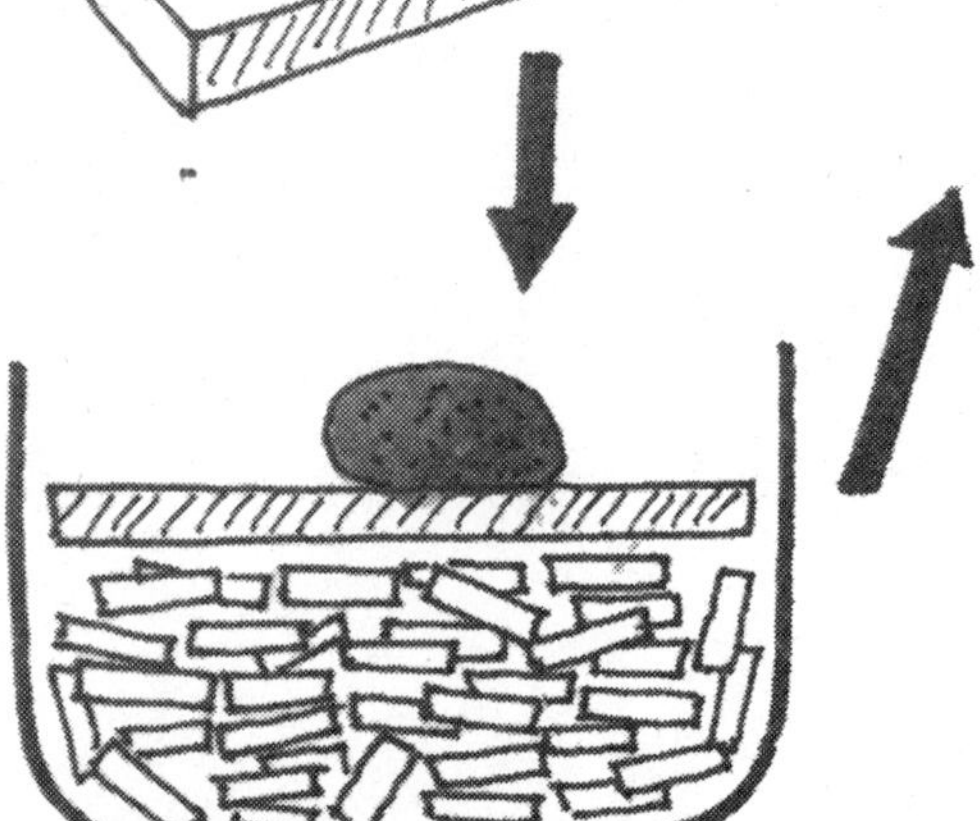

（絵・竹田京一）

虫をつけない

保存食を豊かにたくわえる

愛知県 久野勝夫さんのビン詰方法

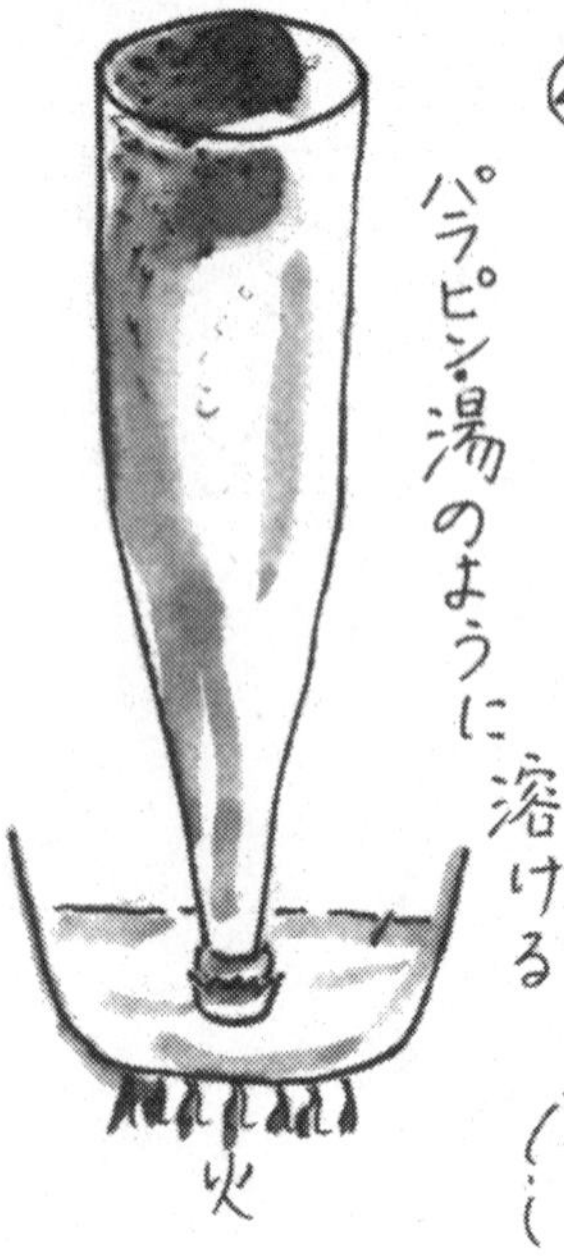

パラピン・湯のように溶ける
火

④ 古い王冠を再利用する。
パラピンを熱してその
中へ口先だけ突込み
すぐに出す。 瞬間
に冷えてビンは密閉
される。
何年でも変化しない
いわゆるビン詰貯蔵。

白米、麦、大豆、キナ粉、メリケン粉、パン粉等もビンに詰めて保存します。
わが家では大正初年からトマトピューレーの加工・ビン詰を副業にしてきました。
ビンは2m位まで高く積める

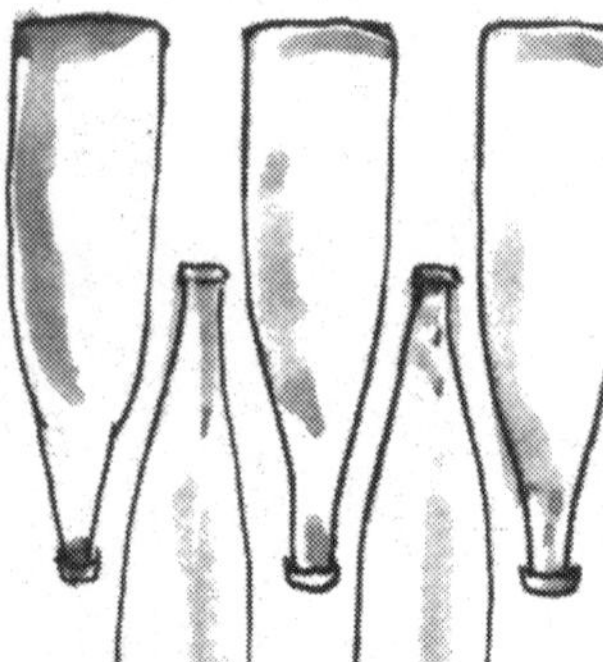

⑤ ビンは正しく並べて
積み上げる。

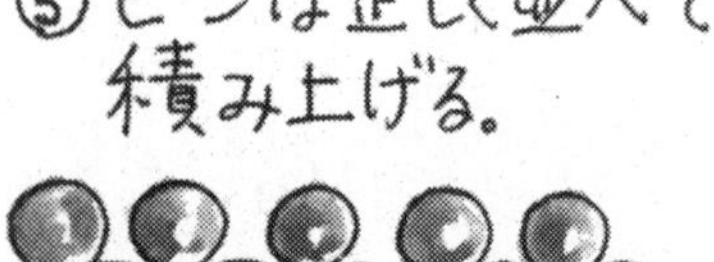

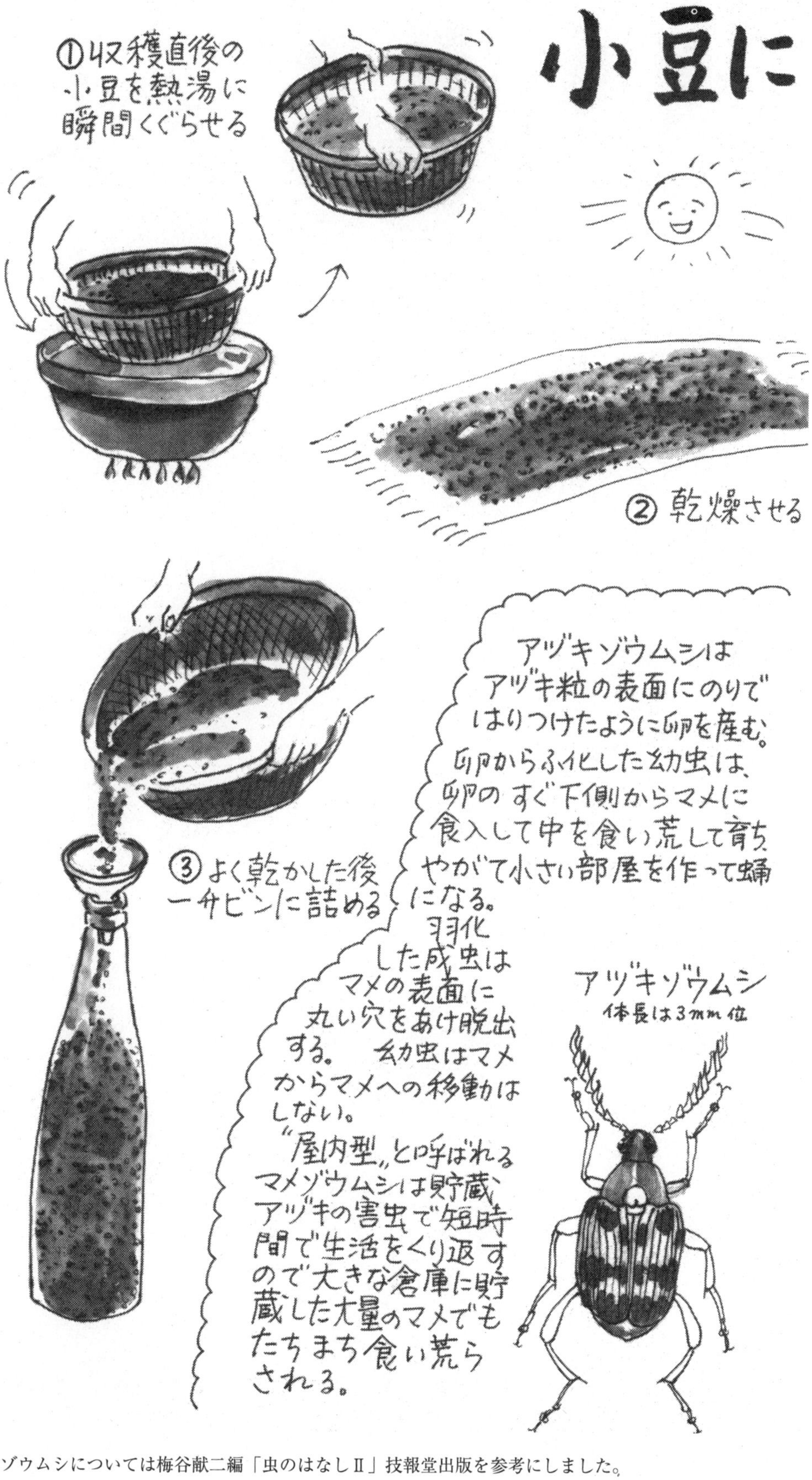
小豆に
①収穫直後の小豆を熱湯に瞬間くぐらせる
②乾燥させる
③よく乾かした後一升ビンに詰める
アヅキゾウムシは アヅキ粒の表面にのりではりつけたように卵を産む。

卵からふ化した幼虫は、卵のすぐ下側からマメに食入して中を食い荒して育ち やがて小さい部屋を作って蛹になる。

羽化した成虫はマメの表面に丸い穴をあけ脱出する。 幼虫はマメからマメへの移動はしない。

〝屋内型〟と呼ばれるマメゾウムシは貯蔵アヅキの害虫で短時間で生活をくり返すので大きな倉庫に貯蔵した大量のマメでもたちまち食い荒らされる。

アヅキゾウムシ
体長は3mm位

（絵・玉木昭子）

アズキゾウムシについては梅谷献二編「虫のはなしⅡ」技報堂出版を参考にしました。

モロヘイヤ、アマランサス、しそ、おかのり

粉にして保存

細井千重子　長野県南相木村

夏野菜の緑を冬まで保存

長野県の高原地帯に位置する当地は、冷涼な気候です。盛夏でも多種類の緑黄色野菜が収穫でき、食卓いっぱいに野菜料理が並びます。モロヘイヤチップス、つるむらさきとところてんのサラダ、おかのりの天ぷら、えんさい、アマランサスのおひたし、つる菜のみそ汁、バイアムのいくさ和え、青じその生姜みそ巻き…。

一方、寒さが厳しい冬には、緑の野菜が不足がち。夏の太陽をいっぱい浴びた栄養のある野菜たちを、冬から春先に食べられないだろうか…。私は、自分なりに工夫して、葉っぱを粉にして保存しています。

粉にするのは、モロヘイヤ、アマランサス、おかのり、赤じそ、青じそなどです。モロヘイヤ、アマランサス、おかのりは、ぬめりがありますが、あくが無く粉にしやすい野菜です。しそは香りがよいのが一番です。つるむらさきは葉が厚く、粉にするには無理ですし、えんさい、つる菜などはあくがあるのでやりません。

今は冷凍ストッカーがあるので、生葉のまま、またはゆでて冷凍保存する方法もあります。しかし昔から、日光に当てて乾燥させた野菜を保存し、寒い冬に体が暖まる料理にして食べてきました。そんな昔ながらの暮らしの知恵を生かすやり方のほうが、いいかなと思っています。ですから機械乾燥でなく、自然の太陽の恵みで干し上げます。

モロヘイヤ

八月中下旬～九月上旬に天気のよい日を選んで、若々しい大葉や新芽を摘みます。粉挽器があれば葉柄ごと摘んでも大丈夫ですが、すり鉢で粉にするときは、柄を除くほうがよいでしょう。

葉をさっと洗い、水気をよく切り、大きめのネット（洗濯ネットや玉ねぎのネット）にふんわり入れます。洗濯用ハンガーにネットの両側を止め、日に干します。好天なら、一日で完全に干し上がります。天気が悪く、幾日もかけて干すと色がきれいに仕上がりませ

野菜の粉の保存には、ガラスの空き瓶を利用する。海苔などに入っている乾燥剤を入れておくとよい（撮影　倉持正実）

モロヘイヤ粉のつくり方

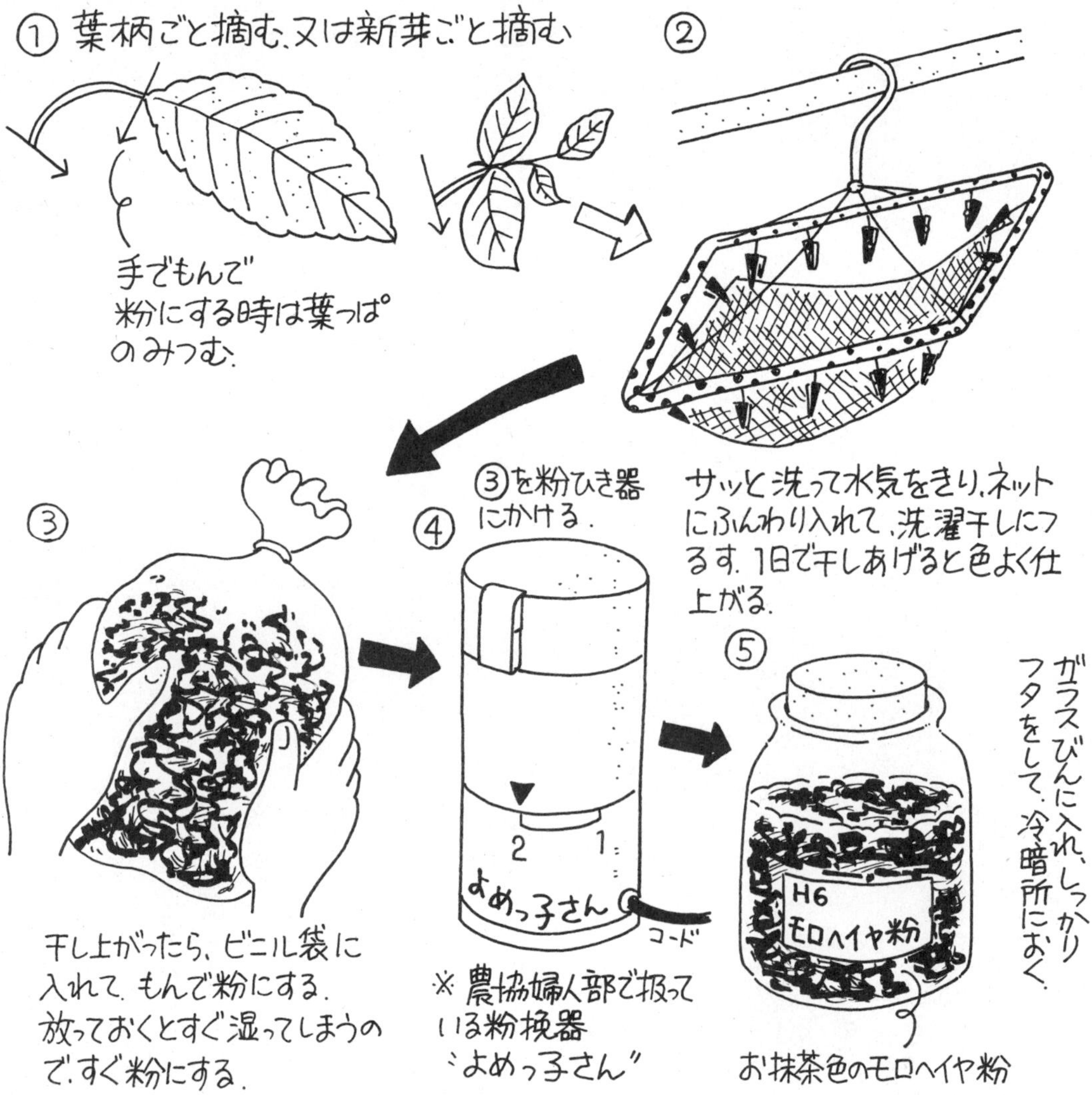
①葉柄ごと摘む、又は新芽ごと摘む
手でもんで
粉にする時は葉っぱのみつむ.
②
サッと洗って水気をきり、ネットにふんわり入れて、洗濯干しにつるす。1日で干しあげると色よく仕上がる.
③
干し上がったら、ビニル袋に入れて、もんで粉にする.
放っておくとすぐ湿ってしまうので、すぐ粉にする.
④
③を粉ひき器にかける.
2
1
よめっ子さん
コード
※農協婦人部で扱っている粉挽器"よめっ子さん"
⑤
H6
モロヘイヤ粉
ガラスびんに入れ、しっかりフタをして、冷暗所におく.
お抹茶色のモロヘイヤ粉

ん。干し上がったらすぐビニル袋に入れ、軽くもんでから粉挽器に入れます。一〇秒くらいずつ二～三回かけると、お抹茶そっくりのきれいな淡緑色の微粉末になります。

これをガラスの空き瓶に入れ、しっかりふたをして冷暗所に保存します。のりや菓子に入っている乾燥剤を入れておくのもよいでしょう。

そば、うどんを打つときに、小麦粉五〇〇gにモロヘイヤ粉大さじ一杯を加え、小麦粉とよく混ぜてから水分を加えてよくこねます。モロヘイヤはねばりがあるのでつなぎの役目もしてくれ、淡いグリーンのさわやかな麺になります。色を生かして食べたいので、煮込まないでざるそば、冷うどん等にしていただきます。

毎年三月に、あられやかき餅をつくるのですが、このなかにも長いも、里いもと一緒にモロヘイヤ粉、アマランサスの実などを入れます。畑でとれた落花生やあられを油で揚げ、おやつやお茶うけに出すと、孫たちやお客様に喜ばれます。

このほか、小麦粉、米粉を使う料理に、幅広く利用できます。お正月のまゆ玉、やしょうま、ケーキ、クッキー、パン、薄焼きなどにいれます。今までお抹茶を使っていた長いもようかん、そばようかん、ババロア、アイスクリーム、白玉団子、寒天料理などにモロヘイヤ粉を使っていますが、抹茶とほとんど区別がつきません。香りが気になるようだったらエッセンスを少々加えると大丈夫です。

　きな粉はいろいろ使うことが多いのですが、モロヘイヤ粉を混ぜると、美しいうぐいす色になります。おにぎり、よもぎ餅、おはぎ、くず餅、餅など、美味しくいただけます。

アマランサス

　アマランサスの葉を美味しく食べるには、緑色の花穂が出る種類がよいでしょう。赤い長い花穂が出る品種は、たくさんの種子を収穫できますが、葉は硬くて美味しくありません。

　葉を摘む時期、干し方、粉にする方法、利用法など、モロヘイヤとほとんど同じです。ぬめりは少なめで、においもありません。くせがないので、モロヘイヤより使いよいでしょう。私はモロヘイヤ粉のほうが好きで、たくさんつくりますが。

赤じそ

　しその粉は、赤じそを中心につくります。以前は普通のちりめん赤じそをつくっていましたが、十五年くらい前から裏赤じそにしました。梅にきれいに色がつきます。

　梅を漬けるとき、多めにしそを加えておきます。梅雨が明けて梅を干すときに、しその葉を取り出し汁気をよく絞り、一枚一枚広げるようにして盆ざるの上で干します（ネットだと葉が丸まってしまい、乾くのに時間がかかる）。天気がよいと一日でカリカリになるので、モロヘイヤと同じ要領で粉にします。

　赤じその粉（ゆかり）は、とても香りがよく、食欲増進になります。

　赤じそ粉は、のり、ごま、干えび、おかのり粉などとふりかけに、お茶漬け、おにぎり、かき餅、あられ、餅、白玉餅、クッキー、ケーキに、野菜の浅漬け、お寿司などに香りを楽しみながら使います。

　蛇足ですが、残った梅酢を瓶《かめ》ごと日なたに三〜四日置いて、びんに移します。夏ばて、二日酔い、腹痛、風邪のときなどに、蜂蜜と熱い湯を注いで飲みます。また、大根、みゅうが、生姜の酢漬け、酢のもの、サラダにも使います。

青じそ

　青じそ粉も少しつくります。つくり方はモロヘイヤ粉と同じです。私が一番好きな使い方は白玉団子です。白玉粉に水を加えてしとらせたら、適量のしそ粉を加え全体によく混ぜ合わせ、小さな平たい団子にして熱湯でゆでます。ゆでながらあくが抜けて、緑色の香りのよい団子ができます。あんみつに加えたり、きな粉や黒蜜で食べます（夏は生の青じそ葉をみじん切りにして加えます）。

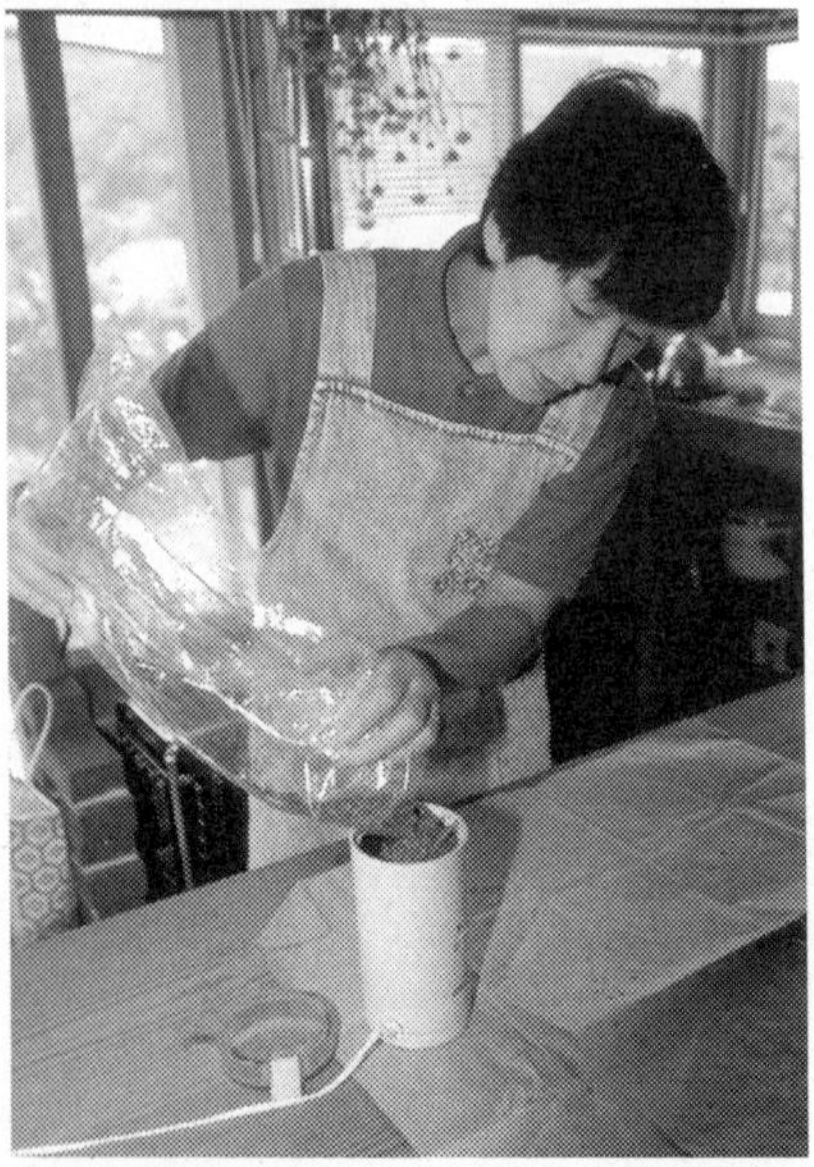

ビニル袋で軽くもんでから、粉挽機（ミル）にかける。10秒くらいずつ、2〜3回。写真の粉挽機は「よめっこさん」（撮影　岩下守）

おかのり

おかのりは春から秋にかけて、長く収穫できる野菜です。ぬめりはあますが、味にくせがなく、天ぷら、おひたし、炒めもの、汁の実などで食します。

粉のつくり方はモロヘイヤと同じですが、モロヘイヤ粉よりあざやかなグリーンで、名前のとおり、粉をなめると海苔のような感じです。モロヘイヤ粉のようにいろいろ使えますが、海苔の代わりという感じで、長いもにかけたり、塩とまぶしておいておにぎり、おはぎにつけたり、ふりかけに加えたり……幅ひろく使えます。

モロヘイヤ、アマランサス、しそ、おかのり、どれも栄養価が高く、粉にすればさらに利用方法が広がります。今年は鶏の冬の緑餌としてたくさんつくろうと思っています。粉挽器を使わなくとも、よく干してビニル袋でもんで粉にするだけで十分です。鶏もよろこんでくれ、卵にもいいかなと思います。

土のある暮らしは、無駄がなく、おもしろく、美味しくてほんとうに豊かです。

一九九五年九月号　栄養のある葉っぱを粉にして保存、活用

野菜の粉を使ったおやつ、料理

長いもようかん

寒天　1本
長いも　250g
砂糖　100g
塩　少々
モロヘイヤ粉　大さじ2〜3
（エッセンス、1〜2滴）

①寒天を洗い、1.5カップの水に浸ける。
②長いもの皮をむき、2cm位の輪切りにし酢水につけて蒸す。熱いうちに裏ごしして、砂糖、塩を加えて練る。
③モロヘイヤ粉に、少しずつ水を加えながら、よく練る。
④寒天を煮て溶かし、長いも、モロヘイヤを合わせて、よく練る。
⑤器に流して、冷やし固める。

かき餅

もち米　1.5升
砂糖　150g
塩　30g
里いも　100g（すりおろし）
アマランサス種子　1カップ弱
モロヘイヤ粉　大さじ5
（モロヘイヤ粉の代わりに、しそ粉、アマランサス粉でもよい）

①もち米以外の材料を全部ボウルに入れ、よく混ぜておく。
②もちをついて、少し冷め加減のところに、①を加えてさらにつく。
③片栗粉をまぶしながら、棒状にいくつも取り、固まったら（1〜2日）薄く小口切りにする。
④③を紙の上に広げ、その上にさらに紙と木綿ふろしきをかけ、風に当てないようにして干す（風にあたると割れる）。

そばかりんとう

そば粉　80g
地粉（小麦粉）　120g
卵　2個
砂糖　大さじ2
ごま油　大さじ2
塩　少々
モロヘイヤ粉　少々（しそ粉、他）

①卵をほぐし、砂糖、油、塩、モロヘイヤ粉を加えてよく混ぜる。
②①にそば粉、地粉を加えてよくこね、10分くらい寝かせる。
③めん棒で5mmほどの厚さにのばし、長さ5cm、幅5cm位に切る。
④油でカリッと揚げる。

緑色のおかのりうどん。小麦粉500gにおかのり粉大さじ1杯をよく混ぜてから水分を加えてこねる。おかのりのぬるぬるした食感で、めんがつるつるになる（撮影　岩下守）

たけのこ、わらび、ぜんまい、うど、さくらの葉

保存のテクニックと、とっておきの料理

吉村春子　岐阜県中津川市

長い冬を土の中でじっと耐え、春の日ざしをそっと受けて、ふきのとうがふくらみはじめる。つづいてよもぎ、たけのこ、わらびなど、わが家のまわりは山菜の宝庫です。新鮮な旬の味を満喫した後で、年中春の味を楽しみたいと、冷凍、塩蔵、びん詰など試みております。

スーパーに行けば、山菜も季節を先取りしてなんでも手に入りますが、自分の手で春を保存し、時に応じ食卓にうるおいをもたらし、不意の来客のおもてなしに大変よろこばれております。

たけのこ

私の住んでいるところは「瀬戸」と言いますが、瀬戸のたけのこは、軟らかであくが少なく美味しいことで知られています。大量に掘り出され、出荷されたり、缶詰加工が行なわれております。肥料を施して手入れされた竹林からは、ほんとうに軟らかなたけのこが掘り取られています。

たけのこは、掘り取ると時間がたつにつれて酸化され、あくも強くなり、味も損なわれていきます。「お客様の姿を見てたけのこを掘りに行く」とまで言われ、掘り取ったたけのこは、すぐ米ぬか一にぎりを入れて皮つきのまま茹でます（四〇分）。煮汁のまま冷ますことにより、あくがよく抜けます。

皮をむいて一晩水に放してから各種の貯蔵に入ります。

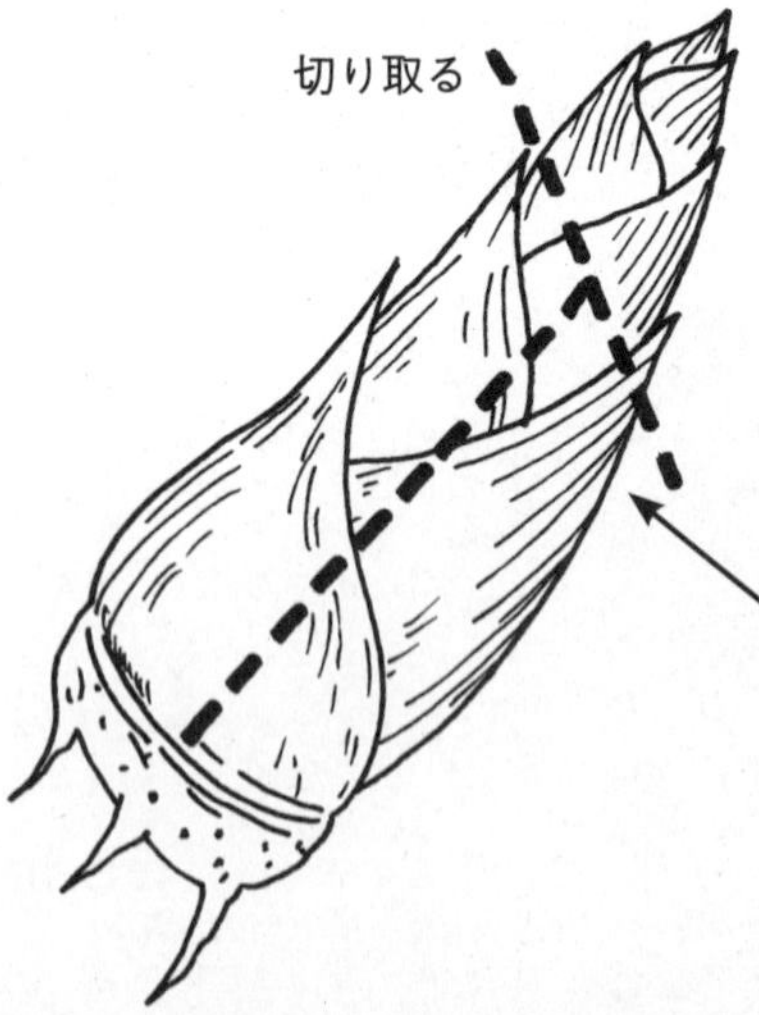

たけのこは切れ目を入れて、皮つきのまま茹でる

びん詰め

①びんをきれいに洗い、煮沸消毒をする（一〇分）。

②たけのこを詰める。

③水を入れ、塩一つまみか、または酢を入れる。

④軽くふたをする。

⑤蒸し器にびんを並べ、びんの肩まで水を入れる。

⑥加熱し、四〇分脱気してふたを固くしめる。

⑦さらに二時間加熱し殺菌する。途中で湯が無くなったら湯を注ぎ足してゆく。

翌日同じ殺菌を繰り返しておけば安心できます。塩または酢を加えると、殺菌効果が高まります。びんを傾けてみて、気泡が上がってこなければ大丈夫ですが、気泡が見えるときは再度加熱殺菌を行ないます。

塩漬

塩蔵で失敗したことがあります。それは、保存しておいたものを取り出してみましたら、軟らくて、手で持つことができませんでした。原因は塩と重石の不足でした。以後塩を多く使うことにしております。

①前述したように、あく抜きして一晩水に放しておいたたけのこを、大きいものは二つ割りにし、ふきんで水分をとる。

②たけのこと塩を交互に漬け、押しぶたをして重石をのせる。上段には塩を多く使う。

塩抜き

食べる時は塩出しして使います。

①ときどき水を替えながら二日ほどすると白くなり、元の大きさに戻って塩が抜ける。

②六〇℃くらいのたっぷりの湯に呼び塩を一つまみ入れ、四～五時間漬けた後、ときどき水を替える。塩をよく抜いて調理する。

焼酎漬

あく抜きしたたけのこの水分をよく取り、一cmくらいの輪切りにし、ガラスびん（海苔

たけのこの塩蔵法

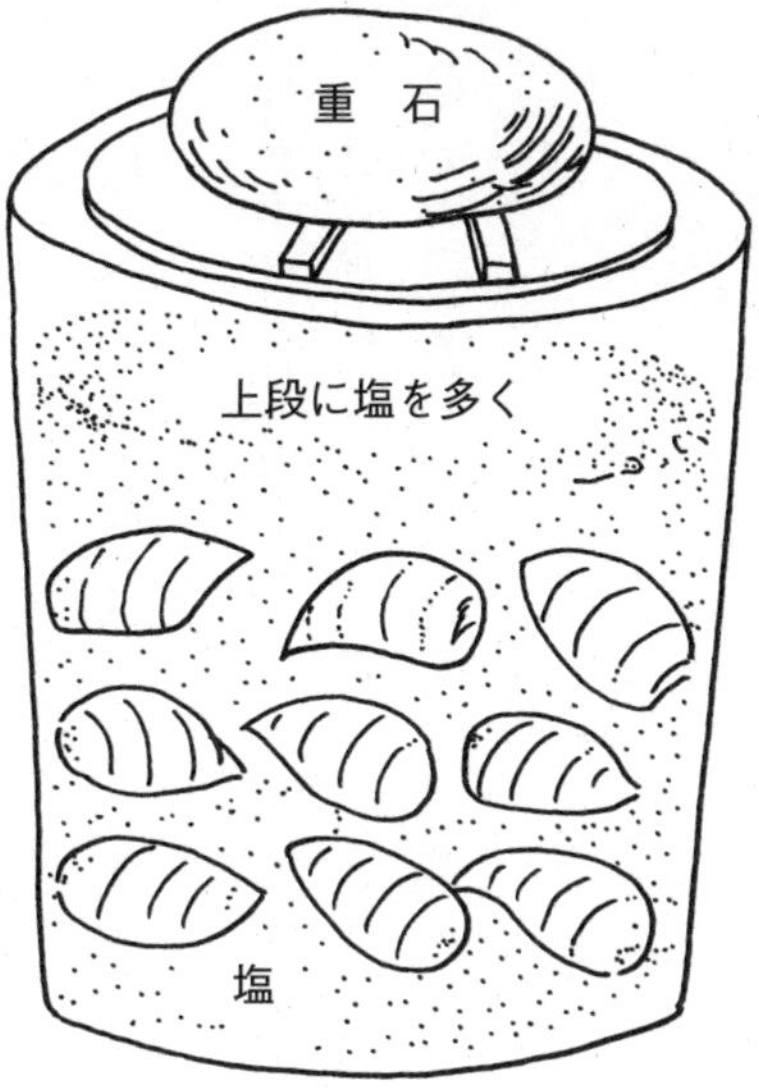

たけのこ	5kg
塩	1.5kg
重石	10kg
	（目安）

ふきんで水分をとったあと、たけのこと塩を交互に漬ける。上段ほど塩の量をふやす。食べるときは塩抜きして調理する

たけのこのびん詰法

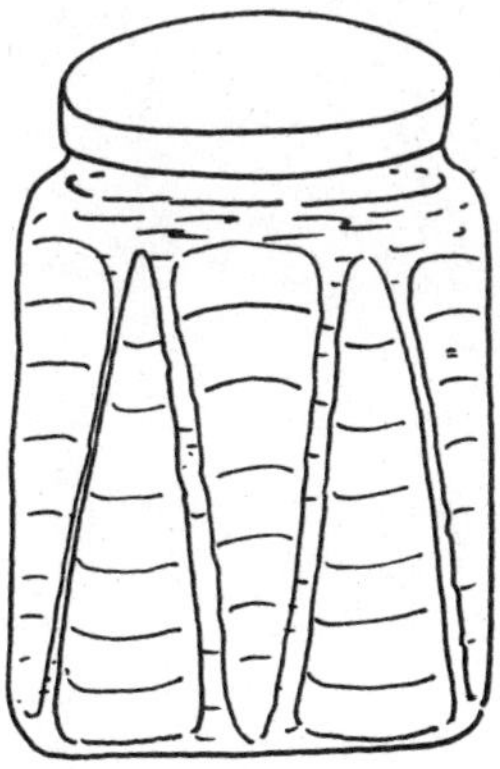

水を入れ、塩一つまみまたは酢をいれ、軽くふたをする

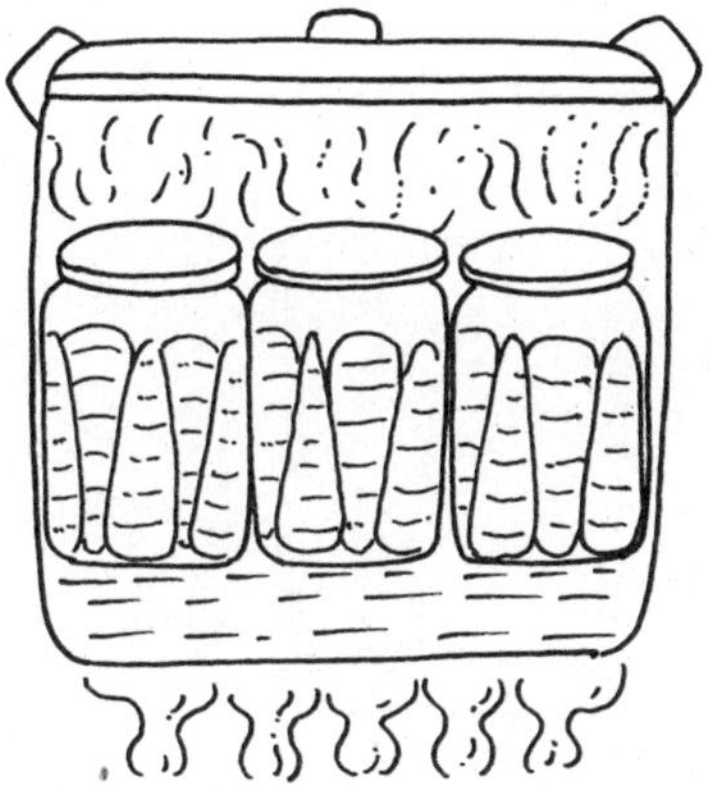

蒸し器に入れて脱気40分。そのあとふたを固くしめて、さらに熱殺菌2時間

のびん）などに入れ、三五℃の焼酎を、たけのこがかぶるくらい入れてきっちりふたをします。

八月頃までは漬け、液から出してそのまま調理。九月以降は二～三回茹でこぼし、使用目的に合わせて調理。ご飯、煮しめなど歯ごたえがあって美味しい。

冷凍

わが家では自給野菜を、最も美味しい時期に収穫して、良質のものをホームフリージングしています。

たけのこの場合、冷凍すると独特の歯ごたえは弱まりますが、五目御飯やすし、中華料理など、細かく切って使うものには美味しく食べられます。

味付けしたたけのこの冷凍保存

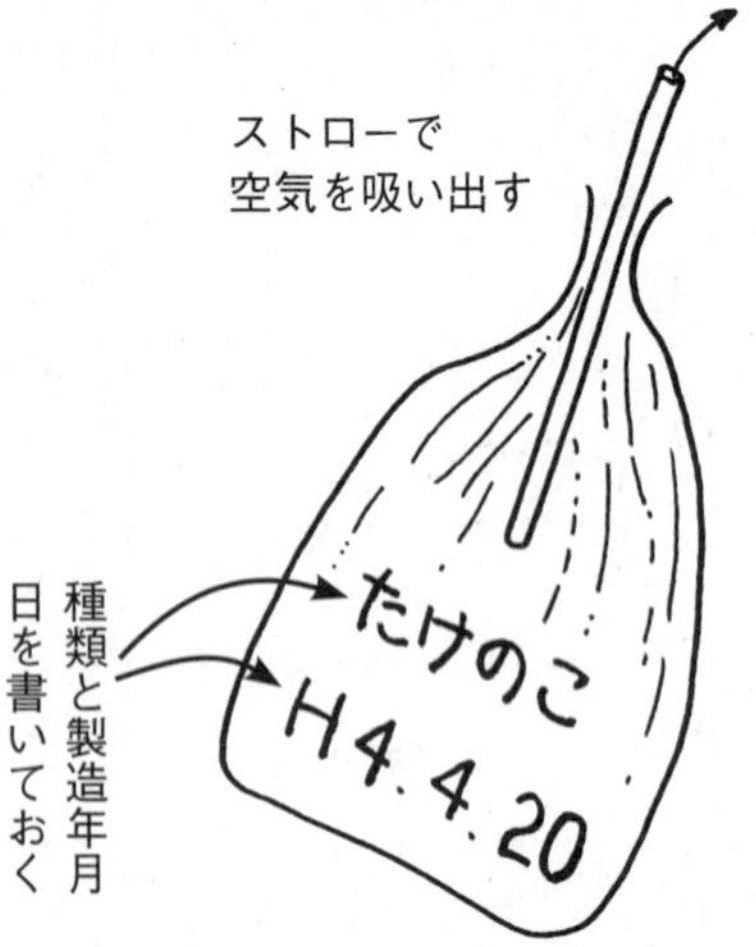
ストローで
空気を吸い出す
種類と製造年月
日を書いておく
たけのこ
H4.4.20

下味をつけた冷凍

①よくあく抜きをして、一晩水に放したものを二～三㎜の厚さのイチョウに切り、再度水に放す。

②好みのうす味に煮付ける。

③冷まして一回に使用する量をフリージング用の袋に入れ、空気を抜いて口をしっかり止める。

④空気を抜くのにストローを使う。

⑤袋には日付けを印しておくとよい。

⑥味付けしていないものは、水分をとって冷凍してもよい。

解凍方法

ポイントは、自然解凍しないことです。だし汁に調味料を加え沸騰している中へ、凍ったまま入れます。解凍しながら煮付けます。

粕漬

前述したように、あく抜きしたたけのこを、二つ割にして一晩塩水に漬けます。

水　二ℓ

塩　一〇〇g

漬けたたけのこの水分をとり、粕床（表）に漬けます。十日後くらいから食べられます。

たけのこの粕漬材料

たけのこ	500 g
酒粕	500 g
砂糖	70 ～ 100 g
焼酎	1/3 カップ

旬のものは風味を損なわないように味付けしますが、塩蔵などしたものを二次加工する場合、調味料を工夫すると美味しくなります。干ししいたけの戻し汁も、かくし味として使っております。

たけのこの山椒煮

わが家の、好物煮しめの一つです。小粒でぴりりと辛い山椒と、たけのこのとけ合った味が何ともいえず、たびたびつくります。あく抜きしたたけのこは、五㎜くらいの厚さのイチョウ切りにし、調味料といっしょに時間をかけて煮ます。途中で山椒の実を加え仕上げます。手軽にできる煮しめです。

山椒の実は、六月初旬軟らかな実を取り、茹でこぼし、しばらく水に放してあく抜きしたものを、薄味で煮て冷凍保存しておきます。

他の料理にも使えて大変重宝します。

山菜おこわ

①材料を適当な大きさに切り、調味料と一緒に煮ておく。煮汁が残っていたほうがよい。

②一晩水に浸しておいたもち米を蒸す。七〇％蒸せたらおはちにあけ、①の材料を汁ごと加えてよく混ぜ合わせ、蒸し器に戻して強火で蒸し上げる。蒸しすぎないように注意する。

炒りごまを振りかけたり、季節の青味野菜も添えたいものです。秋には栗が入り、ぎんなんを加えても美味しい。

山菜おこわの材料

もち米	5カップ
たけのこ	150ｇ
ぜんまい	少々
わらび	少々
にんじん	100ｇ
えのきだけ	100ｇ
干ししいたけ	5枚
鶏のささ身	3枚
油揚げ	3枚

調味料	
だし汁	2カップ
醤油	大さじ2
酒	大さじ3
砂糖	大さじ1
みりん	大さじ2
炒りごま	少々

わらび

塩漬

塩漬にして保存します。

①採ってきたら、すぐ塩漬にする（材料は表。水分がとれて固くなる）。

②水が上がったら重石を半分にする。水が上がらないときは、塩水で差し水をする。たけのこと同様、塩をたくさん使っておく。

わらびの塩漬

わらび	2kg
塩	500ｇ
重石	4kg

塩抜方法

塩を使わないで、そのままたっぷりの湯で茹でると、塩がよく抜ける（茹ですぎないこと）。水をとり替えながら塩を抜く。

わらび松前漬

材料は、塩昆布、わらび、にんじん、松前用するめ、酒、醤油。

わらびを除いた材料と調味料を合わせ、一時間くらいおいて味をなじませたところへ、わらびを入れる。

ぜんまい

乾燥

乾燥して保存します。

①採ってきたぜんまいの綿毛を取り、たっぷりの湯で茹でます（茹ですぎるとくずれる。茹で足りないと干し上がりが黒くなる）。軟らかくなればよい。

②天日に干す。生乾きのとき、組織を軟らかくするためにも何回ももむ。

③ポリ袋に乾燥剤を入れ、密封し保存します。

戻し方

水から茹で、煮えたったら軟らかさ加減をみる。茹ですぎると形がくずれる、ときどき水を替えながら戻す。この加減が何度やっても難しい。

ごま和え

①材料は、ぜんまい、ごま、煮干し、醤油、砂糖。ぜんまいから水が出るので、だし汁はいれない。

②煮干しとよく合う。煮干しを袋に入れ、醤油、砂糖で味付けして煮付ける。

③煮付けたぜんまいをごまで和える。ごまには味をつけない。味をつけるとごまがぜんまいにくっつかなくなる。

ふき

きゃらぶき

きゃらぶきにして冷凍保存します（材料は表）。

①ふきの葉を取り、きれいに洗って三～四cmに切る。

②米ぬかを入れた水に一晩放ち、あくを抜く。

③翌日きれいに洗い、一度茹でこぼす。

④鍋にふき、醤油、砂糖、酒を入れ、弱火でゆっくり煮る。

⑤途中で一晩休ませて、翌日、みりん、とうがらしを入れて弱火で煮る。仕上げは好みの味に調味料を補う。

きゃらぶき

ふき	1kg
とうがらし	2本
酒	100g
砂糖	150g
醤油	300g
みりん	100g

自然解凍でこのままでも食べられますが、好みによりしその実入りきゃらぶきにしたり、実山椒入りきゃらぶきにして味を楽しみます。

グリーンピース

何としても保存しておきたいものの一つです。スナックえんどうを使いますが、色も鮮やか、甘味もあって皮も軟らかくてとても美味しい。

たっぷりの湯に塩を入れ、さっと茹でて実をとり出し、冷凍保存します。カレーライス、炒め物などのいろどりに使っております。

うど

知人に、信州の山うどを煮付けたものを、一口いただいたことがあります。うど独特の豊かな香りが何ともいえず美味しくて、あの味に近づけたらと試してまいりました。

味を付けて煮たものを冷凍保存しますが、季節をずらして食卓にのぼるうどは、貴い風味を感じます。

①皮のまま三～四cmに切り、一度茹でこぼしてから三〇分ほど水に放ち、あく抜きをする。

②鍋にうど、醤油、砂糖、酒、だしを入れ好みの味付けでじっくり煮汁がなくなるまで煮る。（味付けのときには、うどから水分が出てくるので水は加えない）。

③仕上がったら冷凍保存する。

④解凍は、鍋に少し水を入れ、凍ったままのうどを入れ、弱火で全体に火を通す。

さくらの葉

桜餅をつくる準備として、八重桜の若い葉

を塩漬保存しておけば、手づくりの桜餅が楽しめます。

①鍋に水を入れ、沸騰したら塩一つまみを入れ、さくらの葉をさっとくぐらす。

②水で冷やし、一〇枚くらいずつ束ね、塩と交互に漬ける。

③塩出しして使う。

さくら餅の材料（25個分）

道明寺粉	250g
砂糖	70g
水	500cc
食紅	少々
さくらの葉	25枚
あん（固練り）	500g

さくらの葉の塩漬

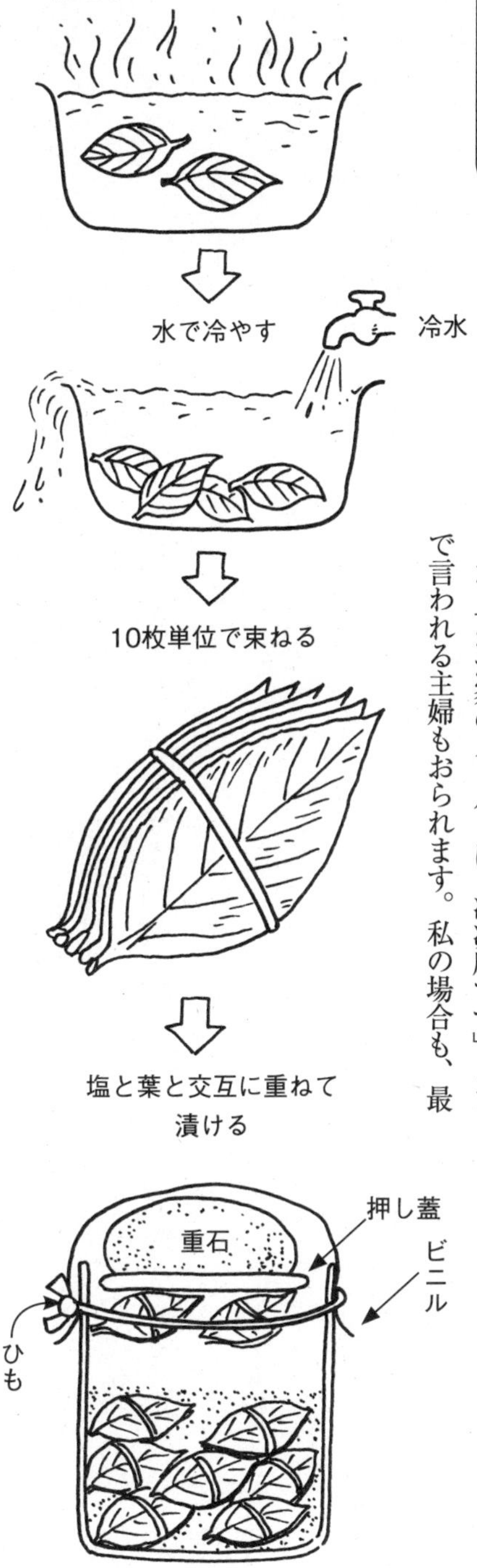
沸騰した湯（塩1つかみ）をさっとくぐらせる
水で冷やす
冷水
10枚単位で束ねる
塩と葉と交互に重ねて漬ける
押し蓋
重石
ビニル
ひも

さくら餅

道明寺粉は、もち米を蒸して乾燥し引き割ったものですが、市販のものを使いました。

①あんを等分し、形よく丸めておく。

②鍋に水と砂糖を入れ、食紅で花びらほどの色をつける。

③沸騰したら道明寺粉をさらさらと入れ、木しゃもじでよく混ぜる。水分がなくなりねばりが出てきたら、二〜三分休ませる。

④手水をつけてあんを包み、形を整えて桜の葉でくるんで出来上がり。

乾燥を防ぎ、風味を損なわないようにラッピングしておきます。

最近は、性能のよい冷凍庫が登場し、手軽に冷凍でき、すばやく調理ができるようになりました。「わが家のスーパーは、冷凍庫です」とまで言われる主婦もおられます。私の場合も、最近は自給食料品の冷凍保存が多くなりました。

しかし、春秋の山菜など多量に収穫したときは、塩蔵が手軽にできてよいと思います。「物を貯えることは時間を貯える」のたとえのように、そのときは大変に忙しい思いをします。夜の睡眠時間をけずってまでも、処理をしなければならないこともあります。でも後になって、やっておいてよかったと、うれしさがこみあげてくることが幾度もありました。家族や来客からも喜ばれ、私も健康食品、安心食品を提供できることを、誇りとしております。

なお、たけのこの焼酎漬は可知三千代さんから伝授されたもの。わらびとぜんまいの項は、木曽妻籠宿のおかみさんから伝授されたものです。

（岐阜県中津川市瀬戸九九四ノ一）

一九九二年四月号　保存のテクニックととっておき料理

ドラムドライヤーで何でも粉に！

庄田三代子　當麻の家　奈良県當麻町

農事組合法人・郷土食「當麻の家」は、町内一二のグループが参加して、特産加工組合として発足しました。もちつきや芋掘り体験などで消費者と交流していたグループ、有機低農薬野菜を栽培し朝市をやっていた専業農家のグループ、ジャムづくりの生活改善グループ、JA女性部の味噌や梅干しの手づくりグループ、一人暮らしの老人に弁当を配布していたボランティアグループなど、様々です。九四人の組合員が、一人五万円の出資金を出し、自分たちで管理、運営しています。

加工所には、ドラムドライヤーと微粉末機という、乾燥・粉末加工のための機械が設置されています。よもぎもちの材料にするために、よもぎを機械にかけてみると、とてもきれいなパウダーができました。その後、農家の青年から「ほうれん草がたくさんあり過ぎて…加工できないか」と持ちこまれ、それもきれいな粉になりました。現在は、地域でとれたさまざまな野菜を粉に加工して、利用しています。

ドラムドライヤーとは、二つのドラム（円筒）ではさんで、すりつぶしながら乾燥させる機械です。ドラムの内部には、ボイラーから熱い蒸気が送られています。

ウコンの場合、ドラムの間隔は、はがきの厚さに調整します。ドラムの温度は一四〇℃（蒸気の温度は一七〇℃）に設定します。ドラム一回転で二〇秒。投入されたウコンは、ドラム半回転で乾燥するので一〇秒で粗い粉になって出てきます。一三kg分の材料を処理するのに、約一時間。乾燥後の重さは、一・五kgになります。これを、〇・〇一～〇・〇二㎜のメッシュの微粉末機にかけて完成です。

今では大麦若葉の粉を入れたソフトクリーム（二〇〇円）も、販売するようになりました。さわやかな緑の色を楽しんで食べてもらえます。

（奈良県北葛城郡當麻町大字新在家四〇二―一）

（撮影・赤松富仁）

＊ドラムドライヤー、微粉末機（サンプルミル）のメーカーはジョンソンボイラ＝大阪府泉南郡熊取町野田九一五　TEL〇七二四―五二―一八〇一

ドラムドライヤーにかぼちゃを投入。すだれのようなものになって出てくる

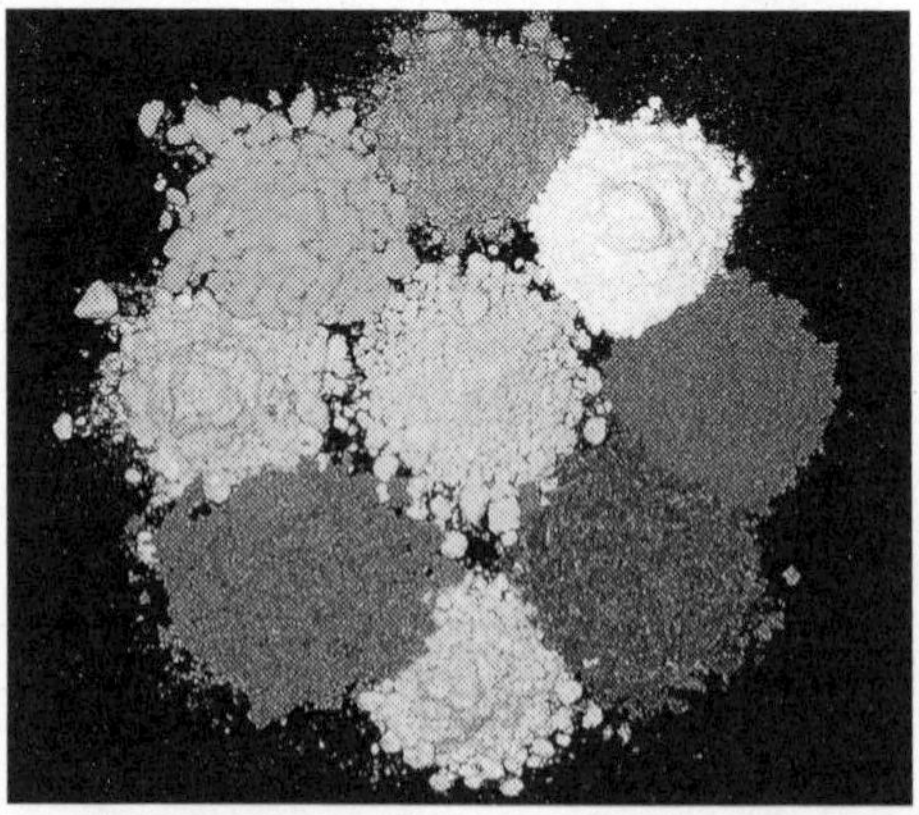

上から右まわりに大麦、れんこん、小松菜、ゆかり、生姜、ひまわり、にんじん、ウコン、真ん中がかぼちゃ

二〇〇一年七月号　何でも粉に！乾燥・粉末機

捨てていた完熟かぼちゃを生かす

凍結乾燥のかぼちゃパウダー

山崎博昭　朝日町ふるさと特産加工場　福井県越前町

福井県では、昭和六十年度より、地域特産物を活かした加工品づくりに取り組むことになった。朝日町（現在は越前町）では、かぼちゃやしいたけの栽培をしている生活改善グループ、ホッケー仲間の婦人組織へ呼びかけ、一五名の婦人たちが趣旨に賛同して集まった。

真空凍結乾燥機。蒸したかぼちゃをトレイに並べ凍結乾燥機に入れる。しいたけなど他の野菜も利用できる

当初は主にしいたけの加工をしていたが、真空凍結乾燥機などが整備されたのを機に、本格的に加工を始めることになった。凍結乾燥による加工は全国的にまだめずらしく、かぼちゃを凍結乾燥加工した「かぼちゃパウダー」を、健康食品として求める方が増えていった。平成六年には、㈶朝日町公共施設管理公社が事業主体になり、生活改善グループメンバーを中心に一〇名が参加している。

朝日町で生産されているかぼちゃは、平安小菊という品種で、主に関西地方へお供えもの用として出荷している。このかぼちゃは完熟して果皮が赤くなると出荷ができず、当時は仕方なく畑に捨てていた。そこで出荷時期を過ぎた完熟かぼちゃを、加工にまわすことにした。

凍結乾燥（フリーズドライ）方式は、乾燥機内を真空の状態にすることにより、水分（液体）を凍った状態（固体）から昇華（気体化）させて乾燥する。低温下での乾燥のため、熱で壊れやすいビタミンCなどの損失が少なく、栄養価がそのまま残る。かぼちゃはビタミンA、B_1、B_2、C、鉄分などが豊富に含まれているが、かぼちゃパウダーには、栄養価が損なわれずに残っているのである。

現在は、かぼちゃに玉ねぎ、香辛料などを加えて凍結乾燥させた「かぼちゃポタージュ」や、「かぼちゃクッキー」「かぼちゃ入りアイスクリーム」も製造している。こうした加工が盛んになるようになって、大根やモロヘイヤ、しそなどが新たに栽培されるようになった。これらは、これまで家庭用にしかつくられていなかったが、加工原料につかえることから栽培が始まり、加工場で買い上げている。

また真空凍結乾燥機があることで、町外の婦人加工グループなどからの委託加工も請け負うことができるようになった。これまでに、そばの葉、花はすの葉、スイートコーン、牛肉、野菜エキス、きのこエキス、しば漬け、梅干しなどを乾燥した。小さなロットでも加工できるのが、魅力のようである。

（㈶朝日町公共施設管理公社　朝日町ふるさと特産加工場）

二〇〇〇年一月号　凍結乾燥の「かぼちゃパウダー」は使いみちが多彩

びん詰のつくり方

矢住ハツノ

どんなに薄味のものでも、びん詰にして脱気・殺菌すれば、かなり長期間保存がきき、いつでも食べられる。忙しいときの手助けに、季節の材料保存にたいへん便利である。

びん詰の手順とこつ

①びん洗い　びんはふたやパッキンをばらして洗剤で洗い、そのあと流水できれいに洗っておく。

②びんの殺菌　大きいなべを用意する。なべ底に大きめのふきんをしき、洗っておいたびんやその他の付属品を入れ、たっぷり水を注いで火にかける。

沸とう後一〇分間煮沸殺菌し、乾いたふきんの上に取り出し、逆さに伏せて水を切る。

③材料を詰める　殺菌したびんが熱いうちに、材料を詰めるようにする。詰める材料も熱いほうがよい。

材料を、びんの肩の部分まで形よく入れる。注入液は一度こしたものを材料の上まで入れ、ふたとの空間がなるべく少なくなるようにする。

また液がたくさん入りすぎると、脱気をするときに煮汁や糖液があふれ出るため、九分目以上（びんの口から約一・五cmあける）には入れないようにする。びんのまわりの汚れは、きれいにふいておく。

④脱気・殺菌　材料を詰めたびんのふたを軽くしめて（パッキンははめておく）蒸し器に入れ、強火で沸とうさせる。蒸気が上がりはじめてから一〇～一五分間蒸して脱気し、そのあとふたをきつくしめて、さらに一〇～一五分間蒸して殺菌する。

なべで煮沸殺菌する場合は、びんが入るくらいの深くて大きいなべに、びんの二分の一以上から肩までの水を入れて加熱し、お湯が風呂の温度くらいになってからびんを入れる。煮沸時間は材料によって異なるが、ふつう一〇～一五分脱気したあと、なべから取り出して、ふたをきつくしめる。さらに二〇～三〇分煮沸して殺菌する。

王冠ぶたの場合は、最初からふたをきつくしめて行なう。

ジュースやソースなどを細長びんにいれて保存する場合は、びんをよく洗って中にも水を入れ、なべで煮沸殺菌する。びん詰する前に湯につけてびんの外側を温めてから、熱々のジュースやソースなどを注ぎ入れ、すぐ栓《せん》をする。

⑤冷却　乾いたふきんを広げた上にびんを取り出し、粗熱がとれたら、流水で急いで冷ます。完全に冷えるまで流水に浸けておく。または、殺菌が終わったらすぐにぬるま湯に浸け、チョロチョロと細く水道水をびんのふたにあてながら冷ます。

室温で自然に冷めるのを待っていると色や風味が落ちるので注意する。

殺菌直後のびんを急に冷水に入れたり、冷たいタイルの上に置いたりするとびんが割れるので、必ずふきんの上に取り出すこと。

びん詰のつくり方

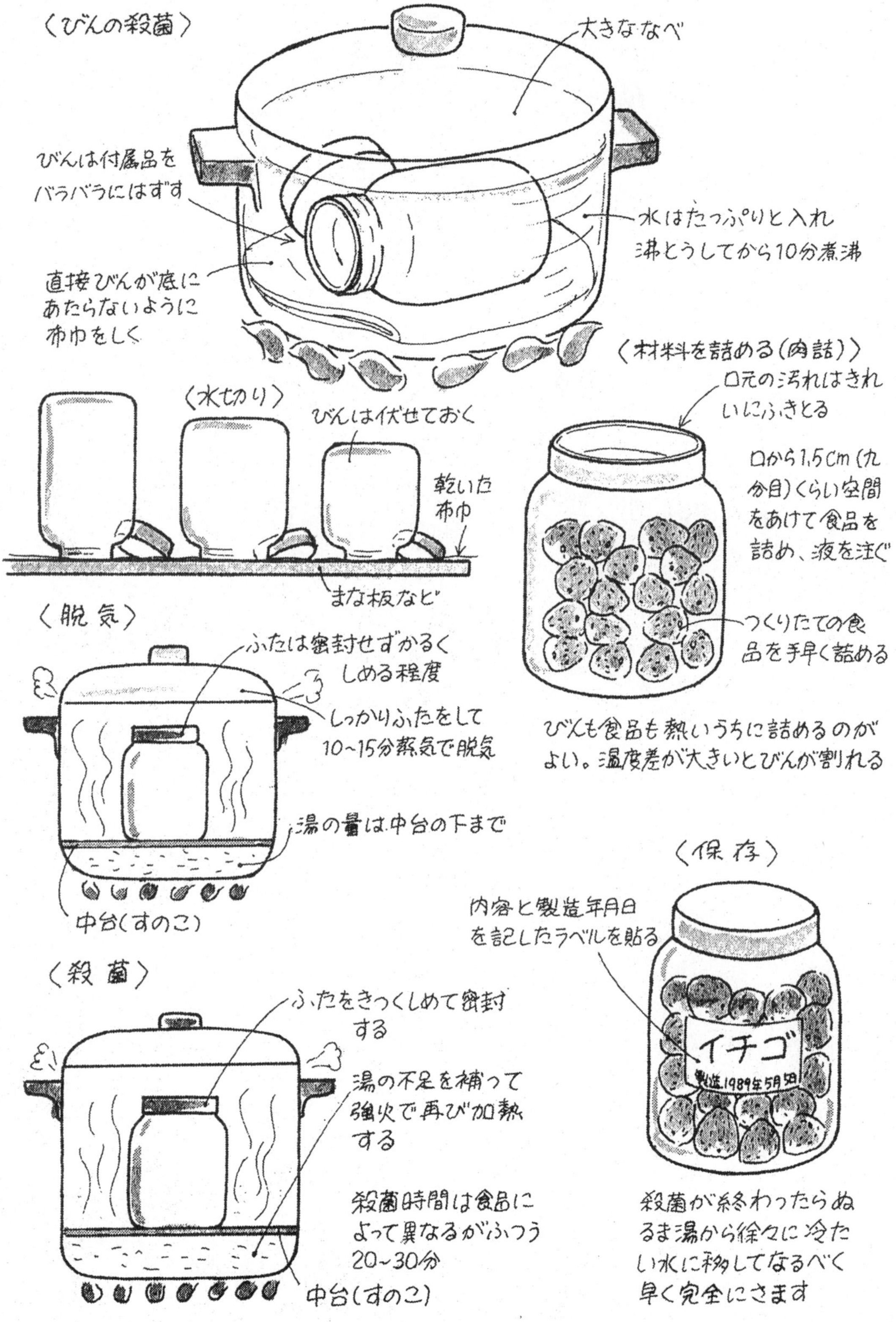

〈びんの殺菌〉
大きななべ
びんは付属品をバラバラにはずす
水はたっぷりと入れ沸とうしてから10分煮沸
直接びんが底にあたらないように布巾をしく
〈水切り〉
びんは伏せておく
乾いた布巾
まな板など
〈材料を詰める(肉詰)〉
口元の汚れはきれいにふきとる
口から1.5cm(九分目)くらい空間をあけて食品を詰め、液を注ぐ
つくりたての食品を手早く詰める
びんも食品も熱いうちに詰めるのがよい。温度差が大きいとびんが割れる
〈脱気〉
ふたは密封せずかるくしめる程度
しっかりふたをして10~15分蒸気で脱気
湯の量は中台の下まで
中台(すのこ)
〈保存〉
内容と製造年月日を記したラベルを貼る
イチゴ
製造1989年5月5日
〈殺菌〉
ふたをきつくしめて密封する
湯の不足を補って強火で再び加熱する
殺菌時間は食品によって異なるがふつう20~30分
中台(すのこ)
殺菌が終わったらぬるま湯から徐々に冷たい水に移してなるべく早く完全にさます

⑥保存　完全に冷めたびんは水けをよくふきとり、表示のためのラベルを貼る。材料名、製造年月日、内容量、糖や塩の割合などを記入してびんに貼りつけてから、冷暗所に保存する。

びん詰の中身にかびが出た場合、まだ少しだったら、かびと上の部分を取り除いてすて、残ったものを煮直し、冷ましてから冷蔵庫に入れてできるだけ早めに食べてしまうようにする。

びんの種類

中島式貯蔵びん
アンカーびん
ネーブルびん
王冠びん（KCびん）
糧友びん
ツイストびん
ねじぶたびん
外国製びん（止め金式）
外国製びん（ねじぶたパック）

びんの選び方

①高温の熱殺菌に耐えられる材質であること。

②果物を入れやすい広口びんであること。

③ふたがしっかりしまり、密封できるもの。

④ふたがさびたり、腐食の心配がないもの。

⑤パッキンなどの交換用の部品が手軽に入手できるもの。

なお、マヨネーズやジャムの空びんでも使用できるが、びんの口の欠けたもの、ひび割れたもの、ふたのねじ山がつぶれているもの、ふたに傷やゆがみのあるものなどは使えない。

市販のびんには二五〇cc、五〇〇cc、一〇〇〇cc、一五〇〇ccと多くの種類があるが、小分けにしてつくって早めに使い切るようにする。水煮やシロップ漬など、大きなびんにすると、使い切れずに捨てることになり、結局むだになってしまうので注意する。

『こだわり食品④　くだもの』（農文協）より

脱酸素剤について

石川豊　食品総合研究所

脱酸素剤とは、粉末の鉄や鉄化合物、あるいは還元性有機物などを小袋に入れたものである。

脱酸素剤を包装容器内に食品とともに封入すると、鉄や還元有機物の酸化反応により包装容器内の酸素が消費され、包装内を低（無）酸素条件にすることができる。そのため、カビなどの好気性細菌の抑制、色素や脂質などの酸化防止、食品の風味保持などに大きな効果がある。

今日ではまんじゅうなどの半生菓子、サラミソーセージなどの食肉加工品、珍味類、切りもち、無菌米飯などに広く用いられている。

鉄系が、低価格で形も小さく、酸素吸収量が多いので、もっとも一般的に用いられている。鉄の酸化反応には水分が必要であるため、従来から比較的水分の多い食品に、広く利用されてきた。

現在では、広く食品に対応するために、種々の機能をもった脱酸素剤が市販されている。水分含量の非常に低い食品用としては、中に水分が含まれていて、空気に触れるとただちに酸素と反応する自力反応タイプのものがある。酸素の吸収と同時に二酸化炭素を発生させて包装内の体積減少を防止するもの、あるいは炭酸ガスも同時に吸収するものもある。

脱酸素剤は、包装後に包装材料を透過して侵入してくる酸素を吸収し続けるため、脱酸素の効果を長期間持続させることが可能である。ただし酸素透過性の低い包装材料を使用する必要がある。包装材としては塩化ビニリデンコート延伸ポリプロピレン（KOP）やポリエチレンの積層フィルムなど、酸素透過量が二〇mℓ／m²・day・atm以下のものが好ましい。

食品加工総覧第三巻　品質保持と包装方法より

脱酸素剤のタイプ

▼水分依存型　包装後、食品から徐々に蒸散する湿気に反応して酸化する。もち、味噌、生菓子など、水分の多い食品に使われる。

▼自力反応型　脱酸素剤に水分が含まれていて、空気に触れると酸素と反応する。焼き菓子、米、茶など水分含量の少ない食品に使われる。

▼非鉄系自力反応型　鉄ではなく有機物系物質を使用。酸素が吸収されて袋が収縮するのを防ぐために、炭酸ガスを発生するタイプもある。

さらに、耐水性、耐油性、香り保持性にすぐれたもの、冷蔵・冷凍用、電子レンジ対応型、乾燥剤と併用してよいもの…と様々な種類が開発されている。価格は一つ二円（二〇cc）〜二〇円くらい（五〇〇cc）。

二〇〇六年九月号　小池さんに聞く

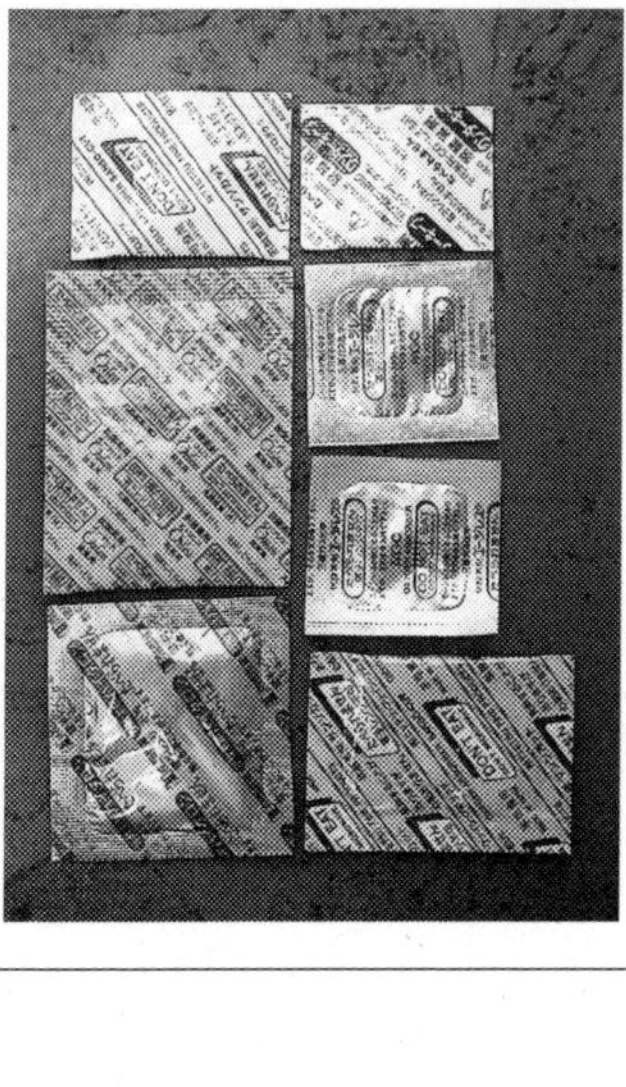

びん詰　ガラスびんの種類と特徴

飯野久栄　聖徳大学短期大学部

びん詰の工程

びん詰の内容物は野菜、山菜、果実や魚介類、肉類など種類がきわめて多い。ここでは一般的な水煮びん詰の代表として、比較的に殺菌温度の高い根曲がり竹を例として、その製造方法を述べる。

①調整　根曲がり竹は、山菜のなかでも深山に自生する。天然の材料であるために大きさ、太さもまちまちである。まず、外皮を剥いたのち、熱湯で数分間ブランチングをして、水にさらす。次に長さを（KCびんの場合乙2号または3号が適する）一二～一三cmに揃える。それ以上長くしても、元の部分が硬くて食用にならない。

②肉詰　長さの揃ったものを、元の切口がびん底になるように縦に並べて入れる。いっぱいになったら〇・一％くらいのクエン酸を溶かしたお湯（五〇～六〇℃）を満杯に注ぐ（クエン酸によって酸性pH四・四以下にしておくと、土壌細菌の生育が抑制されるため高温殺菌をしなくてもすむ）。

③脱気　肉詰めしたびんを脱気箱に入れ、蒸気を吹きつけ九〇℃まで加熱し、びん内の空気をすべて追い出して脱気をする。

④打栓　脱気が終わったら直ちに王冠をのせ、打栓器でふたを締める。締め終わったらびんを倒立にしておく（王冠の殺菌を兼ねる）。

⑤殺菌　沸騰水中で一五～二〇分間加熱し、終わったらならば、そのままにして水道より殺菌釜に水を流して徐々に冷却する。ガラスびんは急冷すると破損するので、必ず実行する。

殺菌した後びんの温度が四〇～四五℃くらいになったら、取り上げてびんのふたの水滴を拭きとる。自然乾燥を待つと、びんのふたが錆びることがあるので注意する。

ガラス容器の特性

ガラスの容器は、中味が食品の場合、一般消費者に対して、安心して飲んだり食べたりできるという印象を与える。ただし、食品の色は一般に光によって退色するので、特定波長の光を吸収するように、びんを着色し中味の性質に合わせて選択して使えるようにしている。

ガラスびんは、キャップとのシールさえしっかりできていれば、開栓されるまで中味を空気と遮断して保護している。この点については缶詰と同様である。そのうえ、pHの低い食品であっても腐食の心配はない、ガラスそのものの溶出もほとんどなく、溶出成分と食品成分との反応によるトラブルもないなど、缶詰にない長所をそなえている。一方、缶、プラスチック容器、紙容器と比較して、重く衝撃によって割れやすいという短所がある。

重いびんは軽量化が進められ、割れやすい

ことに対しても、各種の表面処理や強化加工方法に工夫がこらされてきている。その結果、ガラスびんの生産量は伸び、一個当たりの重量は急激に減少している。

　ガラスびんは、その流通過程の違いから、市場で何回も使用されるリターナブルびんと、一回きりの使用であるワンウェイびんとに分けられる。ワンウェイびんの生産比率は、重量比で現在は九割近くに達している。リターナブルびんはビール、酒、醤油などの一升びん、牛乳びんなど、製造の歴史が長い製品に多い。そのほかの食品用のびんは、ほとんどワンウェイである。

びん用ガラス

　ガラスの種類は多いが、びん用ガラスは、板ガラスと同種のソーダ・ライム・ガラスである。二酸化ケイ素（Si_2O）、酸化ナトリウム（Na_2O、K_2O含む）、酸化カルシウム（CaO、MgO含む）が主成分であり、それぞれ七〇～七四%、一三～一六%、一〇～一三%である。そのほかにAl_2O_3、着色剤などが微量含まれる。

　びんは必要に応じて、印刷やプラスチックのコーティングが施される。印刷は、スクリーン方式のセラミック印刷であり、プラスチック・コーティングには、エポキシ・ウレタンなどの材質が使用されている。

ガラスびんの品質

強度　ガラスの材料強度は、材料の取り扱われ方、荷重速度など試験条件で異なるが、普通の板ガラスで一六〇〇kg／cm²である。新びんでも製造時のハンドリングによって微細な傷がつき、平均四〇〇kg／cm²、最小では二〇〇kg／cm²程度と考えられている。このようにガラスは傷により強度が極端に低下するので、表面処理を行なうことによりこの低下を防止でき、びんの軽量化に役立っている。

化学的耐久性　ガラスびんはフッ化水素酸を例外として、あらゆる物質に対してすぐれた耐食性があり、食品に対しては全く問題がない。しかし、厳密にはアルカリなどによって徐々に侵される。食品衛生法には、アルカリ、ヒ素、鉛の溶出量が規定されている。

重量　びんの重量は、形状、リターナブルか、ワンウェイなのか、容量、内圧の有無、内容物の比重、粘性、外装、荷扱いなどによって決められる。一般的な規格としては精度（許容差）を取り上げたものしかない。JISには重量に対する許容差が示されている。

容量・寸法　重量と同じように一般的な規格としては、精度を取り上げたものしかない。しかし、容器としては重要な特性であるので計量法、酒税法などの制約からなり、きびしく管理されている。寸法は熱間加工のため、ばらつきが比較的大きい。

ガラスびんの種類

　ガラスびんは内容物の種類がきわめて多いので、その性質に合わせて大きさ、形も千差万別といってよい。大きくは小口径のものと、広口径のものとに分けられ、前者はビールな酒類、醤油、他調味料などに使用される。後者は、缶詰にかわる容器、いわゆるびん詰容器として利用され、果実、野菜の水煮や味付けもの、ジャム、ゼリーなど、固形物あるいは半液体が封入される。

　びんの形状はさまざまであるが、密封方式には七種類ほどある。その主なものを次に述べる。

アンカーキャップびん　コップ型のびんと内側にゴム輪をはめたブリキ製のふたからなり、二重巻締操作と同じような方法で、その縁をびんの側面に押しつけることによって締めつけられる。ふたを開けるにはアンカーオープナーが使用される。佃煮、漬物、果実などの沸騰点以下で殺菌するものに好適であ

ガラスびんの各種

アンカーキャップびん
ケーシーびん
ねじぶたびん（ねじぶたバック式）
ツイストびん
糧友びん
ネーブルびん

る。

ハネックスびん　ハンドキャップびんの代表的なもので、金属性のバンドでふたとびんを締めつけるので、内圧に強く缶詰と同じような殺菌に耐えられる。ふたを開けるのは簡単で、バンドを手ではずせばよい。

ケーシーびん（KCびん・王冠びん）　ふた付機は安価、取り扱いも便利である。チャックを取りかえるだけで、口径の異なる広口、細口びんの両方に使用できる。

ねじぶたびん（メーソンびん）　密封に特別な機械を要しないねじこみぶたを使用するもので、ふた、びんともに何回でも使用できて簡便である。これに類するものでいろいろ工夫をこらしたタイプのものがある。

ツイストびん（ラグキャップびん）　びん口の外周に四個の不連続の独立した短ネジ山があり、ブリキ製の下縁には四か所の突出部（Lug）が設けられ、このねじ山と突出部のはめ合わせによって、最大九〇度のひねりで簡単にふたの固着、取りはずしができる。

糧友びん　もともと家庭びん詰用として考案されたもので、ガラス製のふたを針金のバネによって固着、取りはずし可能なもので、何回でも使用できて、ふた付機もいらないので簡便であるが、バネの不完全などで失敗することがあるので取扱いには注意を要する。

その他（ネーブルびん）　ねじこみ式であるが、二重蓋にして、簡便な取り扱いで貯蔵性の確実性を高めたネーブルキャップびんをはじめ、各種のびん形が工案されている。

ハネックスびんのハネックスキャップの締めつけ前と締めつけ後

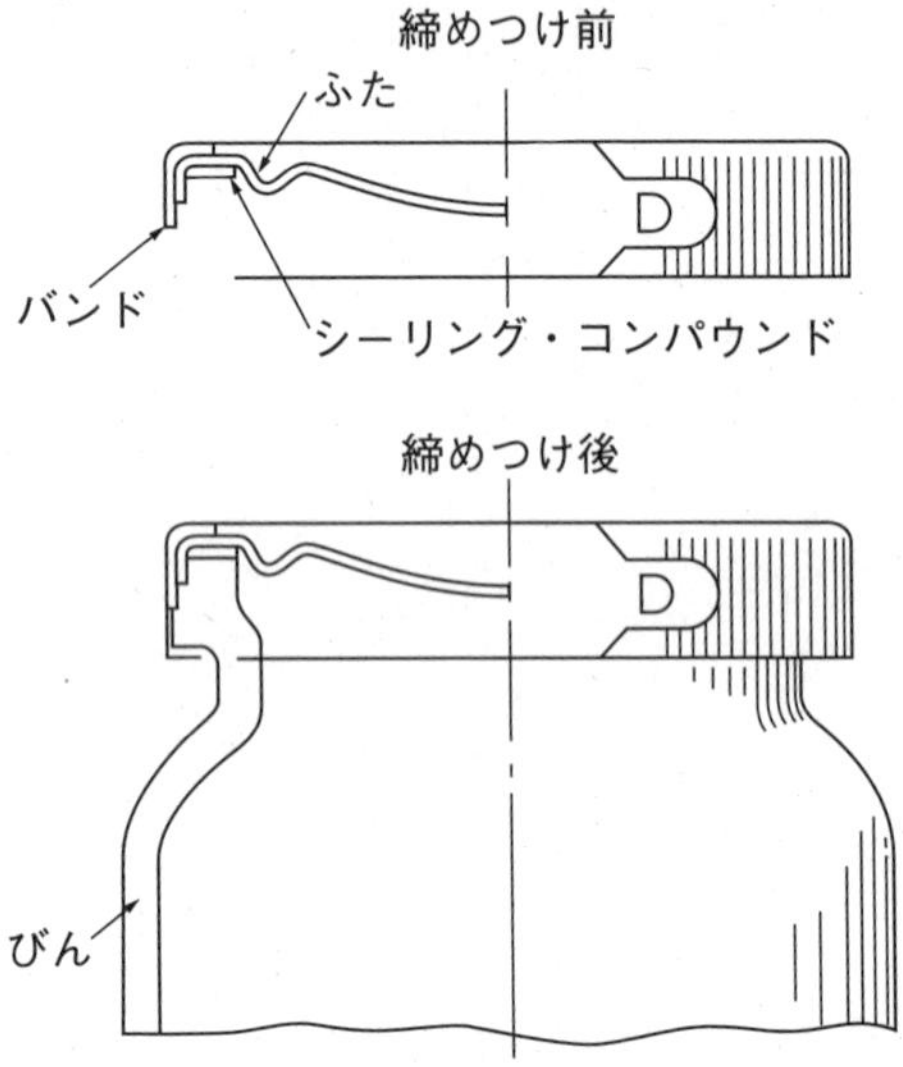
締めつけ前
ふた
バンド
シーリング・コンパウンド
締めつけ後
びん

食品加工総覧第五巻　びん詰　加工方法と施設・資材
一九九九年より

左がツイスト式、右がネジ式。ジャムなどにはツイスト式がよい。ふたを少し回転させるだけで開け閉めできるし、さびにくい

タマネギドレッシングに使用。容器を殺菌しなくていい（カビが出ない）のでプラスチック容器
口のまわりにカビが出やすいジュース類は王冠がベスト
柿酢を利用した清涼飲料の小ビンに使用。開けやすくカビがつきにくい。
清涼飲料に使用。内側の青い部分のために密閉度が高まる
酢に使う。酢はカビの心配がないのでネジ式でOK

（撮影　倉持正実）

びんのふたについて

長野県飯田市の小池芳子さんは、二十年以上前から、野菜や果樹などの農産加工品を製造してきた（小池手造り農産加工所）。

その小池さんに、びんについてうかがったところ、ジャムなどのふたは、ネジ式よりもツイスト式が便利だという。

ネジ式は、ふたを何度も回さないときっちり締まらないので、開封後にふたを完全に閉めるのを忘れて、ジャムなどにカビが生えることがある。逆に、強く閉めすぎると、次に開けるときに大変苦労する。

それに対してツイスト式では、二cmほど右へ回しただけで密閉されるので、ふたがゆるんだまま放置されることが少ない。開けるときも、少しの回転ではずれるので、開かなくなって困ることがほとんどない。また、ツイスト式のふたはコーティング加工されているので、錆びにくいのも利点だ。

最近は、写真のように、用途に合わせてさまざまなタイプのふたが開発されている。

（文・編集部）

二〇〇四年七月号　ラベル・ビンの工夫

あっちの話　こっちの話

豆は焼酎のびんで保存する

川畑小枝子

大分県佐伯市の梁井ツネヨさんは、野菜を作って道の駅に出すのが何よりの楽しみ。でも小豆などは、貯蔵中に虫がわいて困ります。そこで、ツネヨさんは豆類の保存に飲み終わった焼酎びんを使います。ポイントは、びんを洗わずに使うこと。飲み終わった焼酎びんを洗わずにさかさまに置いて乾かし、そこに豆を入れたらしっかりふたをして保存します。

小豆、大豆、ササゲなどの豆類のほか、ごま、もち米も同じように保存します。焼酎のアルコールのせいなのか、ポリエチレンの密閉容器よりも虫がわきにくいそうです。

びんが足りなくて「焼酎が空かないかな」と言うツネヨさんを見て、父ちゃんも喜んでるそうですよ。

二〇〇五年十一月号

簡単、楽しい、トマトのびん詰めに挑戦！

盛岡智子

長野県松本市の上條沙千子さんに、初心者でも失敗しない、トマトのびん詰めの方法を教えてもらいました。

まず、密封できる広口の一ℓびんと、ふたを煮沸消毒します。びんが乾いたら、水を半分くらい入れます。トマトのへたをとって湯むきし、びんにいっぱいに入れます。

ここに、砂糖大さじ一、塩一つまみを加えます。砂糖を大さじ四杯くらい入れて、甘い味付けにする人もいるそうです。最後に水を口いっぱいになるように足して、軽くふたを閉めます。

びんごと、蒸し器か、水を入れた大鍋に入れて煮立て、空気を抜きます。鍋のふたが閉まらなければ、ボウルを裏返してかぶせます。一〇分たったら、蒸気に気をつけながら、濡れ布巾でギュッとふたを閉め、殺菌のために、さらに一〇分蒸して完成！

上條さんのこだわりは、中玉トマト品種のレッドオーレを使うこと。食べやすく、甘味とうま味が最高だそうです。

二〇〇二年八月号

Part 6

保存、貯蔵の原理

北海道和寒町の「越冬キャベツ」。初雪が降るころにキャベツの株を切り、8〜12個ずつ（約1m幅）列にして並べ、雪の中で熟成させる。2段に積むと上のキャベツは凍ってしまう。出荷するときに、雪の下から掘り出す。葉がやや硬くなるが、ふつうのキャベツに比べると格段に甘味が増すので、引き合いが多いという。（写真提供　西川直哉氏）

割干し大根

神奈川県 三浦市 南下浦町 明朗会
三浦市農業協同組合
(絵) 近藤 泉

グループの1人君島さんの大根干し場は、カシやシイの大木が茂っている下にあります。冬でも葉が落ちないので、直射日光はあたらず、風通しがよく、霜よけにもなります。
寒風にさらして 3～4日で干しあがります。

割干し大根
切干し大根
冬の大根干しは
手がこごえます。

雨にあてずに影干しにすると、白く仕上ります。
市場では白いものが喜ばれます。

昔は赤い(ベッコウ色)のものが喜ばれました。　自家用は太陽にあててベッコウ色に。

品質もそろうようになって 今では各家庭で条件にあわせてつくっています。それを農協でとりまとめます。出荷時期には専門の係をおきパートをつかって袋詰 出荷。

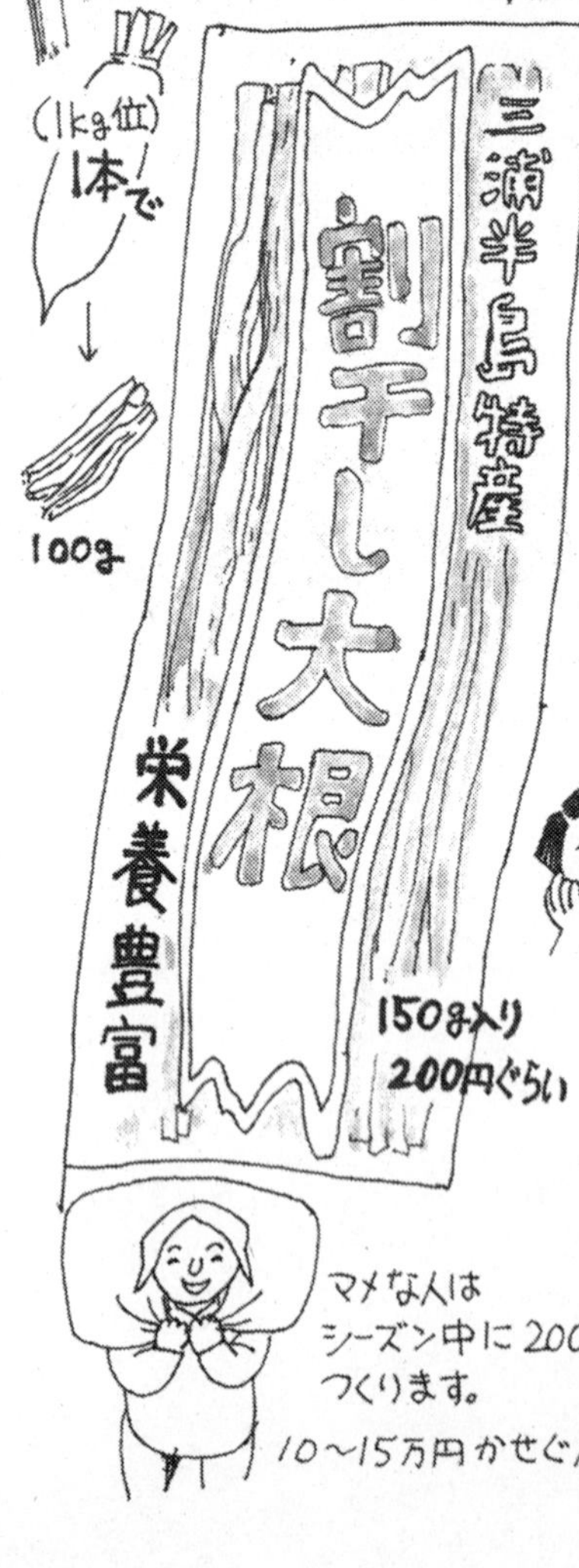
(1kg位)
1本で
100g
三浦半島特産
割干し大根
栄養豊富
150g入り
200円ぐらい
マメな人は
シーズン中に200kg位
つくります。
10～15万円かせぐ人も。

希望が多いので通信販売もはじめました。

割干し大根を送って下さい
1年分注文する人
1年分
居酒屋
旅館経営の人
旅館
遠洋漁業の船

素朴であって
忘れられない味
コンブ
スルメ
割干し大根
水でもどして切る
酢
しょうゆ
みりん

家族にも好評のハリハリ漬。
冬の食卓に
欠かせません

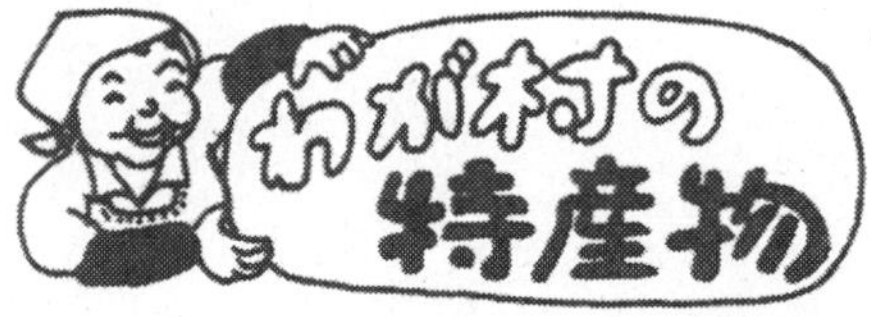
わが村の
特産物

自然がいっぱい素朴な味覚

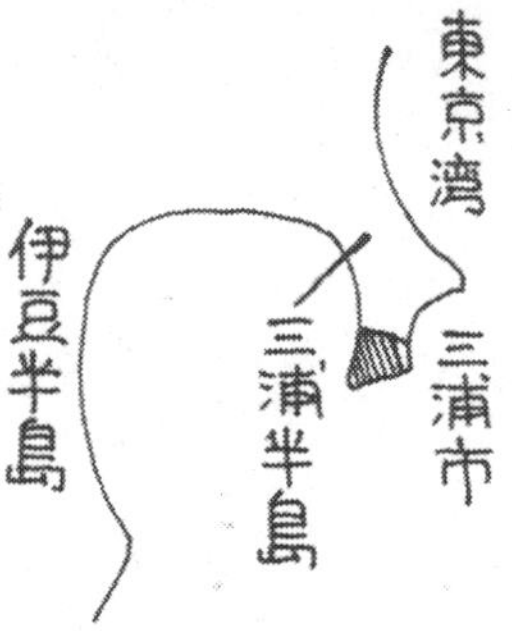
東京湾
三浦市
三浦半島
伊豆半島

三浦半島の先っぽにある三浦市。ここは昔から三浦大根の生産で有名です。冬は大根の出荷に大わらわ。1年中休む間もない母ちゃんたちが、収穫の忙しさ、家事の合間をぬって切干し大根や割干し大根づくりに精を出しています。

三浦市は半分以上が専業、第一種兼業とあわせると8割以上になります。

なだらかな土地にひろがる大根畑。
核家族の多くなった近年は三浦大根が敬遠され、今では9割以上が青首大根です。

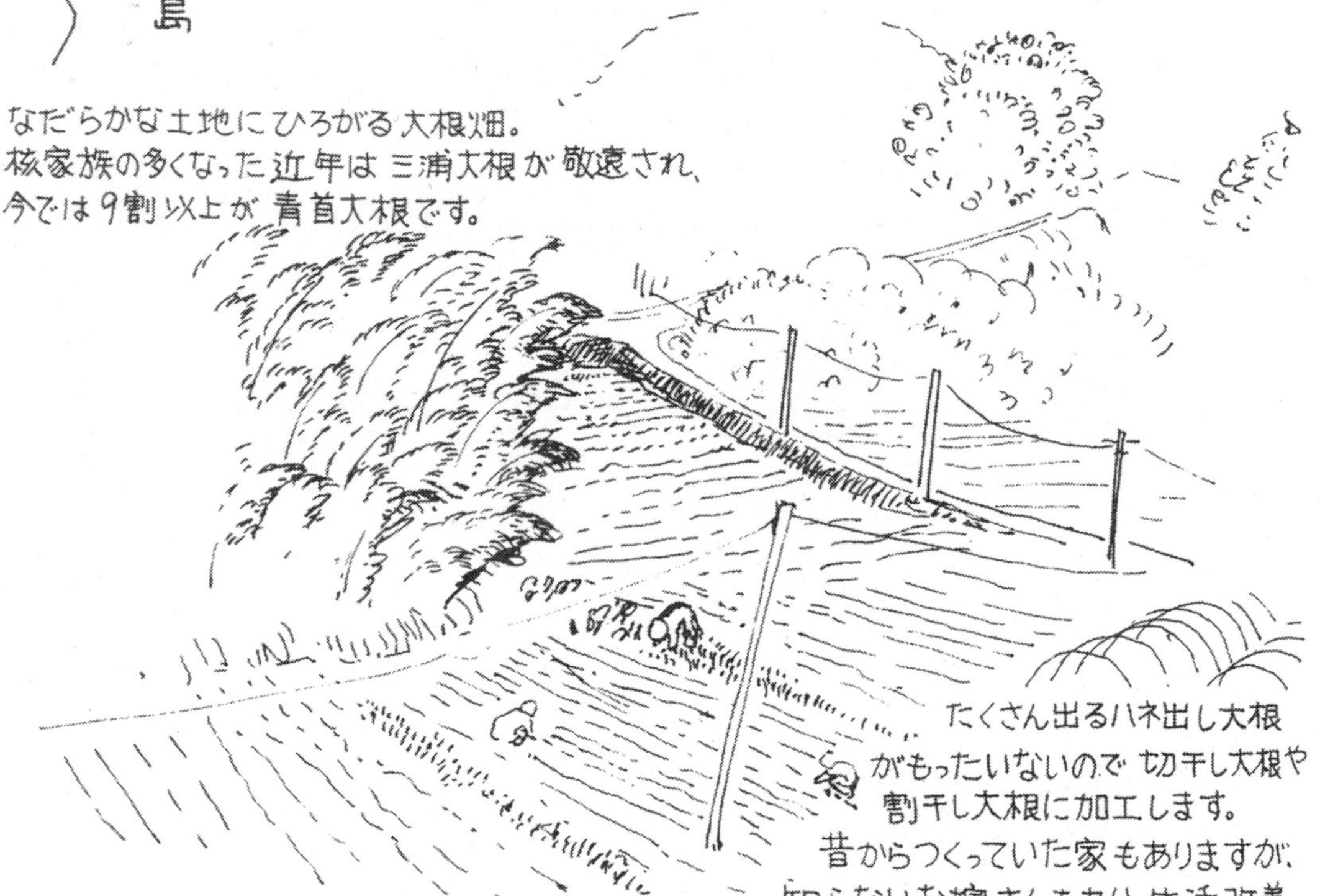

たくさん出るハネ出し大根がもったいないので切干し大根や割干し大根に加工します。
昔からつくっていた家もありますが、知らないお嫁さんもあり、生活改善グループ明朗会ではつくり方を勉強したり、もちよってつくったりしました。

大根の利用ということでタクアン漬も共同で漬けてみて味がよくて喜ばれたりしたこともありました。

大根の値がいいときは…小ぶりで規格外品も少ない。
大根の値が悪いと…規格外品もたくさん出る。これをB品として出荷するよりは加工して出す方がいい値になる。

切干し大根は機械で切る。
割干し大根は手で切る。割干し大根は掘りたてのものより、少ししんなりした方が切りやすい。
大根の頭の方がかわきにくいので頭の方を割るようにする。

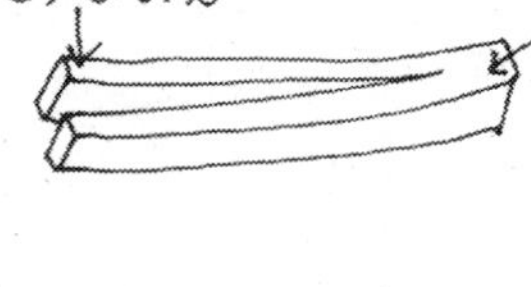
しっぽの方
頭の方

物を貯える

保存食を豊かにたくわえる

茨城県　稲葉昭二さんの方法

小豆や種にする大豆は一斗ビンが一番いいようだネ。
落花生は虫がついたり、酸化したりでむづかしい。

※稲葉さんは多種多様の穀物を作っている。販売用には米、大豆、小麦、ビール麦。自家用には他にソバ、キビ、アワ、モロコシ、トウモロコシ、小豆、ゴマ、インゲン、黒大豆等々。その他ハト麦、ハブソウとじつに種類が多い。

※作業所は2つあり、大きい方は20坪で、精米機、精粉機、麹を寝かせる機械等があり乾燥させた穀物が紙袋に入れて保存されている。使う分をその都度、1袋20kgづつ位精米、精粉する。

〔貯蔵法〕

大豆・小麦→灯油による火力乾燥で乾燥機を使う。紙袋に入れて貯蔵。（粉にすると夏が越せない）

モロコシ→天日乾燥してそのまま紙袋に入れて保存し、土用にもう一度干す。（モロコシのモチを赤モチと言っている。粉からも作れる。）

米→モミの状態で機械乾燥し、玄米にして貯蔵缶に入れて保存。

ソバ→むかないで黒い皮がかぶった状態で乾燥して貯蔵する。1、2年は保存できる。（うまいそばは3たてと言う。挽きたて、打ちたて、ゆでたてが一番うまい。だからその都度粉にして作る。）

取材・絵・玉木昭子

多種の穀

50

※小さい方の作業所は6坪で稲葉さんの手作り。日当りが良く冬は暖房がいらないし、夏は風通し良く涼しい。ここには豆腐を作る道具やコンニャク芋が置いてあり、第2加工場といえそうだ。1斗缶には、ソバ粉、大豆粉、モチ米、小麦粉、モロコシ粉、等の粉が保存されている。
小屋の真中にはソバを打ったりできるような大きなテーブルが作ってあり、婦人のつね子さんは、お豆腐とソバを作って下さった。2.5.8に漬けた漬物、アカモチ、茨城料理のすみつかれ(しもつかれ)まで御馳走になった。自給率の高さに感心した次第です。

味噌も米麹、麦麹、ハチミツ入りの白味噌等、何種類も作っています。

大豆粉
ソバ粉
モチ米
善光寺小麦粉（パンを作る）
黒大豆
ハブソウ
ピーナツ

とっておき
〔大根葉乾燥法〕

大根葉の芯の方のやわらかくきれいなところを熱湯に通してから、夜凍らせて干す。するとパリパリに乾燥する。色も鮮やかでフリカケにもなる。味噌汁の具や煮物にも使える。切り干し大根を作る時、葉の方はこうしてビニール袋に入れて保存する。

野菜の鮮度保持の原理

西條了康　野菜・茶業試験場

収穫後の生理現象

　野菜として利用される植物器官は、完熟または未熟の果実、花、芽、葉、茎、根などそのものと、それらの組み合わせである。また生理的にみても、生長段階にある若い組織（未熟果実、花、芽、葉、茎）から、生長がほぼ完了した組織（完熟果実、貯蔵根）まで多種多様である。したがって野菜の収穫後生理について述べるには、多少の例外もあることを念頭において、一般的にして標準的なことについて考える。

　作物は収穫されることによって、それまで根から養分を吸収し、光を受けて葉で光合成を行なっていた状態が一変する。すなわち水、窒素、リン酸、カリウム、カルシウム、マグネシウムなどの吸収が中断され、光合成による生長ができなくなってしまう。しかし収穫された作物は、器官レベル、組織レベル、細胞レベルでみると死んでいるわけではなく、生きており、呼吸もし、しおれたり、退色したり、芽や根が出たりすることもある。それらの現象を以下整理してみる。

①呼吸　呼吸作用は生命の基本となる現象で、貯蔵物質の炭水化物、たんぱく質、脂質を分解しエネルギーを獲得する。すなわち呼吸代謝系で酸素が使われ、炭酸ガスと水がつくられる（図1）。

　全体の収支をみると一分子のグルコース（$C_6H_{12}O_6$）は三八分子のATP（アデノシン三リン酸）をつくり、四〇万九〇〇〇カロリーが熱として放出される。青果物の呼吸熱はこのときの熱である。ATPは、「生体のエネルギー通貨」といわれ、植物の種々の活動に利用される。

　呼吸は生命の基本であり、呼吸を一〇〇％止めると、生命が維持できないわけで、すなわち死である。しかし、呼吸を活発にすると大量の貯蔵物質を消費し、カロリーを熱として放出する。つまり体力を消耗し、生き長ら

図1　植物における呼吸代謝系

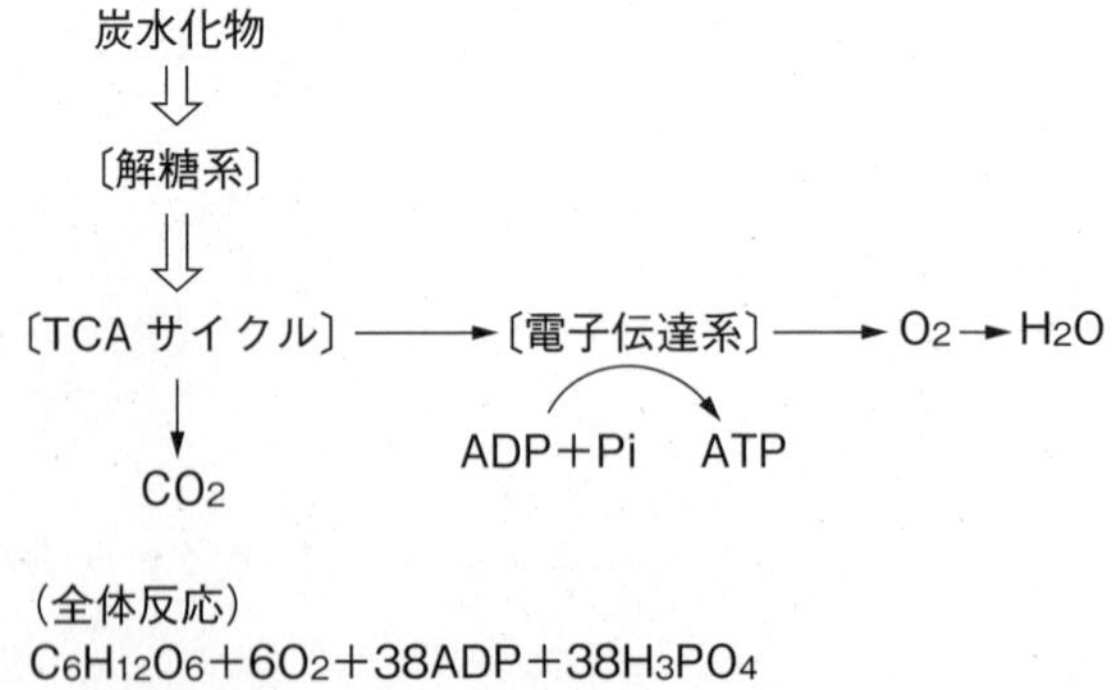
炭水化物
〔解糖系〕
〔TCA サイクル〕
〔電子伝達系〕
O_2
H_2O
CO_2
ADP＋Pi
ATP

（全体反応）

$$C_6H_{12}O_6 + 6O_2 + 38ADP + 38H_3PO_4 \longrightarrow 6CO_2 + 38ATP + 44H_2O$$

$$\Delta G' = -409{,}000\,cal$$

える可能性を少なくする。そこで、青果物を鮮度よく保持するには、呼吸代謝系、つまりエネルギー代謝を抑制し、スピードを落とし、ゆっくり生きていく状態に保つことが重要である。その最大の環境要因は温度（低温）である。

青果物の鮮度維持に関して、活発な呼吸作用による悪影響は次のようになる。第一に、貯蔵物質の消耗によって老化が早められる。次に食品としての栄養価が失われる。第三に甘さなど品質成分が低下する。第四に重量が失われる。最後に呼吸熱が品質劣化を促進する。

②蒸散　植物組織の表面は、比較的強固なクチクラ層で覆われ、水分を自由に通すことはない。しかし、表面に気孔があり生育中は高温にさらされても、大気中に水分を蒸散させ、気化潜熱をうばうことによって異常昇温を防ぐ恒常性維持の機構をもっている。しかしいったん収穫された場合には、蒸散作用は積極的な生理的意義を失ってしまう。

蒸散による水分ロスは、直接重量ロスとなって現われるほか、しおれ、しなびによる外観品質の低下、硬さ・歯切れ・多汁性などの劣化をもたらす。一般的に五％の重量減があると、外観上の鮮度低下が明らかとなる。

蒸散速度は青果物の種類によって著しい差があり、葉菜類は蒸散が活発であり、根菜類は少ない。蒸散速度を決定する内的要因（青果物要因）としては、形態、組織特性、表面積割合、傷害程度、成熟度などがある。外的要因（環境要因）としては、温度、湿度、空気流速、気圧などが重要である。

青果物からの蒸散のコントロールは、プラスチックフィルムによる包装、高い相対湿度の保持、空気流速の調節などで可能である。

③エチレン生成　エチレンは植物の老化、果実の成熟に関与する植物ホルモンで、老化ホルモンあるいは成熟ホルモンと呼ばれている。化学式がC_2H_4というきわめて単純な、常温では気体の物質である。この単純な物質が、植物に対する多様な生理作用を示し、青果物の鮮度保持に複雑にかかわってくるのである。

青果物をエチレン生成量によって分類した例を表1に示した。エチレン生成能力と青果物の貯蔵性の間には、一定の傾向はないようである。しかし、エチレンにさらされると大部分の青果物は老化を早める。表からもわかるように、野菜はエチレン生成量が少なく、果実は多い。

エチレンの生成を促進する要因としては、エチレン自身（植物によっては抑制のこともある）、追熟、老化、水分ストレス、物理的・化学的傷害、病害、虫害などが知られている。また当然のことながら温度によっても促進されるが、三五℃をすぎるとエチレン生成酵素の失活により、生成は抑えられる。また、低酸素、高炭酸ガスもエチレン生成を抑える要因となる。

④追熟　野菜に分類されるトマト、メロンは多くの果実と同様、追熟現象を示す。果実がつるについた状態での成熟も、つるから切断された状態での追熟も本質的なちがいはないと考えられている。果実の生育、肥大が完

表1　エチレン生成量による青果物の分類（Kader,1986）

エチレン生成量(20℃) ($\mu l C_2H_4/kg・hr$)	青　果　物
<0.1	アスパラガス，カリフラワー，サクランボ，カンキツ類，ブドウ，イチゴ，葉菜類，根菜類，ジャガイモ
0.1～1.0	ブルーベリー，キュウリ，ナス，オクラ，オリーブ，カキ，パイナップル，パンプキン，スイカ，ラズベリー
1.0～10.0	バナナ，イチヂク，ハニデューメロン，マンゴー，トマト
10.0～100.0	リンゴ，アプリコット，アボガド，カンタローブメロン，洋ナシ，プラム
100.0<	サポジラ，パッションフルーツ

了すると、エチレン生成や呼吸の急激な上昇がきっかけになり、果実の軟化、色素の形成、フレーバーの生成が一挙にすすむ。この現象が成熟または追熟で、トマト、メロンなどは食品としてこのころが食べごろとなる。

追熟速度に影響を与える環境要因としては、他の生理作用に対すると同様、温度、高炭酸ガス、低酸素、エチレンなどがある。

⑤生長　根菜類の品質保持に関しては、休眠が終了して起こる萌芽と発根が問題となる。ジャガイモ、タマネギ、ニンニクなどの萌芽は著しく商品性を落とす。タマネギ、ニンジンなどの発根も同様に品質劣化の原因となる。

アスパラガスは収穫後も生長をつづけ、伸長、曲がり、硬化、甘味の減少などが起こる。トマト、ピーマンでは種子の生長が品質を落とす原因になることもある。

鮮度に影響を与える環境要因

①取扱い技術　野菜のなかでも葉菜類、果菜類は軟らかく、傷もつきやすいので、とくにていねいな取扱いが必要である。同時に適切な包装容器、資材が使用されなければ、鮮度保持の十分な効果が発揮できない。近年はこの分野がよく発達して、段ボール箱、プラスチックフィルムが広範囲にわたって使用されている。

②温度　温度と野菜の貯蔵性については、アメリカ農務省が系統的に研究を行ない、表2に示すような一覧表を発表している。大部分の野菜の最適貯蔵温度は〇℃付近にある。しかし、キュウリ、メロン、スイカ、パンプキンなどのウリ科、ナス、ピーマン、トマトなどのナス科野菜は低温障害があり、最適温度は七~八℃から上である。最適相対湿度は九〇%以上の高湿度がよい野菜が多いが、タマネギ、パンプキンのように腐敗をさけるために五〇~七〇%ていどがよいものもある。貯蔵可能期間は品目によって大差がある。また品種のちがいによってもキャベツ、メロン、タマネギなどではかなりの開きがあることが知られている。

凍結温度は水分含量、糖含量、組織構造などによって決まり、このデータは凍結させないための参考となる。

③湿度　湿度は低いと野菜を乾燥させ、しおれ、しなびの原因となり、高いとかびや細菌の発生や増殖に好適な条件となる。

最適貯蔵湿度は表2に示したとおりであるが、この値は貯蔵温度と連動しており、〇℃付近の温度においては相対湿度が九〇~一〇〇%がよい条件である。貯蔵温度が高いばあいには微生物による腐敗が問題となるので、高い相対湿度は好ましくない。

④酸素濃度　低酸素の最大の効果は、呼吸抑制である。呼吸基質の節約により、生きている状態の維持、延長がはかられる。野菜が無気呼吸など異常を起こさない下限は、酸素濃度が一~三%ていどといわれている。ニンジン、アスパラガス、カリフラワー、エンドウ、スイートコーンの呼吸量は、二~三%の酸素濃度下では、通常の大気（二一%酸素）での呼吸量の三〇~五〇%まで低下するとの報告がある。

低酸素の他の重要な作用は、エチレン生成の抑制とエチレン作用の阻害である。エチレン生合成の最終段階（ACC→エチレン）は、酸化反応で空気中の酸素を必要とする。したがって低酸素はこの反応を抑制する。エチレン作用の阻害については、エチレンのリセプター（受容体たんぱく質）にエチレンが結合するときに、酸素が賦活剤として働くため、低酸素では酵素たんぱく質を賦活化しないためと説明されている。

⑤炭酸ガス濃度　炭酸ガスはエチレン作用に対する拮抗的阻害剤とされている。

また、高炭酸ガスはクロロフィル含量の維持に非常に効果的で、アスパラガス、ブロッコリー、芽キャベツ、キャベツ、インゲンな

表２　各種野菜の最適貯蔵温度、湿度、貯蔵期間、凍結温度、水分含量および比熱

(Handenburg,1986)

野菜の種類	温度（℃）	相対湿度（%）	貯蔵期間	凍結温度（0℃）	水分含有量（%）	比熱（Btu/lb・°F）
アスパラガス	0〜2	95〜100	2〜3週	-0.6	93.0	0.94
ブロッコリー	0	95〜100	10〜14日	-0.6	89.9	0.92
キャベツ	0	98〜100	1〜6月	-0.9	92.4	0.94
ハクサイ	0	95〜100	2〜3月	—	95.0	0.96
ニンジン	0	98〜100	7〜9月	-1.4	88.2	0.91
カリフラワー	0	95〜98	3〜4週	-0.8	91.7	0.93
セルリー	0	98〜100	2〜3月	-0.5	93.7	0.95
スイートコーン	0	95〜98	5〜8日	-0.6	73.9	0.79
キュウリ	10〜13	95	10〜14日	-0.5	96.1	0.97
ナス	8〜12	90〜95	1週	-0.8	92.7	0.94
レタス	0	97〜100	2〜3週	-0.2	94.8	0.96
メロン（カンタロープ,完熟）	0〜2	95	5〜14日	-1.2	92.0	0.94
メロン（カサバ）	10	90〜95	3週	-1.0	92.7	0.94
メロン（ハニデュー）	7	90〜95	3週	-0.9	92.6	0.94
スイカ	10〜15	90	2〜3週	-0.4	92.6	0.94
オクラ	7〜10	90〜95	7〜10日	-1.8	89.8	0.92
タマネギ（乾燥）	0	65〜70	1〜8月	-0.8	87.5	0.90
ピーマン	7〜13	90〜95	2〜3月	-0.7	92.4	0.94
パンプキン	10〜13	50〜70	2〜3月	-0.8	90.5	0.92
ホウレンソウ	0	95〜100	10〜14日	-0.3	92.7	0.94
トマト（緑熟）	13〜21	90〜95	1〜3週	-0.6	93.0	0.94
トマト（完熟）	8〜10	90〜95	4〜7日	-0.5	94.1	0.95

※比熱のBtu/lb・°Fはkcal/kg・℃と同じ値

どでよく観察される。この事実は鮮度保持に高炭酸ガス利用の可能性を示している。

⑥エチレン作用　エチレンは極微量（数ppm以下）で野菜、果実に対して種々のホルモン作用を示す。成熟性果菜類（トマト、メロン）に対しては、クロロフィル分解、色素形成、軟化、フレーバー形成、甘味増加などの成熟（または追熟）を誘導する。したがって、この作用は好ましいものである。

しかし、エチレンは多くの未熟果菜類、葉菜類、根菜類に対しては、鮮度低下の好ましくない作用を示す。すなわち、キュウリ、ピーマン、ナス、オクラ、ホウレンソウ、レタス、キャベツなどに対して老化促進やクロロフィルの分解、黄化や褐変を促進する。

また、その他の特徴的な作用としては、レタスのラセットスポット（黒点形成）、ニンジンのジヒドロイソクマリン（苦味）生成、ジャガイモの休眠打破と萌芽抑制、キャベツ、カリフラワーに対する離層形成、アスパラガスの硬化などがよく知られている。

エチレン発生源となる果実（バナナ、トマト、メロン、リンゴ、モモ、洋ナシなど）とエチレンに感受性の高い前記の野菜類とは、別々に管理するなど注意することが望まれる。

農業技術大系野菜編　第十二巻　収穫後の生理と鮮度保持の原理　一九八九年より

果樹貯蔵の基礎

田中敬一　農業技術研究機構果樹研究所

1、果実貯蔵の基本的な考え方

果実は収穫後もさまざまな生命活動を行ないながらしだいに老化していく。こうした変化は望ましい場合もあるが、大部分は望ましくない。果実の老化を逆に戻したり止めることはできないが、老化（品質劣化）を遅延させることは可能である。追熟型の果実を除くと、一般に収穫時の品質が最もよいことから、貯蔵の基本は果実の生命活動を抑制することにある。

また、新鮮な果物では水分含有量が高いため、蒸散などで水分が失われると、しおれたり、しなびたりして商品性を失う。さらに、物理的な傷害や、バクテリアや菌類による果実の腐敗を防ぐことも品質保持には大切である。

2、収穫適期の判定

果実は成熟に伴ってでんぷんが減少し、糖度が上昇し、果肉が軟らかくなるが、収穫が早すぎると食味が劣り、反対に遅すぎると貯蔵性が低下し、過熟による障害が発生する。そのため、貯蔵する場合は早めに収穫する（貯蔵適期収穫）。

貯蔵適期は、着色、硬度、芳香、手で触ったときの感触など長年の経験により判定されるが、満開後の日数や積算温度により推定する方法もある。果皮色の変化が果実の成熟度と関連していることから、カラーチャートで判定する方法を用いると比較的正確な収穫ができる。また、一部果実を採取し、その糖度や酸度を調べ収穫する方法も普及している。

リンゴ〝ふじ〟は完熟期に収穫すると蜜が入り品質がよいので年内の販売に適するが、年を越えて販売するには、完熟期より少し前に収穫する。カンキツ類では酸の減少が収穫の目安となる。温州ミカンは熟度が進むと浮皮になり貯蔵性が劣る。モモ、ブドウ、イチジク、ビワ、オウトウなどは完熟期まで樹上におくと品質はよくなるが、完熟果は輸送が困難なため早めに収穫する必要がある。

3、品質劣化にかかわる生物学的要因

①呼吸作用

呼吸作用と品質劣化　収穫後果実の品質と関係が深いのは呼吸作用である。果実は、炭水化物や有機酸などが呼吸作用によって酸化され、その過程で高エネルギーリン酸（ATP、ADPなど）を生産し、この化学的エネルギーを生命活動に利用する。酸素（O_2）はこの過程で消費され、二酸化炭素（CO_2）が放出される。呼吸が増大するとエネルギーを消費するので基質である糖や酸が減少し、①果実の老化が促進し、②香りや風味、特に甘味が失われ、③水が損失し、その結果として商品性が失われる。

一方、空気中の酸素濃度が低下するか、もしくは、炭酸ガス濃度が上昇すると呼吸が著しく抑制される。リンゴのCA貯蔵はこの原理に基づく貯蔵法である。また、果実の呼吸作用により熱として放出されるエネルギーは貯蔵技術の問題として重要であり、冷却と換気に関係する。

追熟と呼吸型　一般に、収穫後果実の品質劣化の速度は呼吸速度に比例している（表1）。呼吸とエチレン生成のパターンに基づ

表1　果実の種類と呼吸量

分類	呼吸量（5℃）（$mgCO_2$/kg・hr）	果実の種類
非常に低い	＜5	デーツ，ドライフルーツ，ナッツ類
低い	5〜10	リンゴ，カンキツ類，クランベリー，ブドウ，キウイフルーツ，パパイア，カキ，パイナップル
中程度	10〜20	アンズ，バナナ，ブルーベリー，チェリー，イチジク，グズベリー，マンゴー，ネクタリン，オリーブ，モモ，セイヨウナシ，スモモ
高い	20〜40	アボガド，ブラックベリー，ラズベリー

いて、果実はクライマクテリック型かノンクライマクテリック型に分類される（表2、図1）。

収穫後に呼吸の一時的上昇（クライマクテリック・ライズ）とエチレン発生が認められる果実をクライマクテリック型果実と呼び、リンゴ、セイヨウナシ、バナナなどがある。この型の果実では、成熟ホルモンであるエチレンによって果実の追熟に必要な各種の酵素が誘導される。

リンゴは、エチレンの増加とともに果肉硬度が低下し、でんぷん量の減少、糖の蓄積が始まる。セイヨウナシは、追熟すると果皮が黄変し、香気の発生と粘質で多汁な肉質となる。バナナでは、緑熟の段階で収穫・輸送し、エチレンガス（〇・一μℓ／ℓ以上）により追熟促進処理を行ない出荷する。

一方、ブドウ、カンキツ、オウトウなど、貯蔵中も二酸化炭素とエチレン生成量は低く、呼吸の上昇を伴わない果実をノンクライマクテリック型果実（末期上昇型を含む）と呼ぶ。

表2　呼吸型による果物の分類

クライマクテリック果実		ノンクライマクテリック果実	
リンゴ	アンズ	ブラックベリー	ライチー
ネクタリン	パパイア	ゴレンシ	オリーブ
アボガド	バナナ	オレンジ	オウトウ
モモ	パッションフルーツ	ニホンナシ*	ブドウ
ブルーベリー	セイヨウナシ	デーツ	パイナップル
カキ	チェリモヤ	グレープフルーツ	ラズベリー
ドリアン	スモモ	ナツメ	レモン
フェイジョア	イチジク	ライム	リュウガン
グアバ	ランブータン	タンジェリン・マンダリン類	キウイフルーツ**
サポジラ	マンゴー	ビワ	
ジャックフルーツ	サポテ		
ニホンナシ*			

注　＊ ニホンナシ品種のうち“二十世紀”はノンクライマクテリック型で，他の多くの品種はクライマクテリック型である

＊＊ キウイフルーツは近年の研究からノンクライマクテリック型と分類される。

②エチレン生成

エチレンは、植物ホルモンとしてさまざまな段階で生理的な働きをする。とりわけ果実の成熟・老化と関係が深く、成熟ホルモン、あるいは老化ホルモンとも称されている。エチレンは、傷害、病害を含むさまざまな外的要因でも生成が促進されることからストレスエチレンとも呼ばれる。エチレンは果実の成熟・老化の多くの局面を制御しているが、極微量（〇・一ppm未満）で生理的に活性がある。

果実の種類とエチレン生成量について表3に示した。果実のエチレン生成能力と日持ち性との間には直接的な関係はないが、ほとんどの果物は、外部からエチレンを与えると急速に老化する。

一般に、エチレン生成量は、物理

的な傷害、病気の発生、水ストレスなどで増加する。一方、果物を低温、低酸素（八％以下）、高二酸化炭素（二％以上）で貯蔵するとエチレンの発生量は減少する。

③組成の変化

果実成分の多くは、収穫後も変化するが、この変化が望ましい場合と、望ましくない場合とがある。

色の変化　果実果皮の葉緑素（緑色）の消失や、アンズ、モモ、カンキツ類などの果実中のカロテノイド（オレンジや黄色）の増加は望ましい変化である。また、α―カロテン、β―カロテン、β―クリプトキサンチンはプロビタミンAであり、栄養面で重要な成分である。グレープフルーツの赤い色はカロテノイドの一種であるリコピンである。リンゴ、オウトウおよび赤肉のオレンジなどの色はアントシアニン（赤色）である。

肉質の変化　果実の肉質は食味（テクスチャー）に関係するが、貯蔵・流通段階で軟化しすぎると物理的傷害が発生しやすくなるなど、商品性の低下につながる。肉質は、不溶性多糖類であるセルロース、ヘミセルロースおよび水溶性多糖類であるペクチンなどで構成される細胞壁と密接に関係している。果実類は成熟または追熟の進行に伴い果肉が軟化するが、これは細胞壁分解酵素の作用による多糖類の構造や架橋構造の変化による。モモやセイヨウナシでは、軟化すると水溶性ペ

図1　果実の呼吸型

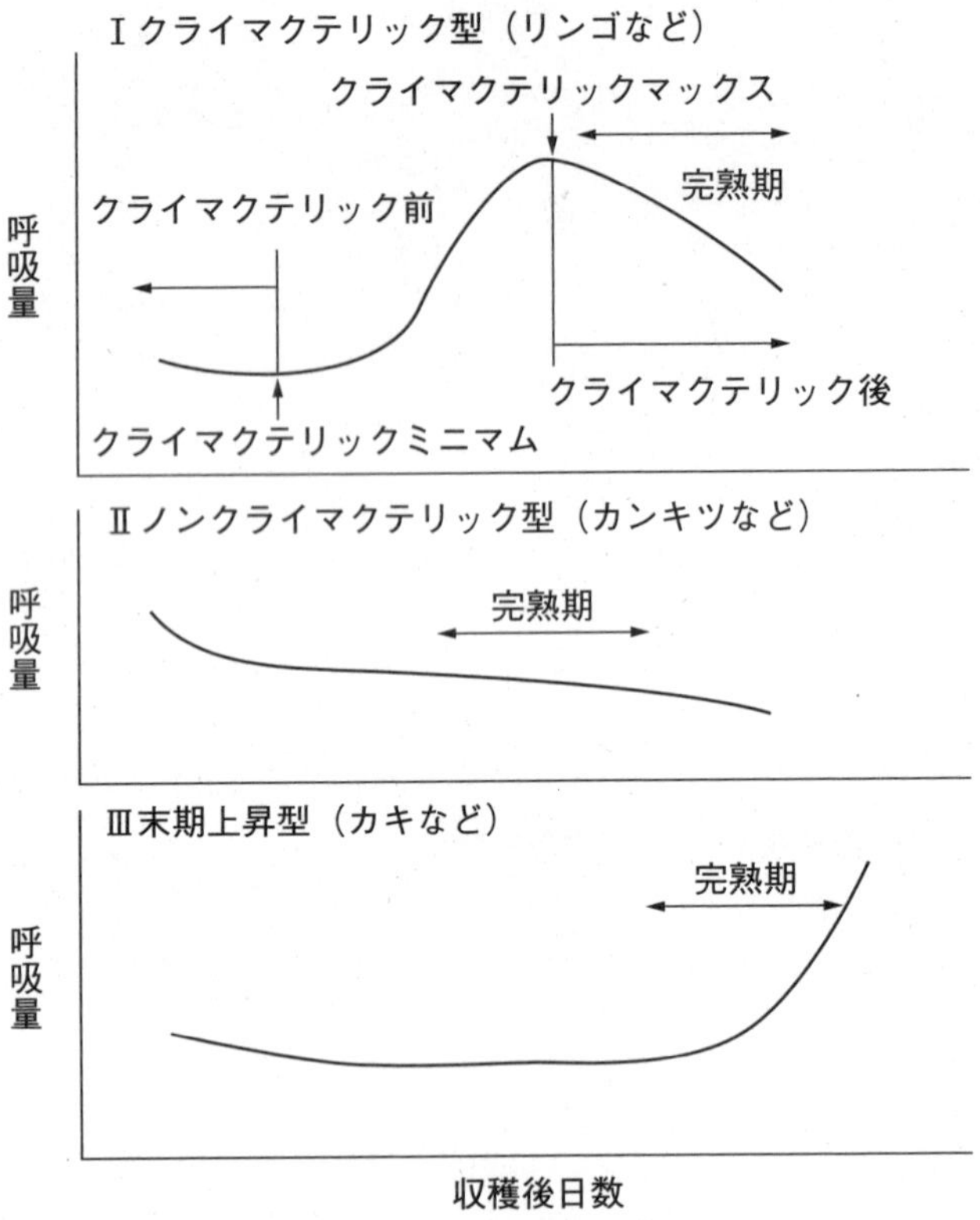
Ⅰクライマクテリック型（リンゴなど）
クライマクテリックマックス
完熟期
クライマクテリック前
呼吸量
クライマクテリック後
クライマクテリックミニマム
Ⅱノンクライマクテリック型（カンキツなど）
完熟期
呼吸量
Ⅲ末期上昇型（カキなど）
完熟期
呼吸量
収穫後日数

表３　エチレン生成量と果実類

分類	エチレン生成量（20℃）（$\mu l C_2H_4/kg \cdot hr$）	果実類
非常に低い	＜0.1	オウトウ，カンキツ類，ブドウ，ナツメ，ザクロ
低い	0.1〜1.0	ブラックベリー，ブルーベリー，クランベリー，オリーブ，カキ，パイナップル，ラズベリー
中程度	1.0〜10.0	バナナ，イチジク，グアバ，ライチ，マンゴー
高い	10.0〜100.0	リンゴ，アンズ，アボガド，フェイジョア，キウイフルーツ（成熟果）*，ネクタリン，パパイヤ，モモ，セイヨウナシ，スモモ
非常に高い	100.0＜	チェリモヤ，パッションフルーツ，サポテ

注　＊キウイフルーツの成熟果のエチレン生成量は軟腐病の感染と関係がある

クチンが増加する。

糖質成分の変化　果実の甘味は糖質が主成分である。収穫後の糖含量は、ウメ、スモモのように減少率の大きい果実を除くと全糖含量の変化は少ないが、貯蔵中にショ糖（シュクロース）が減少し、ブドウ糖（グルコース）と果糖（フルクトース）が増加する果実が多い。収穫時にでんぷん含量が高いバナナやクリは貯蔵中にでんぷんが糖化し糖含量が増加する。温州ミカン、バナナ、モモではショ糖が多く、ウメ、キウイフルーツではブドウ糖が多く、セイヨウナシ、ニホンナシ、リンゴでは果糖が多く、ブドウではブドウ糖と果糖がほぼ等量含まれている。

有機酸の変化　有機酸は風味に影響する。有機酸含量は産地や年次によって左右されるが、一般に冷涼な年や地域の果実に比べて、温暖な年や地域の果実は有機酸含量が少ない。また、収穫後の果実では呼吸の基質として有機酸が使われるので貯蔵中に減少する。

カンキツでは有機酸が呼吸基質として糖より早く使われるため、貯蔵すると酸味が減少する。クエン酸が多い果実はウメ、カンキツ類、リンゴ酸が多い果実はリンゴ、アンズ、ニホンナシ、酒石酸が多い果実はブドウ、クエン酸とリンゴ酸がほぼ等量な果実はセイヨウナシである。

ビタミン類の変化　ビタミン、とくにアスコルビン酸（ビタミンC）の減少は栄養的に好ましくない。温州ミカンなどカンキツ類、キウイフルーツ、カキはビタミンCが多く、貯蔵中に還元型ビタミンCから酸化型ビタミンCに変化し、さらに2，3-ジケトグロン酸に分解される。また、カンキツ類、カキ、アンズなどにはプロビタミンAであるカロテン（カロチン）が多く含まれている。温州ミカン、カキではカロテン含量の七〇～八〇％がβ-クリプトキサンチンである。

4、蒸散作用

蒸散作用は、果実品質と密接に関係する。蒸散は直接的に量的な損失（販売重量の損失）を生じるだけでなく、外観（しおれて、しなびる）、テクスチャー（軟化、軟弱化、歯ごたえのない状態、歯切れの悪さ、果汁の損失）、および栄養成分の損失なども生じるので、水の損失は品質劣化の主な要因である。蒸散作用により果重が五％以上減量すると、食味や外観が著しく低下するが、相対湿度九五％以上の高湿度環境では果重の減少が抑制され鮮度が保持される（冷温高湿貯蔵）。また、貯蔵庫内の風速が速いと、蒸散は促進されるので留意が必要である。蒸散（果実組織からの水の蒸発）を防ぐために、可塑性のフィルムで包装したりして風速を制御する。

蒸散特性は果実の種類によって異なり、①温度の低下に伴い著しく蒸散が抑制されるリンゴ、ニホンナシ、ミカン、②温度の低下に伴い蒸散が抑えられるモモ、スモモ、イチジク、ビワ、クリ、③温度にかかわらず蒸散の著しいオウトウに分けられる。

5、生理障害

熱帯果樹や亜熱帯果樹起源の果実では五～一五℃以下になると低温障害が発生する。果実が低温障害を受けると、表面と内部が褐変し、ピッティングが発生したり、香気が消失する。また、カビの発生による腐敗も誘発する。果実を凍結する温度に貯蔵すると冷凍障害が生じ、急速に細胞が破壊され組織が崩壊し、商品性を失う。

生理障害は、果実の栄養バランスが不均衡になっても発生する。たとえば、リンゴのビターピットはカルシウム欠乏から生じる。そのため、カルシウム含量が少ない果実に対し、収穫前か収穫後にカルシウム処理を行なうと生理障害を軽減できる。また、カルシウムが多いと細胞壁が強固になり、肉質が維持され、二酸化炭素とエチレンの生成が抑制されるので、日持ち性が向上し、腐敗の発生が抑制される。

非常に低い酸素（一％以下）と高い二酸化炭素（二〇％以上）の環境下では、多くの果実で生理的な崩壊が起きる。また、多くの果実では外生のエチレン処理によって生理障害が引き起こされる。

6、物理的傷害

物理的傷害を受けた組織は細胞膜が崩壊し、細胞内に極在していたポリフェノールが流出し、ポリフェノール酸化酵素により組織が褐変する。また、水の損失を加速したり、傷害部分が微生物に感染しやすくなるだけでなく、果実からの二酸化炭素やエチレンの生成を促進し、品質が劣化する。

7、微生物による腐敗

品質劣化の明白な症状である腐敗は、微生物の活動から生じる。果実に対する微生物の感染は、物理的傷害、低温障害や生理障害などが発生している場所で起きる。一般に、収穫した果実は潜在的に微生物に感染しており、新鮮なときは微生物に対してかなりの抵抗性を示すが、老化が進んだ過熟な果実では微生物に影響され腐敗が進行する。

8、品質劣化に及ぼす環境要因

温度　温度は収穫した果実の品質劣化に最も影響を及ぼす環境要因である。貯蔵最適条件より一〇℃以上高い温度では、品質劣化の速度は二～三倍高くなり多くの生理的障害を引き起こす。温度はエチレンの生成や酸素濃度や二酸化炭素濃度に影響を及ぼすだけでなく、貯蔵温度が高くなると微生物の胞子発芽や成長を促進する。収穫直後に果実を五℃以下まで冷やすと、カビなどによる腐敗の発生を大幅に減らすことができる。

果実の凍結点より高い温度（一五℃以下）で起きる障害を低温障害という。果実には低温障害に感受性のものと非感受性のものとに分けられる（表4）。低温障害が発生すると生理的なさまざまな変化がおきる。バナナやカンキツ類では呼吸の異常が現われ、低温下でも呼吸量が増加し、室温に移すと呼吸が異常に高くなる。また、膜透過性も上昇し、組織から無機イオンの漏出が増大し、アスコルビン酸などの還元性物質が減少し、フェノールが重合して組織が褐変する。

相対湿度　温度と風速が一定であれば、果実からの水の損失速度は相対湿度に依存し、温度の上昇によって増加する。果実表面が結露しないとの条件が満たされれば、一般に相対湿度が高い方が好ましいことが多い。貯蔵庫内の湿度を上げるために低温下で蒸気を発生する加湿器や、冷温高湿貯蔵法に用いられている冷熱輻射方式などがある。

表4　低温障害と果実類の感受性

低温障害に非感受性のグループ	低温障害に感受性のグループ
リンゴ*	アボガド
アンズ	バナナ
ブラックベリー	ゴレンシ
オウトウ	チェリモヤ
デーツ	カンキツ類
イチジク	クランベリー
ブドウ	ドリアン
キウイフルーツ	フェイジョア
ビワ	グアバ
ネクタリン*	ジャックフルーツ
モモ*	ナツメ
セイヨウナシ	リュウガン
カキ*	ライチー
スモモ	マンゴー
ニホンナシ	マンゴスチン
ラズベリー	オリーブ
	パパイア
	パッションフルーツ
	ペピーノ
	パインナップル
	ランブータン
	サポジラ
	サポテ

注　＊低温障害に感受性の品種もある

ガス環境　果実を低酸素、高二酸化炭素に制御した環境におくと、呼吸をはじめさまざまな代謝が抑制され、日持ち性が向上する。CA貯蔵はこの原理に基づくので、リンゴの長期貯蔵に用いられている。ガス環境への応答の程度は、果実の種類や品種、熟度、酸素や二酸化炭素濃度、温度および貯蔵期間により品質への影響は異なる。

エチレン処理　バナナやキウイフルーツなどの果実の追熟促進や、カンキツ類のカラーリング（黄色化）のためにエチレン処理が行なわれている。一般的な果実の追熟促進条件は、エチレン濃度一〇～一〇〇〇ppm、温度一八～二五℃、湿度九〇～九五％、処理時間二四～七二時間で行なわれている。

カンキツ類のカラーリングは、エチレン濃度二〇～三〇〇ppmで、六～八時間間隔で八～一〇回繰り返すなどの方法により行なわれている。

9、貯蔵輸送中の温湿度管理

温度管理　日中に収穫される果実の品温は高いので、できるだけ早く果実の品温を下げる必要がある。果実の品温を高速度で、貯蔵温度まで下げる方法を予冷と呼ぶ。果実の予冷方法には、①冷水冷却、②パッケージアイシング、③室内冷却、④強制通風冷却、⑤差圧通風冷却、⑥真空冷却などがある。

湿度管理　果実を長期間相対湿度の高い場所に保存すると、果実表面などに結露し腐敗を促進することがあるため、結露しているかどうかは、相対湿度が高いかどうかよりも重要である。果実の貯蔵に適切な相対湿度は八五～九五％であるが、近年、九五～一〇〇％の相対湿度領域も研究されている。

湿度を高く保つためには、加湿器を用いる方法と冷熱輻射方式による方法とがある。加湿器を用いる方法にはさまざまあるが、庫内の空気を循環させ加湿塔内の水の薄い層内を気泡で通過させる気液接触器による方法が優れている。また、冷熱輻射方式は、貯蔵庫の五面の壁のなかを冷媒を循環させ、庫内を冷やすとともに湿度を高める方法で、湿度が九五％以上でも果実表面が結露しないなど優れた特徴がある。そのほか、プラスチックフィルムで果実を包装して湿度を上げることも行なわれているが、結露しやすいのが欠点である。

湿度管理の方法のひとつに予措がある。カンキツ類では、果皮色の向上と貯蔵中の腐敗による品質劣化を防ぐために、果皮を乾燥させる予措を行なってから貯蔵するのが一般的である。温州ミカンでは貯蔵前に果実重の五％程度減量する。この処理によって貯蔵中の腐敗、糖・酸の減少を抑制できる。この処理を二〇℃で行なうと果皮色も向上する（高温予措）。

表5　最適な温度、湿度で貯蔵した果実の貯蔵性

相対的日持ち性	日持ち期間(週)	果実類
大変短い	<2	アンズ，ブラックベリー，ブルーベリー，オウトウ，イチジク，ラズベリー
短い	2～4	アボガド，バナナ，ブドウ（SO_2無処理），グアバ，ビワ，マンダリン，マンゴー，ネクタリン，パパイア，モモ，ペピーノ，スモモ
中程度	4～8	リンゴ（品種よる），ナシ（品種による），ブドウ（SO_2処理），オレンジ，グレープフルーツ，ライム，キウイフルーツ，カキ，ザクロ，プメロ，
長い	8～16	リンゴ（品種による），ナシ（品種による），レモン
大変良い	>16	ナッツ類，ドライフルーツ

農業技術大系果樹編　第八巻　貯蔵の基礎　二〇〇一年より

あっちの話こっちの話

もちのカビ防止には「からし」

吉ざわ威

みなさんは、もちの保存どうしていますか。もちを長いあいだ食べずに置いておくと、どうしてもかびが生えてしまいます。これを防ぐおもしろい方法を、長野市の石田あかねさんから教えていただきました。さてその方法とは…。

カビを出さない秘密は、からし（マスタード）です。黄色いからしの粉を水で溶いて、おちょこに入れておきます。練りからしでもかまいません。

お菓子などの空き缶に、このおちょこともちを、一緒に入れて、できるだけ温度が低いところに置いておきます。

この方法にしてからは、毎年すぐにかびがついてしまったもちに、まったくかびが付かないそうです。

一九九五年二月号

冷凍庫に入らないもちは、「からし」で保存する

三嶋恵美

長野県小諸市の小林けさ江さんのお宅では、正月用についたおもちを、その後もかびないように冷蔵庫、冷凍庫で保存しています。しかし、スペースに限りがあるので、全部は冷凍できません。

そこで、入りきれなかったもちを、図のようにからし粉（マスタード）を使って保存しています。するとなんと、そのまま三月の節句あたりまで、かびが生えないそうです。

からし、わさび、大根などアブラナ科植物の辛味成分には、抗菌作用があるそうです。ざるの目の間から出るからしの成分が、きっとかびを防ぐのでしょうね。

二〇〇四年一月号

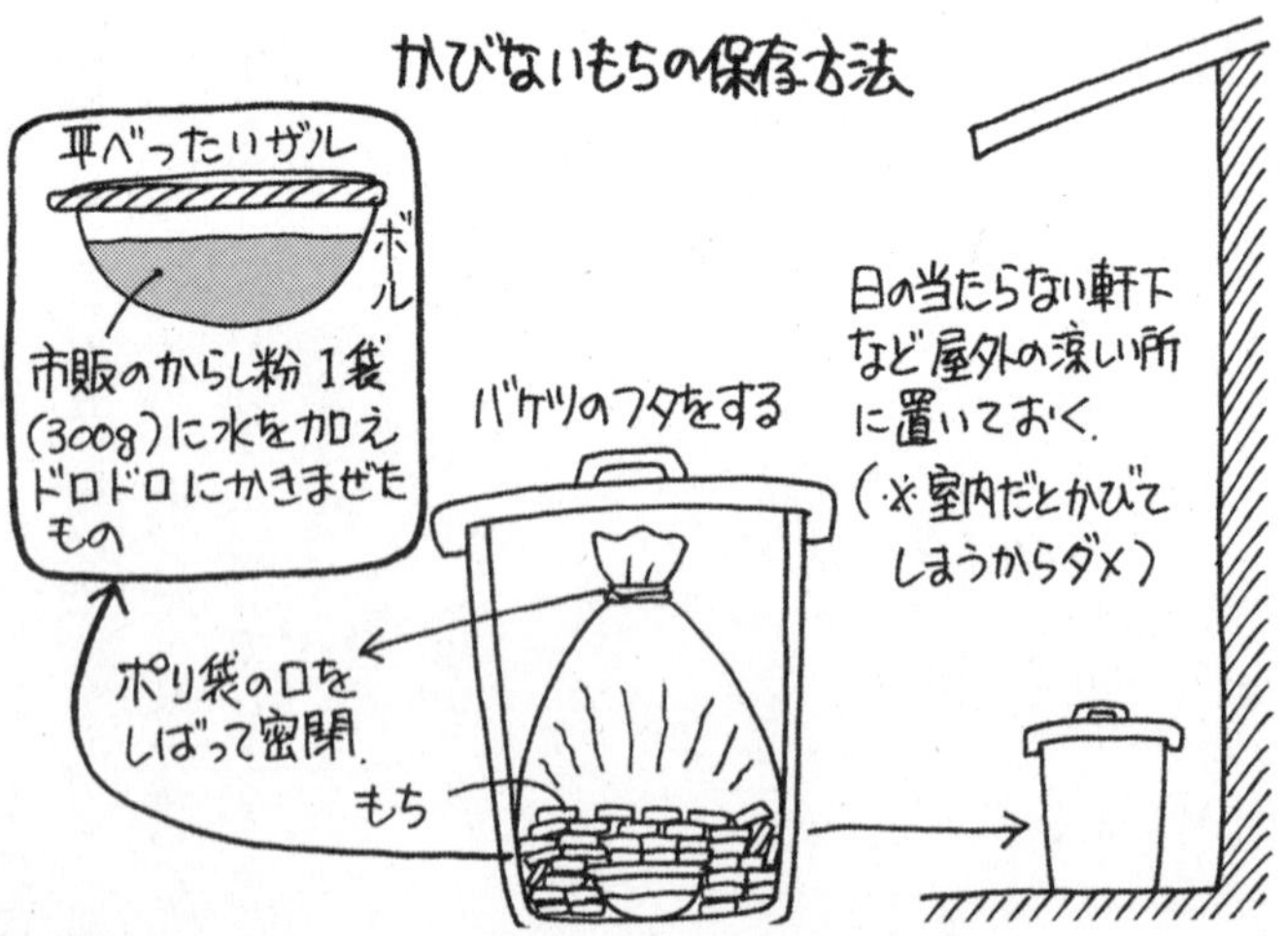

おいしい秋なすを、二倍楽しむ貯蔵法

三浦渉

岐阜県下呂町の細江さんは、秋なすを、収穫後とても上手に保存して、一か月以上も食べ延ばしておられました。

細江さんのやり方で保存すると、四〇～五〇日たっても、なすは、しわしわにはなりますが、カスカスにはならないそうです。カスカスのなすはあまりいただけませんが、しわしわになる程度なら、焼きなすにするときに早く焼き上がるくらいなもので、料理するのにそれほど問題はないそうです。

さて、その細江さんの保存法ですが、一番の特徴は、発泡スチロール箱に入れるということです。発泡スチロールは断熱材なので、ふたを閉めると、中の温度や湿度はそれほど変化しません。保存にはじつに都合がよいというわけです。もう一つのポイントは、なすのへたが上になるように、箱の中に縦にならべることです。

なすはあまり長い間枝につけておくと、だんだんあくが強く、皮が硬くなってくるので、細江さんは、適期に収穫した後、こうした方法で保存するのだそうです。ぜひお試しください。

一九九一年十月号

さつまいもの保管を完璧にする竹枝のひと刺し

三嶋恵美

さつまいもを保存するのに、もみがらの中へ入れておく人が多いようですが、岐阜県本巣町（本巣市）の高橋キミ子さんはそれにさらにひと工夫。竹の枝を束ねたものを、このもみがらに刺しておくのです。

すると空気が通ってさつまいもが呼吸できるからでしょうか。いもは翌年の五月頃までもつそうです。

束ねて刺しておくのは別に竹の枝でなくともいい。ただし、あまりに太い木の枝を束ねて使ったりすると、隙間からネズミが入ってさつまいもを食べられてしまうのでご注意。

一九九六年一月号

うま味、甘味が増す
氷温、超氷温の世界

山根昭美　㈱氷温研究所　一九九七年記

氷温との出会い

私が「氷温」と最初に出会ったのは、鳥取県特産の二十世紀ナシの貯蔵試験に「大失敗」したときであった。当時、青森県がリンゴのCA貯蔵に成功したころで、鳥取県の食品加工研究所長だった私は、この方法を二十世紀にも応用できないかと腐心していた。CA貯蔵とは貯蔵中の炭酸ガス濃度を増し、酸素濃度を減らすことによって、果実の呼吸を抑えながら鮮度を保つ貯蔵方法である。

貯蔵庫の二十世紀を凍らせないよう、温度は三℃に保つように細心の注意を払っていた。ところがある日、若い研究員が真っ青になって私のところに飛び込んできた。

「たいへんです、二十世紀がみんな凍って、だめになってしまいました」

貯蔵庫に駆けつけてみると、四tの二十世紀が全部、透きとおって凍ってしまっている。貯蔵庫の温度調節器が故障してしまい、温度計はマイナス四℃を指して止まっていた。私もあわてた。あわてたけれどもどうしようもなく、やけになって、捨てるつもりで貯蔵庫を開け放ち、炭酸ガスを出して空気を入れ、そのまま放置してしまった。

ところが、三日後に捨てるつもりで貯蔵庫に行ってみると、凍っていた二十世紀が、再び自然の果皮色に戻っていたのである。かじってみると以前とは比較にならないほど、うまいのである。

一般には、生の野菜や果物は〇℃で凍ってしまうため、それ以下では生のままの保存はできないと考えられていた。野菜や果物などを生きたまま保存するのは、〇℃より高い側、つまり「冷蔵」であり、これに対し、長期に保存するには〇℃以下で凍らせて「冷凍」しなければならないとされてきた。

しかし、この二十世紀はマイナス温度領域でも、凍ったように見えて実は凍らずに生きていた。私は、〇℃を冷蔵と冷凍という貯蔵方法の境界とすることに疑問を感じ、〇℃からものが凍り始める温度までの間にこそ未知の領域があるのではないかと考えるようになった。

生と死の境界は〇℃ではない

冷凍は細胞を凍らせ、氷結晶の成長にともなう体積膨張などにより細胞を破壊する。凍結は死を意味する。つまり生と死の境界は〇℃ではなく、ものが凍り始める温度である「氷結点」にあったのである。生のまま維持されるということは細胞が生きているということであり、肉や魚介類のように個体レベルでは死んでいても、細胞が凍結しないで生体のときと同じ状態に維持されていることを意味する。

〇℃以下のマイナス温度領域における生命、あるいは細胞の維持限界を確かめるため、動植物が凍結する温度（氷結点）を調べてみた。いずれも〇℃では凍らず、〇℃より低い温度で凍結することがわかった（図1）。

図のマイナス〇・一～マイナス三・五℃の温度範囲は未凍結の状態を示している。この、

○℃からものが凍り始める温度（氷結点）の直前までの未凍結の温度領域が「氷温領域」である。

実際に○℃以下の氷温領域において動植物の細胞が生の状態で維持されているかを検討した。まず野菜、果実の例として二十世紀を呼吸量の観点から調べたところ、予測されたとおり、収穫時期の初期、中期、後期のいかんを問わず、常温（二○℃）から冷蔵（一℃）へと温度が低下するにつれて、二酸化炭素呼出量が大幅に抑制されていた。氷温（マイナス○・八℃）では冷蔵の四○～七○％に抑制されていたが、わずかながら二酸化炭素を呼出しており、マイナス○・八℃という氷温領域でも二十世紀は生きていることが証明された。

図1　各種食品の凍り始める温度（氷結点）

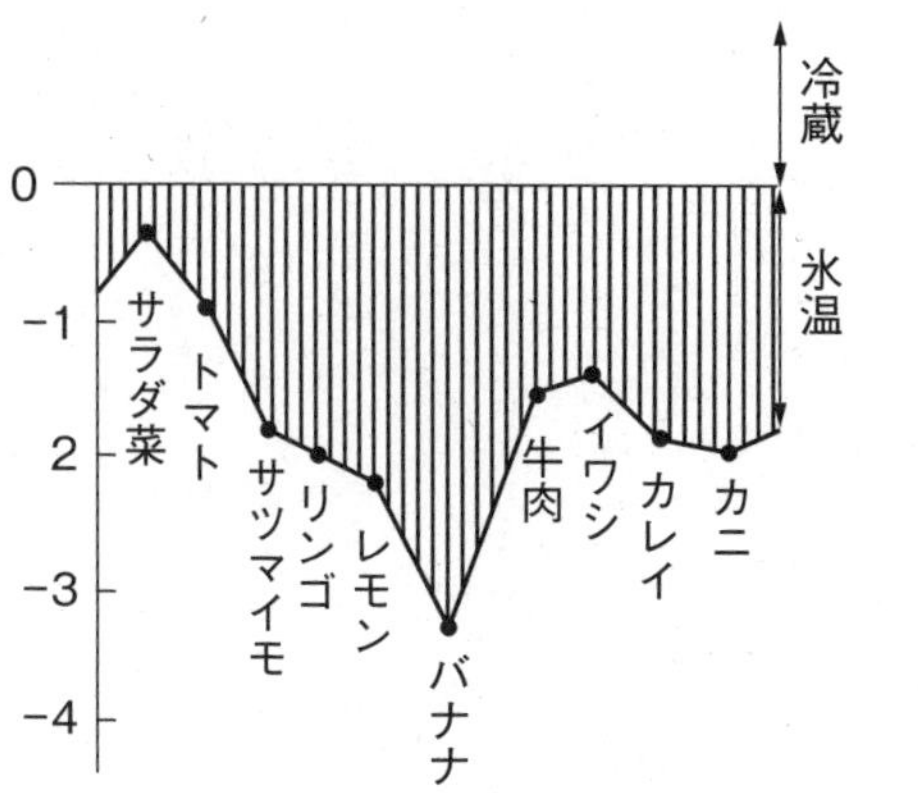
冷蔵
氷温
0
−1
2
−3
−4
サラダ菜
トマト
サツマイモ
リンゴ
レモン
バナナ
牛肉
イワシ
カレイ
カニ

一般に果実の呼吸量温度係数Q値（温度上昇一○℃に対する呼吸量の増加率）は二・五倍といわれている。一○℃と二○℃といったプラスの温度での比較ではこれとよく適合しているが、氷温領域ではわずかな温度降下によって呼吸が大幅に抑制される。プラスの温度での常識では計ることのできない世界であることがわかった。

一方、動物性食品の例としては松葉ガニをとりあげた。生きた松葉ガニ（雌、親ガニ）を氷温領域（マイナス一℃）と冷蔵（五℃）で貯蔵して、呼吸量を水中の溶存酸素濃度として測定して比較検討したところ、一日経過時点で氷温では四・五ppm、冷蔵では七・五ppmの消費が確認され、氷温では呼吸量が約四○％ほど抑制されることが観察された。

次に、細胞レベルで生の状態が維持されているのか、牛肉について検討した。貯蔵開始時の生の状態、氷温貯蔵（マイナス一℃）、部分凍結貯蔵（マイナス三・五℃）、冷凍貯蔵（マイナス二○℃）を、五日目の顕微鏡による組織観察を行なった。氷温区では貯蔵開始時の生の状態とまったく同じで細胞に損傷や変形はみられないのに対し、部分凍結区と冷凍区では明らかに細胞内凍結を起こしていることが観察された。氷温領域での貯蔵は、組織を生の状態で生かすという点で、凍結区とは明確に異なることがわかった。

凍結死を防ごうとする防御反応

自然界においては、植物や動物はいかにして耐寒性を獲得しているのであろうか。マイナス二○～三○℃の厳寒地に生育する樹木、あるいは冬眠中のカエル、ヘビ、さらには南極海に棲息しているライギョダマシなどは、なぜ凍結死しないのだろうか。

生物は環境に適応し、他の生物とさまざまな関りをもって生活している。生物は外部からの各種ストレスに対応して、自己の内部環境を一定に保持しようとする防御機能を有しており、この現象をホメオスタシス（生体恒常性維持機能）という。この考え方は、生物を氷温下に移すことによって認められる諸現象を理解するのに役立つ。

たとえば農産物や生きた魚介類の温度を下げると、氷結点に近づくにつれてたんぱく質や多糖類が加水分解して、アミノ酸やペプチド、単・少糖類が増加する例が多く認められている。これは、以下のような生体防御反応と考えることができる。これは、「生物が低温ストレスに対抗して、たんぱく質や多糖類を低分子化して細胞液中の溶質の分子数を増やし、細胞液の浸透圧を高めて氷結点を下げ、凍結死を防ごうとする生体防御反応の現われ」と考えれば説明がつく。

貯蔵中にうま味、甘味が向上する

二十世紀ナシは、従来の貯蔵技術では長期貯蔵が困難で、せいぜい一〜二か月だが、氷温状態では一か年以上、とれたての鮮度を保つことができるのである。また、鮮度に敏感な完熟イチゴは冷蔵では一週間が限度だが、氷温では三〇日保存が十分可能であることがわかる。

氷温には、鮮度、味を落とさずに長期間貯蔵できるというだけでなく、貯蔵中にうま味成分あるいは甘味成分の増加による味覚、風味を向上させる作用もある。

植物が少ない極北の地に暮らすエスキモーたちは、ビタミン、ミネラルなど生命維持に必要な栄養分を生肉から摂取する。安定的に生肉を確保するためにかれらは、アザラシを捕らえると、氷に穴を開けて肉を海水のなかにつるして保存する。

生肉の氷結点はマイナス二〜マイナス三℃。海水の表面の氷のなかで貯蔵すると冷凍状態になる。その下のみぞれ状のところはマイナス三〜マイナス四℃。ここでは生肉が部分的に凍結する。ところが氷の下を流れる海水の氷結点はちょうどマイナス二℃付近であり、この部分で生肉を貯蔵すると、肉が凍結せず、新鮮さが長持ちし、貯蔵している間に熟成してうま味が増すのである。

興味深いことに、氷温領域は有害微生物や病原性細菌の増殖の抑制ないし減少を引き起こすだけでなく、味や風味を向上させる伝統的な発酵食品の主役である酵母、乳酸菌などが十分活動できる領域であることもわかってきた。魚介類の熟成も、〇℃以下の氷温領域で行なうことによって、殺菌剤や防腐剤を使用しなくとも容易にその目的が達成されるとともに、寒の旬の味を安全な状態でさらに引き出すことができる。

水産練り製品について酵母を使用し氷温下で熟成を試みたところ、サバ、イワシなど多の欠点とされる魚臭さが消失する一方、うま味成分であるイノシン酸が増加した。

「寒」を生かす伝統食品

昔の言葉には、寒九の水、寒ぶな、寒ぶり、寒のりなど、「寒」という字の用いられたものが多かった。たとえば私が暮らしている鳥取県の特産白州ねぎは、雪が降り出すとぬめりと甘味を増す。松葉ガニも、雪がちらつく頃にならないと肉が締まってこないし光沢もない。その頃になるとうま味と甘味がほどよくのってくる。

伝承的加工食品にも、寒仕込み、寒干し、寒餅、寒ざらし粉、寒蕎麦などがある。これらの食品は、暦の上で大寒に入らないとつくらなかった。「寒干し」が行なわれる代表的な農産食品として、うどん、そうめん、大根葉などがあげられ、ついで水産食品として、アジ、カレイなどがあげられる。なかでも魚の一夜干しはここ山陰地方独特の寒干し技法で、生きたままの魚を縄で編んで、雪のちらつく寒中に一夜、吊し干しするものである。得られた寒干しカレイは、魚臭がなく、肉が締まっていて、しっかりとした歯ごたえを有する。その味は格別においしい。

「寒干し」うどんは、寒あるいは大寒の頃に、打って細く切ったうどんを寒風で乾燥したものである。こうしてつくったうどんは、打ちたての独特なこしと風味を保持するが、この麺の乾燥・熟成は、生麺の中に存在する自家酵素や有用微生物の活動によるものと思われる。麺を氷温域で熟成させると、こしが強くなり味も良くなる。氷温下ではアスパラギン酸やグルタミン酸、アラニンなどうま味や甘味に関与するアミノ酸が増加し、逆にロイシン、イソロイシンなど苦味に関与するアミノ酸が減少しており、これが味の良さの倍加につながることが明らかになっている。

生死を分ける温度

もし氷結点が個体にとって生と死の境界温度であるなら、氷結点は動植物の生と死を分ける臨界温度（クリティカルポイント critical point）となるべきである。そこで、魚介類について氷結点とクリティカルポイントを検討した（図２）。

これら魚介類の氷結点はマイナス一・一〜マイナス二℃で、ヒラメ、カレイ、松葉ガニ、ホタテ貝において氷結点とクリティカルポイントが極めて接近した値を示している。

魚についてみると、西日本周辺に棲息しているフグは、氷結点がマイナス一・五℃に対してクリティカルポイントは夏場で六・五℃、冬場で三℃である。アジ、サバ、イワシは氷結点マイナス一・五℃に対し、クリティカルポイント七・〇〜九・〇℃。

タイ、ハマチ、アラカブは氷結点マイナス一・二℃に対し、クリティカルポイント二・〇〜四・〇℃である。ヒラメ、カレイはそれぞれ氷結点がマイナス一・五℃、マイナス一・七℃、クリティカルポイントが〇℃、マイナス一・一℃付近にあり、最も氷結点に接近していることがわかる。

松葉ガニの氷結点はマイナス一・五℃、クリティカルポイントはマイナス〇・五℃である。クリティカルポイント近くでの松葉ガニの状態を調べると、〇℃以下になると急速に呼吸量が減少し、動作も極めて緩慢となり冬眠状態に入る。氷結点に近いマイナス一・〇℃では二〇〇日間以上生存した。ところが同種のダンジネスクラブはクリティカルポイントがやや高く、その付近の一・〇〜二・〇℃で動作が緩慢となって冬眠状態に入り、マイナス〇・五℃付近で著しく体液を排出し急速に弱る。そこで再び〇℃まで温度を上げると二〇日間以上生存するが、以後大半が死滅した。

図2　魚介類のクリティカルポイント

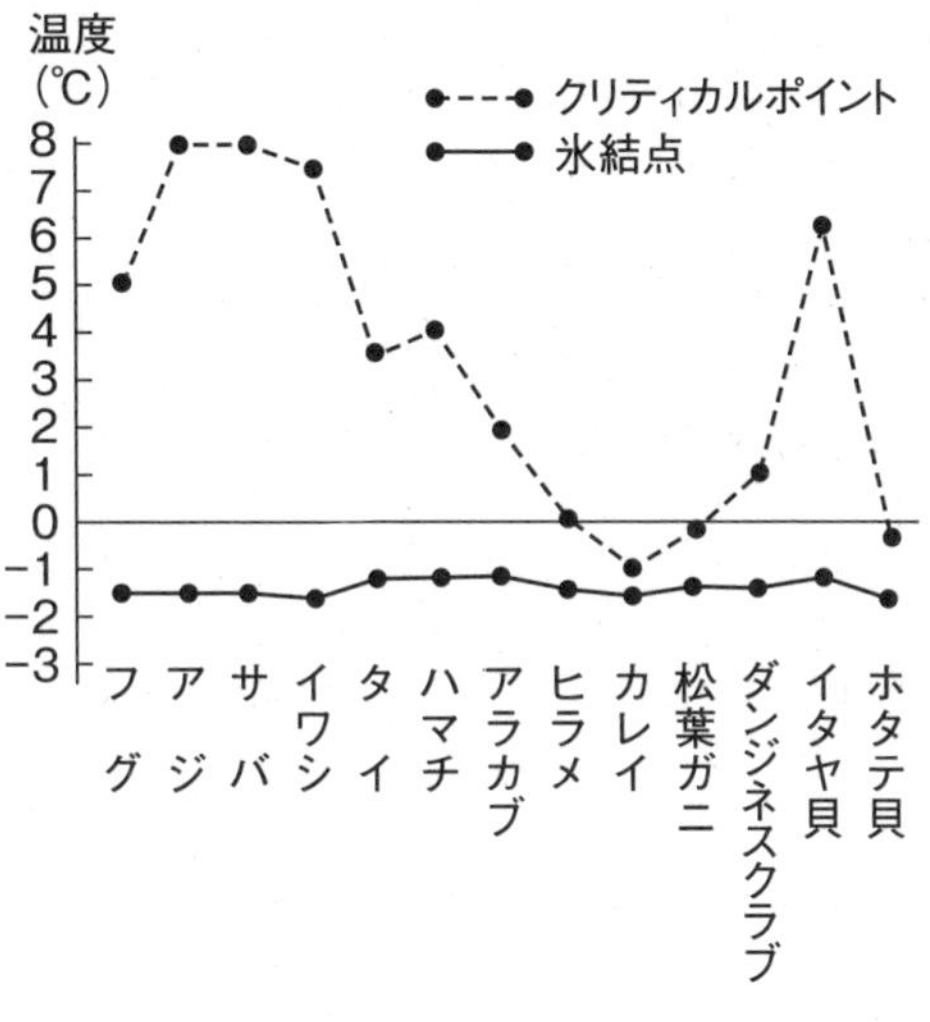

貝についてみると、イタヤ貝はクリティカルポイントが六℃と高く、七℃付近で活動が低下し、五℃で急速に死亡率が上昇した。六℃では約一〇日間生存した。ホタテ貝は氷結点がマイナス一・八℃、クリティカルポイントがマイナス〇・五℃で、〇〜一・五℃付近で活動が低下し、そのままの状態で六〇〜七〇日間生存した。

こうした個体の氷結点と生死を分けるクリティカルポイントとの関係からみると、魚の場合、氷結点そのものがクリティカルポイントになるものと、氷結点よりかなり高いプラス側にクリティカルポイントのあるものがあるとわかる。さらに魚の例でもわかるように、その位置は動植物の耐寒性の強さと正の相関性を示している。温暖地に生育する動植物、つまり耐寒性のないものはかなり高く、一方、寒冷地に生育するもの、つまり耐寒性のあるものは氷結点に極めて近いところに存在するといえる。

このように個体の場合、氷結点とクリティカルポイントは必ずしも一致するものではない。個体にとって生死の境は氷結点ではなくクリティカルポイントとすべきであり、この概念を生態氷温としてとらえている。生態氷温域はクリティカルポイント発生時点より〇℃までの温度領域となり、クリティカルポイントの発生時点は生態氷温零度となる。

生態氷温を氷結点に近づける

温暖地の動植物と寒冷地の動植物ではクリティカルポイントが違うように、生態氷温零度は環境温度によって大きく左右されている。つまり、温度の調節などで耐寒性を付与することによって、生態氷温零度を下降させることができるということである。これは大きな意味をもつ。なぜなら生態氷温零度の位置を氷結点に近づけることは、個体の代謝を抑制し、長期生体保存の鍵となるからである。

実際に、プラス側にクリティカルポイントを持つ耐寒性の弱い魚介類について、耐寒性を付与し、〇℃以下の氷温域でも生存可能にするための条件づけについて検討したところ、フグについて冷却速度および遠赤外線を利用して段階的に温度を下げていくことによって、氷温域でも八～六二時間生存することを確認している。前述したように、夏場のフグのクリティカルポイントは六・五℃、冬場でも三℃である。しかし耐寒性を付与することによって、〇℃以下の温度でもフグは生き続けることができたのである。

超氷温の世界

さらにおもしろい温度領域が存在していることがわかってきた。ある冷却条件下において、氷結点より温度が低下してもなお凍結せずに、もとの状態を保つ過冷却状態の温度領域が存在したのである。「超氷温」の世界である。

一般に食品などを冷却していくと、その品温は図3のような冷却曲線をえがく。品温はある温度まで降下していくが、その食品の品温がある温度に達すると食品は潜熱を放出して氷結点まで上昇し、その後再び凍結し始める。このとき品温が達した未凍結状態での下限温度を「破壊点」と呼ぶ。したがって氷結点から破壊点までは未凍結状態を示しており、この温度領域が超氷温領域である。通常その反応は急速に進行するため超氷温領域を得ることはできないが、冷却速度の調節等ある特殊条件下においては、氷結点以下でも未凍結の領域を得ることができる。

超氷温領域は、氷温領域以上の長期生体保存を可能にすると同時に、生鮮加工品についても高鮮度を保持する効果が認められている。

ブロッコリーを冷蔵（五℃）、氷温（〇℃）、超氷温（マイナス一・五℃）でそれぞれ八〇日間貯蔵したところ、冷蔵は白いカビが発生し、茎も褐変化が始まっているのに対し、氷温、超氷温は鮮度保持性が高い。とくに超氷温のものは緑色が濃くはりがあり、収穫直後の鮮度を著しく高く保持していた。同様に、西条柿、二十世紀、イチジク、メロン、イチゴ、グリーンアスパラガス等農産物、その他畜産物、水産物、あるいは生鮮加工品においても抜群の鮮度保持性が確認された。

図3　冷却時間、品温および物性の関係

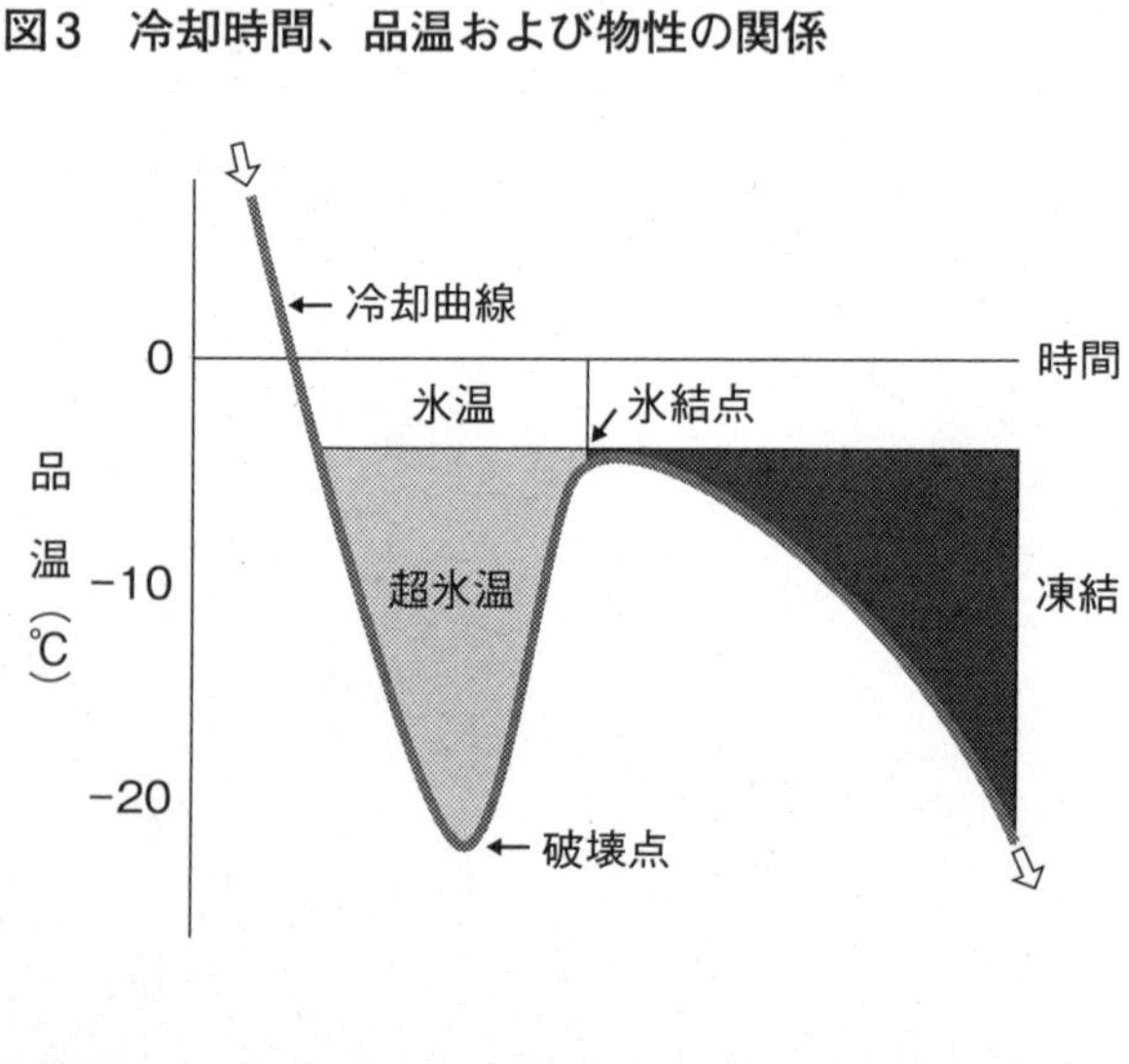

また、超氷温の効果は高い鮮度保持性のみならず、甘味あるいはうま味性遊離アミノ酸

の増加を導くという結果も得られており、大寒の旬の味覚形成と密接な関係があるものと推察される。

氷結点を下げる方法

氷温技術を応用する上で、食物の持つ氷結点を調節し、耐寒性を付与することは重要な意味を持つ。食べものの保存や貯蔵を考えるとき、従来の技術では〇℃から氷結点までの極めて狭い温度領域しか利用できなかったものが、氷点降下剤や不凍液などによる氷結点の調節下降を行なうことで、〇℃から氷結点までのマイナス未凍結温度領域の幅が広がり、生のままの状態で保存することがより可能になってくるからである。

図4　食品の氷結点と氷温・超氷温領域

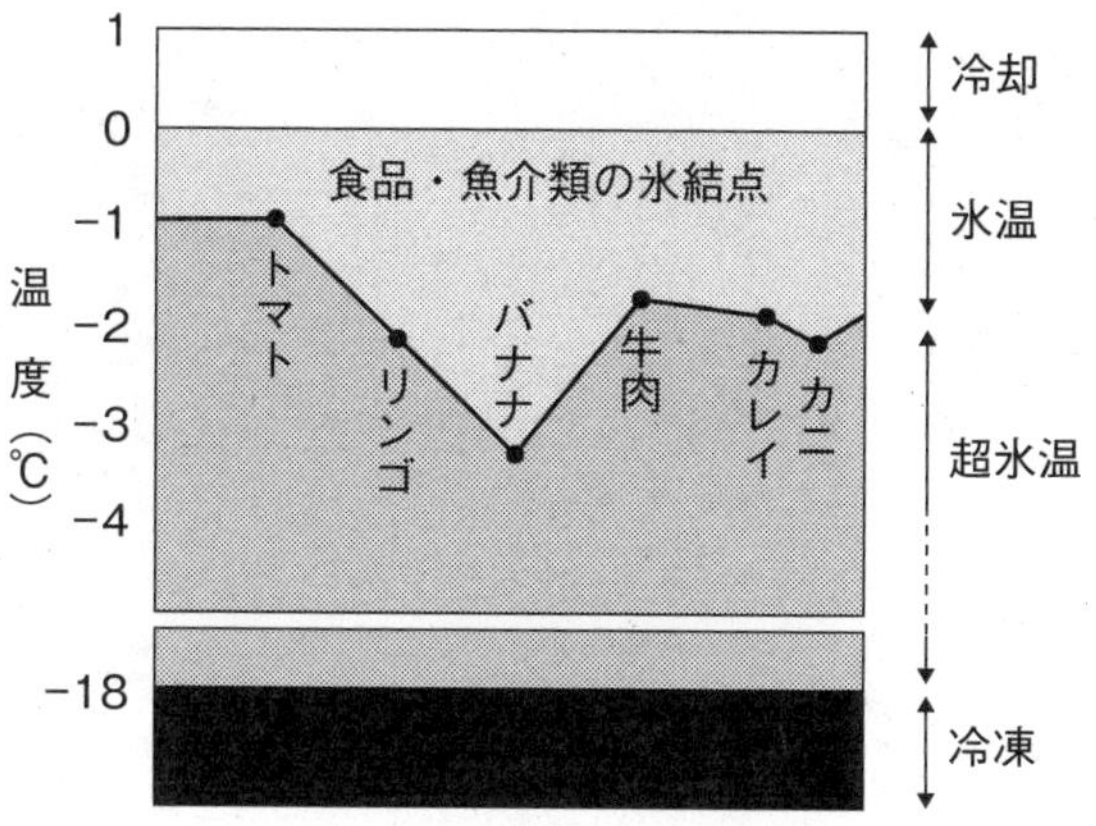

氷結点は、果実や野菜などの植物の場合は葉や根から不凍液を吸収させることによって、また魚などの動物の場合は生体乾燥処理による細胞内液の濃縮、あるいは植物と同様に細胞に不凍液を吸収させることによって、人為的に下げることができる。

氷点降下剤としては、生鮮食品では、ソルビトール、ビタミンCなどが効果を示すことがわかっている。加工品についての降下剤として代表的なものは食塩、糖、アルコールであり、なかでも食塩はその効果が極めて顕著に現われる。

漬物、漬魚等の加工品の場合、食塩、糖類等によって、容易に氷結点を降下させることが可能である。しかし生鮮物の場合は、茎、葉、果梗、あるいは組織表面から吸収させるため、その量は僅少で、そのものの持つ塩濃度の約一・五倍程度しか望めない。したがって野菜など通常平均マイナス〇・五～マイナス一・〇度の氷結点とした場合に、マイナス〇・七～マイナス一・五度までしか氷温領域の幅は広がらない。

生鮮物については氷点降下剤の使用とは異なる方法の開発が進んでいる。氷温領域で生体や生鮮食品に乾燥、光線照射、雪との接触処理などの物理的ストレスを付与すると、生体反応としてたんぱく質や多糖類が分解してアミノ酸や単・少糖類が増加する。つまり細胞レベルで可溶性成分濃度が高まることになり、その結果として耐寒性を増やすことができる。またこのとき増加するアミノ酸はうま味や甘味に関与するものであり、寒の旬の味に近づいていることがわかっている。つまり、生体にストレスを与え耐寒性を付与する技術は、うま味、甘味など品質を向上させることにつながっているのである。

※「氷温」、「超氷温」は㈱氷温研究所の登録商標である。

㈱氷温研究所　〒六八三―〇一〇一　鳥取県米子市大篠津町三七九五―一二　TEL〇八五九―二八―五〇〇〇

山根昭美（やまねあきよし）一九二八～一九九八年。元鳥取県食品加工研究所長。一九八五年に㈱氷温研究所、一九九三年に㈳氷温協会を設立。著書に「氷温貯蔵の科学」（農文協）がある。

一九九七年三月号～一九九八年一月号　氷温を生かす

あっちの話こっちの話

青物の切れる冬に手軽な野菜貯蔵法

朽木直文

野菜の品質を悪くさせないで、上手に貯蔵しているおばあちゃんがいます。山形県東置賜郡川西町の安部よしさんです。

安部さんは、肥料の空袋を利用しています。畑から収穫した野菜は、調理のとき手間がかからないように水できれいに洗います。それを肥料袋に入れ、作業小屋に並べておくのです。このとき必ず敷わらをすること、そして、袋はネズミが入らないように固くしめておくことだそうです。

冬季には夜温も下がるので、肥料袋の上に、むしろをかけておくことも忘れないでほしい、と話してくれました。

貯蔵する時期は、十二月上旬が最適のようだ、とのこと。あまり早く袋詰めすると、品質が悪くなり長く貯蔵できないからです（十二月上旬から三月下旬までなら心配ないという）。

安部さんは、ごぼう、にんじん、ほうれん草、かぶなど、ほとんどの野菜を袋詰めしています。白菜は、新聞で一個ずつ包んで部屋に吊り下げるのがよいそうです。

この肥料の空袋を利用しての野菜貯蔵、部落のお茶飲み友達にもすすめて、みんなから喜ばれているようです。

一九八六年一月号

もちの保存に使い捨てカイロ

小林正人

お米の貯蔵に、使い捨てカイロを使うという人もいますが、山形県高畠町の斎藤孝さんはカイロをもちの保存に使います。

使い捨てカイロというのは、鉄が酸素と結びついて酸化するときに熱を出すことを利用しています。空気中の酸素を奪って起こす反応を利用しているので、これを密閉した容器の中で使えば、脱酸素剤代わりになるというわけ。

斎藤さんは、もちをタッパーで保存するとき、貼るタイプの使い捨てカイロを、どんな大きさのタッパーでも一個、内ぶたに取り付けます。カイロがタッパー内の酸素を奪い、ふたが少しへこむ状態になると、カビはまったく生えません。はじめ少し熱が出ますが、酸素がなくなればすぐに熱は冷めるので、もちの品質には問題ないそうです。茶葉など、水分が多くないものになら何でも使えるそうです。

二〇〇三年一月号　ちょっといい話

（画・こうま すう）

おもな野菜と果樹の保存適温

科	野菜	保存適温℃	原産地
アブラナ科	かぶ	0～2	西アジア、地中海
	小松菜	0～2	〃
	チンゲンサイ	0～2	〃
	白菜	0～2	〃
	ブロッコリー	0～2	〃
	カリフラワー	0～2	〃
	キャベツ	0～2	〃
	大根	0～2	〃
	わさび	0～2	東アジア
ユリ科	アスパラガス	0～2	ヨーロッパ
	ねぎ	0～2	中央アジア
	あさつき	0～2	〃
	玉ねぎ	0～2	〃
	にら	0～2	〃
セリ科	セロリ	0～2	西アジア、地中海
	にんじん	0～2	中央アジア
アカザ科	ほうれん草	0～2	西アジア
キク科	レタス	0～2	西アジア、地中海
	ごぼう	0～2	シベリア
	春菊	0～2	東アジア
	みつば	0～2	〃
バラ科	いちご	2	南北アメリカ
ウコギ科	うど	2	東アジア
ヤマノイモ科	山芋	2	東アジア
	長芋	2	〃
マメ科	枝豆	2	東アジア
	さやえんどう	2	西アジア
	さやいんげん	6	中央アメリカ
シソ科	大葉	7	東アジア
ナス科	じゃがいも	2～4	南アメリカ
	完熟トマト	2	中央、南アメリカ
	青いトマト	10	〃
	ピーマン	10	〃
	なす	8～12	南アジア
ウリ科	すいか	5～10	アフリカ
	メロン	5～10	〃
	かぼちゃ	10～13	南北アメリカ
	きゅうり	10～13	南アジア
サトイモ科	里芋	7～10	東南アジア
アオイ科	オクラ	10～15	アフリカ
ヒルガオ科	さつまいも	13	熱帯アメリカ
ショウガ科	しょうが	13～15	南アジア

科	果樹	保存適温℃	備考	原産地
ブナ科	ニホングリ	-3～-2		日本
バラ科	ラズベリー	-1～0		北半球の温帯
	りんご	-1～0		コーカサス地方
	西洋なし	-1	追熟温度は10～15℃	〃
	おうとう	-1～0		〃
	プルーン	1～3		〃
	日本なし	-1～0		東アジア
	あんず	-1～0		〃
	びわ	0		〃
	桃	0～1		〃
	すもも	1～3		〃
	梅	0～5	袋に小分けして密封	〃
カキノキ科	柿	-1～0	1個ずつ包装	東アジア
イチョウ科	いちょう	0～1		〃
ブドウ科	ぶどう	-1～0		西アジア
クワ科	いちじく	0～1		〃
ツツジ科	ブルーベリー	1～2		北アメリカ
マタタビ科	キウイフルーツ	2～5	追熟温度は15～20℃	東アジア
ミカン科	清見	2～3		南、東アジア
	ゆず	3～5		〃
	温州みかん	3～6		〃
	八朔	3～6		〃
	ポンカン	5～6		〃
	夏みかん	5～7		〃
	伊予柑	5～8		〃
	ネーブル	7～8		〃
	不知火	7～8		〃
	はるみ	7～8		〃
	タンカン	10		〃
クスノキ科	アボカド	5～7	追熟温度は13～21℃	中央アメリカ
パパイア科	パパイア	4～10		〃
トケイソウ科	パッションフルーツ	5		南アメリカ
バンレイシ科	チェリモヤ	8～12	追熟温度は20～25℃	〃
ムクロジ科	りゅうがん	8～10		南アジア
	れいし	8～10		〃
バショウ科	バナナ	13		東南アジア

（作成　本誌編集部、参考　農業技術大系野菜編、果樹編）

本書は『別冊現代農業』2008年4月号を単行本化したものです。

編集協力　本田進一郎

農家が教える
加工・保存・貯蔵の知恵
野菜・山菜・果物を長く楽しむ

2009年 6 月 5 日　第 1 刷発行
2023年11月10日　第22刷発行

農文協　編

発 行 所　一般社団法人　農山漁村文化協会
郵便番号 335-0022 埼玉県戸田市上戸田2-2-2
電 話 048(233)9351(営業)　048(233)9355(編集)
FAX 048(299)2812　振替 00120-3-144478
URL https://www.ruralnet.or.jp/

ISBN978-4-540-09196-4　DTP製作／ニシ工芸㈱
〈検印廃止〉　印刷・製本／TOPPAN株式会社